Kohlhammer

Schule und Unterricht bei intellektueller Beeinträchtigung

Herausgegeben von Dr. Holger Schäfer und Dr. Lars Mohr
Band 11

Der Autor und die Autorinnen

Dr. Holger Schäfer ist Förderschulrektor und Schulleiter (SGE) sowie Lehrbeauftragter am Institut für Sonderpädagogik der Pädagogischen Hochschule Heidelberg. Er ist Beiratsmitglied und Mitherausgeber der Fachzeitschrift LERNEN KONKRET.
Kontakt: holger.schaefer@ph-heidelberg.de

Karin Schönhofen, Erzieherin und Heilpädagogin, Klassenleiterin in einer Primarstufenklasse (SGE) und ständiges Mitglied im AK Schulhund des Pädagogischen Landesinstitutes Rheinland-Pfalz.
Kontakt: karin.schoenhofen@beratung.bildung-rp.de

Prof. Dr. habil. Andrea Beetz, Professur für Heilpädagogik und Inklusionspädgaogik an der IU Internationalen Hochschule (mit einem Schwerpunkt zu tiergestützten Interventionen). Präsidentin der International Society for Animal Assisted Therapy ISAAT (www.isaat.org).

Holger Schäfer/
Karin Schönhofen/Andrea Beetz

Praxiswissen Schulhund

**Sonderpädagogischer Schwerpunkt
Geistige Entwicklung**

Verlag W. Kohlhammer

Dieses Werk einschließlich aller seiner Teile ist urheberrechtlich geschützt. Jede Verwendung außerhalb der engen Grenzen des Urheberrechts ist ohne Zustimmung des Verlags unzulässig und strafbar. Das gilt insbesondere für Vervielfältigungen, Übersetzungen, Mikroverfilmungen und für die Einspeicherung und Verarbeitung in elektronischen Systemen.

Die Wiedergabe von Warenbezeichnungen, Handelsnamen und sonstigen Kennzeichen in diesem Buch berechtigt nicht zu der Annahme, dass diese von jedermann frei benutzt werden dürfen. Vielmehr kann es sich auch dann um eingetragene Warenzeichen oder sonstige geschützte Kennzeichen handeln, wenn sie nicht eigens als solche gekennzeichnet sind.

Es konnten nicht alle Rechtsinhaber von Abbildungen ermittelt werden. Sollte dem Verlag gegenüber der Nachweis der Rechtsinhaberschaft geführt werden, wird das branchenübliche Honorar nachträglich gezahlt.

Dieses Werk enthält Hinweise/Links zu externen Websites Dritter, auf deren Inhalt der Verlag keinen Einfluss hat und die der Haftung der jeweiligen Seitenanbieter oder -betreiber unterliegen. Zum Zeitpunkt der Verlinkung wurden die externen Websites auf mögliche Rechtsverstöße überprüft und dabei keine Rechtsverletzung festgestellt. Ohne konkrete Hinweise auf eine solche Rechtsverletzung ist eine permanente inhaltliche Kontrolle der verlinkten Seiten nicht zumutbar. Sollten jedoch Rechtsverletzungen bekannt werden, werden die betroffenen externen Links soweit möglich unverzüglich entfernt.

1. Auflage 2023

Alle Rechte vorbehalten
© W. Kohlhammer GmbH, Stuttgart
Gesamtherstellung: W. Kohlhammer GmbH, Stuttgart

Print:
ISBN 978-3-17-043393-9

E-Book-Formate:
pdf: ISBN 978-3-17-043394-6
epub: ISBN 978-3-17-043395-3

Vorwort der Reihenherausgeber

Dr. phil. Holger Schäfer (*1974) ist Förderschulrektor und Schulleiter (SGE) sowie Lehrbeauftragter am Institut für Sonderpädagogik der Pädagogischen Hochschule Heidelberg. Er ist Beiratsmitglied und Mitherausgeber der Fachzeitschrift LERNEN KONKRET.
Kontakt: holger.schaefer@ph-heidelberg.de

Dr. phil. Lars Mohr (*1976) ist Sonderpädagoge und Dozent am Institut für Behinderung und Partizipation der Interkantonalen Hochschule für Heilpädagogik Zürich (HfH) sowie Lehrbeauftragter am Departement für Sonderpädagogik der Universität Fribourg.
Kontakt: lars.mohr@hfh.ch

Zur Praxisreihe

Die Praxisreihe Schule und Unterricht bei intellektueller Beeinträchtigung beschäftigt sich

- mit zentralen didaktischen und methodischen Fragestellungen der Unterrichtsgestaltung,

- angemessenen Möglichkeiten eines pädagogischen, interdisziplinären Zugangs und konkreter Intervention
- sowie organisatorischen und strukturellen Aufgabenstellungen der Schulentwicklung im Kontext intellektueller Beeinträchtigung.

Die praxisnahen Anregungen berücksichtigen pädagogische und unterrichtliche Belange sowohl in Förderschulen als auch in einem inklusiven Setting unter den jeweiligen Bedingungen.

Die Autorinnen und Autoren sind tätig in der Aus- und Weiterbildung für Lehrpersonen bzw. für Sonderpädagoginnen und Sonderpädagogen und ausgewiesene Expertinnen und Experten in ihrem Fachbereich. Sie verfügen über Praxiserfahrungen und stellen das jeweilige Themenfeld in einem kompakten Bild ausbildungswirksam sowie mit konkreten unterrichtspraktischen Bezügen dar.

Die Ausführungen sind grundsätzlich bundesländübergreifend, beziehen Erfahrungen aus dem deutschsprachigen Raum ein und orientieren sich an den aktuellen erziehungswissenschaftlichen Erkenntnissen. Nationaler wie auch internationaler Forschungsstand finden Berücksichtigung.

Als besondere Hinweise werden neben wichtigen Definitionen und Begrifflichkeiten auch Exkurse als in sich geschlossene Abschweifungen und Literaturempfehlungen sowie Hinweise und Beispiele aus der Praxis grafisch hervorgehoben:

 kennzeichnet Definitionen und Begriffsklärungen.

 deutet auf Praxisbezüge und weiterführende Ideen hin.

 verweist auf weiterführende Literatur.

 bietet Links zu Quellen im Internet (zuletzt geprüft am 03.03.2023).

Die Praxisreihe möchte eine Lücke schließen in der Grundlagenliteratur für die Aus- und Weiterbildung im Studium und Referendariat sowie für die Kolleginnen und Kollegen in der Praxis, denen nun in einer stringenten methodischen Aufarbeitung die zentralen Themenfelder für die Gestaltung von Unterricht und die Schulentwicklung im sonderpädagogischen Schwerpunkt Geistige Entwicklung (SGE) kompakt und aus einem Guss zur Verfügung stehen.

Dabei ist uns bewusst, dass in der Pädagogik für Schülerinnen und Schüler im SGE eine Vielfalt an Begriffen herrscht, die der Bezeichnung des Personenkreises dienen sollen. Man spricht und schreibt etwa von Lernenden mit kognitiver Beeinträchtigung, mit (zugeschriebener) geistiger Behinderung oder mit Lernschwierigkeiten (um nur wenige Beispiele zu nennen). In unserer Buchreihe kommen zudem Autorinnen und Autoren aus verschiedenen Regionen und Ländern zu Wort, mit entsprechend unterschiedlichen Formulierungsneigungen.[1] Wir haben uns mit ihnen dankenswerterweise auf eine einheitliche Begriffsverwendung verständigen können: Im vorliegenden wie in den übrigen Bänden ist die Rede von Kindern und Jugendlichen im »sonderpädagogischen Schwerpunkt Geistige Entwicklung (SGE)« oder – angelehnt an den internationalen Sprachgebrauch – »mit intellektueller Beeinträchtigung«. Demgemäß haben wir auch der Buchreihe als Ganze den Titel »Schule und Unterricht bei intellektueller Beeinträchtigung« gegeben.

Folgende Bände sind im Erscheinen bzw. in Vorbereitung:

1. Wirtschaft-Arbeit-Technik (Isabelle Penning)
2. Konzepte, Verfahren, Methoden (Hans Jürgen Pitsch & Ingeborg Thümmel)
3. Unterricht bei komplexer Behinderung (Thomas Loscher & Lars Mohr) (Hrsg.)
4. Wahrnehmungsförderung (Erhard Fischer)
5. Unterstützte Kommunikation (Melanie Willke & Karen Ling)
6. Herausforderndes Verhalten (Lars Mohr & Alex Neuhauser)
7. Planung und Gestaltung von Unterricht (Ariane Bühler & Albin Dietrich)
8. Diagnostik (Frauke Janz & Stefanie Köb)
9. Psychische Störungen (Pia Bienstein)
10. Autismus (Remi Frei)
11. Praxiswissen Schulhund (Holger Schäfer, Karin Schönhofen & Andrea Beetz)
12. Sport & Bewegung (Christiane Reuter) (Hrsg.)

Weitere Hinweise zur Praxisreihe unter www.Kohlhammer.de

---

1 Wir sprechen in unserer Praxisreihe immer von Schülerinnen und Schülern sowie Lehrerinnen und Lehrern, weitere Geschlechter bitten wir mitzulesen und gedanklich einzubeziehen. Auch in diesem Kontext konnten wir uns dankenswerterweise mit dem Verlag sowie den Autorinnen und Autoren der Praxisreihe auf eine lesbare Form verständigen.

Vorwort der Reihenherausgeber

Zu diesem Band

Unterricht im sonderpädagogischen Schwerpunkt Geistige Entwicklung (SGE) zeichnet sich in vielen Bereichen insbesondere durch unmittelbare, erfahrungsbezogene und emotionale Zugänge aus, die gerade durch die in Kapitel 1 (▶ Kap. 1) gezeigten positiven Effekte Tiergestützter Interventionen (TGI) ermöglicht und unterstützt werden können. Hervorzuheben sind hier die in diesem Kontext erstmals einbezogenen neurodidaktischen Prinzipien der Lehr-Lern-Forschung (Arnold 2020), die die Wirkmechanismen von TGI auch für den Unterricht im SGE herausarbeiten.

Dass diese Mechanismen und positiven Effekte jedoch nicht isoliert für sich stehen können, sondern konzeptionell unter Beachtung der schulrechtlichen Rahmenbedingungen und der Vorgaben des Tierschutzes eingebunden sein müssen in ein professionelles Verständnis von Aus- und Weiterbildung des Schulhund-Lehrkraft-Teams (▶ Kap. 2) arbeitet der Band mit Hinweisen zur Konzeptentwicklung Schulhund (▶ Kap. 3) und mit methodischen und organisatorischen Hinweisen mit einem spezifischen Blick auf die individuellen Bedarfe der Schülerinnen und Schüler im SGE sehr praxisorientiert heraus (▶ Kap. 4).

Besonders hervorzuheben ist über die Kapitel hinweg der intentionale Zuschnitt der Schulhundarbeit, den die Autorinnen und der Autor mit diesem Band verfolgen und den sie in Kapitel 5 sowohl an den Fächern Deutsch, Mathematik und Sachunterricht, den Lernfeldern Kommunikation und Kooperation, Wahrnehmung und Selbstversorgung sowie Psychomotorik, Sport und Spiel ausrichten. Die zahlreichen Praxisbeispiele wirken hierbei anregend und geben Impulse für die Umsetzung in der eigenen Klasse, damit der Schulhund nicht nur mit seiner Anwesenheit wirkt, sondern darüber hinaus durch den unmittelbaren Einbezug in das Unterrichtsgeschehen lernwirksam mitarbeiten kann (▶ Kap. 5).

Der Band schließt mit den Arbeiten aus dem Themenheft LERNEN KONKRET (Schäfer & Beetz 2022) zum Abschiednehmen vom Schulhund sowie Trauerarbeit und gibt mit dem Beobachtungsbogen eine konkrete veterinärmedizinische Hilfestellung für den Umgang mit alternden Hunden im schnelllebigen Schulalltag (▶ Kap. 6).

Die Darstellungen dieses Bandes zeichnen sich aus durch eine kontinuierliche Anbindung an sowohl fachliche Bedingungen der TGI (insbesondere Effekte und Tierschutz) als auch schulfachliche Grundlagen im SGE (Didaktik, Methodik). Diese Ausführungen sind orientiert an den aktuellen schulrechtlichen Vorgaben und adressieren an alle Schülerinnen und Schüler im SGE –

unabhängig der Schwere der Beeinträchtigung. So bieten die Autorinnen und der Autor eine geeignete Standortbestimmung für einen professionellen Schulhundeinsatz im SGE, der sowohl das Wohlergehen des Hundes als auch den Bildungsanspruch der Schülerinnen und Schüler im SGE zu berücksichtigen weiß.

Bernkastel-Kues und Zürich im Frühling 2023
Dr. Holger Schäfer & Dr. Lars Mohr (Hrsg.)

Vorwort

Zahlreiche nationale wie internationale Studien belegen die Wirksamkeit tiergestützter Interventionen. Für den Einsatz von Schulhunden lassen sich positive Effekte nennen, deren unmittelbarer Einfluss auf die Unterrichtsgestaltung gerade für das Lernen und die Entwicklung von Schülerinnen und Schülern mit intellektueller Beeinträchtigung nutzbar gemacht werden kann.

Aus einer forschungsbasierten sowie unterrichtspraktischen Perspektive heraus beschreibt das erste Kapitel des Bandes (▶ Kap. 1) die wesentlichen Grundlagen und Wirkmechanismen Tiergestützter Interventionen (TGI). Daran anschließend werden mit dem Verständnis einer professionellen Ausbildung des Mensch-Hund-Teams die Eckpunkte der Ausbildung angeführt (Eignung des Hundes und die Profession der Hundeführerin) und hierzu spezifische Hinweise für den sonderpädagogischen Schwerpunkt geistige Entwicklung (SGE) gegeben (▶ Kap. 2). Auf diese Grundlagen beziehen sich die weiteren Ausführungen und stellen die Konzeptentwicklung und dessen Implementation aus schulpraktischer Sicht vor (▶ Kap. 3). Hierbei beziehen sie genuin sonderpädagogische Überlegungen ein, geben Hinweise zu landesspezifischen Unterstützungssystemen und führen Eckpunkte der sogenannten Selbstverpflichtung sowie Merkmale von Evaluation und Qualitätssicherung an.

Daran anschließend werden methodische und organisatorische Hilfestellungen ausgewiesen u.a. zur Hygiene, zum Tierschutz, zu Raumfragen und Ruhezonen, zur Kommunikation mit den Eltern sowie zur Stundenplan- und Unterrichtsgestaltung (Lernende, Klasse, Schule, Hund). Ergänzt werden die Hinweise mit methodischen Hilfen für den SGE (Regeln Schulhund, Materialien, Basale Zugänge und Unterstützte Kommunikation) (▶ Kap. 4). Die didaktischen Perspektiven für die Fächer (u.a. Mathematik, Deutsch, Sachunterricht) und Lernfelder im SGE (u.a. Kommunikation/Kooperation, Wahrnehmung/Selbstversorgung sowie Psychomotorik, Sport und Bewegung) werden im darauffolgenden Kapitel mit konkreten Anregungen und zahlreichen Beispielen für die Unterrichtspraxis entfaltet (▶ Kap. 5).

Der Band schließt (gerade für den Einsatz auch schon älterer Hunde) mit dem Kapitel »Abschied nehmen – Trauern können« und beschreibt mit dem Beobachtungs- und Reflexionsbogen ein geeignetes Instrumentarium (im Interesse des Tierwohls und zugleich als Prophylaxe unerwarteter Reaktionen alternder Hunde durch Überforderung), auch dieses noch nicht so breit ausgearbeitete Themenfeld der Endlichkeit mit Beispielen zur Trauerarbeit im Kontext SGE angemessen einbinden zu können (▶ Kap. 6).

Wir hoffen, mit den systematischen Darstellungen einen umfassenden und guten Überblick zu geben über die vielfältigen Herausforderungen sowie Handlungsoptionen der Schulhundarbeit in Schule und Unterricht bei Kindern und Jugendlichen mit intellektueller Beeinträchtigung. Dem Kohlhammer-Verlag Stuttgart und Herrn Dr. Klaus-Peter Burkarth gilt an dieser Stelle unser Dank für die uneingeschränkte Unterstützung dieses Bandes von Beginn an ebenso der Kollegin Meike Heyer für die wichtigen konzeptionellen Hinweise zur Ausbildung von Mensch-Hund-Teams. Für die Durchsicht des Manuskripts mit wichtigen Hinweisen danken wir unserer Hundetrainerin Susanne Feuerer.

Der Band »Praxiswissen Schulhund« für den sonderpädagogischen Schwerpunkt Geistige Entwicklung erscheint in Kooperation mit dem BTI (Bundesverband Tiergestützte Interventionen e.V.), dem VSHS (Verein Schulhunde Schweiz) und der ISAAT (International Society for Animal Assisted Therapy).

Wir wünschen allen Leserinnen und Lesern ein gutes Gelingen und viel Freude beim Einsatz des eigenen Hundes im Feld der Schulpädagogik bei intellektueller Beeinträchtigung, das durch den Einbezug hundgestützter Interventionen um einen weiteren wirksamen und für die Kinder und Jugendlichen ansprechenden Baustein bereichert werden kann.

Bernkastel-Kues und Erlangen im Frühling 2023
Dr. Holger Schäfer, Karin Schönhofen & Prof. Dr. Andrea Beetz

Inhaltsverzeichnis

Vorwort der Reihenherausgeber		**5**
Zur Praxisreihe		5
Zu diesem Band		8
Vorwort		**11**
1	**Tiergestützte Interventionen (TGI) – Grundlagen**	**17**
1.1	Begriffe und Definitionen	18
1.2	Effekte und Mechanismen	20
1.2.1	Allgemeine Effekte von Mensch-Tier-Interaktion (MTI)	21
1.2.2	Effekte von Schulhunden	22
1.2.3	Effekte von Lesen mit Hund	24
1.3	Mechanismen und Erklärungsansätze	25
1.3.1	Biophilie	27
1.3.2	Aktivierung des Oxytocinsystems	28
1.3.3	Soziale Unterstützung	30
1.3.4	Bindung	31
1.3.5	Verbal-symbolisches System und Erfahrungssystem	37
1.3.6	Motivation	38
1.3.7	Optimale Aktivierung	39
1.3.8	Neurodidaktik	41
2	**Ausbildung**	**47**
2.1	Rahmenbedingungen	49
2.1.1	Angebote von Schulhund-Ausbildungen	50
2.1.2	Organisatorische Fragen vor Ausbildungsbeginn	51
2.2	Eignung des Hundes und berufspraktische Erfahrungen der Lehrkraft	52
2.2.1	Fokus Hund	52
2.2.2	Fokus Lehrkraft	54
2.3	Ausbildung mit Fokus SGE	55
2.3.1	Grundlagen hundegestützter Interventionen	56

2.3.2	Hundespezifisches Fachwissen	56
2.3.3	Praktische Ausbildung	57
2.3.4	Prüfung des Teams	58
2.3.5	Risiken des Einsatzes von Schulhunden	60
3	**Konzept Schulhund**	**62**
3.1	Rechtlicher Rahmen	63
3.2	Organisationen und Vereinigungen	67
3.3	Unterstützungssysteme und Beratung	69
3.3.1	Deutschland	69
3.3.2	Schweiz	72
3.3.3	Österreich	73
3.3.4	Handlungsoptionen für den SGE	75
3.4	Konzept Schulhund	76
3.5	Implementation	81
3.6	Selbstverpflichtung	86
3.7	Qualitätsentwicklung und Qualitätssicherung	92
3.7.1	Planungsqualität (Konzeption)	93
3.7.2	Strukturqualität (Voraussetzungen und Bedingungen)	95
3.7.3	Prozessqualität (Beschreibung und Dokumentation)	96
3.7.4	Ergebnisqualität (Evaluation)	98
4	**Methodik und Organisation**	**101**
4.1	Kommunikation und Dialog mit den Eltern	101
4.2	Hygiene	106
4.3	Tierschutz	110
4.3.1	Ganztagsschule	112
4.3.2	Nahrungsgabe (Leckerchen im schulischen Einsatz)	113
4.3.3	Schülerinnen und Schüler im SGE	114
4.3.4	Erste Hilfe beim Hund	115
4.4	Raumfragen und Ruhezonen	118
4.5	Stundenplan- und Unterrichtsgestaltung	119
4.6	Methodische Überlegungen	122
4.6.1	Regeln zum Umgang mit dem Schulhund	122
4.6.2	Adaption und Materialentwicklung	125
4.6.3	Basale Zugänge	128
4.6.4	Unterstützte Kommunikation und Leichte Sprache	129

5	**Didaktische Perspektiven**	**132**
5.1	Curricularer Rahmen	132
5.2	Fachorientierung	134
5.2.1	Deutsch	135
5.2.2	Mathematik	147
5.2.3	Sachunterricht	155
5.3	Lernfelder	162
5.3.1	Kommunikation und Kooperation	162
5.3.2	Wahrnehmung und Selbstversorgung	166
5.3.3	Psychomotorik, Sport und Spiel	169
5.4	Wandertage und Klassenfahrten	173
6	**Abschied nehmen – Trauern können**	**174**
6.1	Endlichkeit und Trauer	174
6.2	Beobachtung und Reflexion	177
6.3	Beispiele Trauerarbeit	180

Literatur — **183**

Internet — **195**

Abkürzungsverzeichnis — **196**

Register — **199**

1 Tiergestützte Interventionen (TGI) – Grundlagen

Die Idee, Tiere in der medizinischen Behandlung und pädagogisch-therapeutischen Betreuung von Menschen einzusetzen, ist nicht neu. Bereits im 9. Jahrhundert banden Familien gezielt Tiere in die Betreuung von Familienmitgliedern mit Behinderungen ein, und im 18. Jahrhundert setzen Quäker im York Retreat auf die Versorgung von Tieren, um psychisch kranke Personen zu unterstützen (Turner, Wohlfarth & Beetz 2021). Einen Anstoß für die heute weit verbreiteten sogenannten Tiergestützten Interventionen (TGI) gaben die Publikationen des US-amerikanischen Kinder- und Jugendpsychotherapeuten Boris Levinson (1962) und des Ehepaars Sam Corson und Elisabet O'Leary Corson (1978) – sie berichteten erstmals über positive Auswirkungen der Anwesenheit eines Hundes auf die therapeutische Beziehung und Offenheit für Kommunikation bei Klienten in der Psychotherapie. Gegen Ende der 1980er Jahre etablierten sich als erste Form tiergestützter Interventionen im deutschsprachigen Bereich erste Hundebesuchsdienste in Seniorenheimen. Tiere, insbesondere Hunde, auch in der Pädagogik einzusetzen (nicht nur als Anschauungsobjekte im Biologieunterricht) erfolgte dann in den 1990er Jahren. Wobei das heilpädagogische Voltigieren in der Förderung von Kindern mit Verhaltensauffälligkeiten oder anderen Behinderungen sich bereits ab den 1970er Jahren in Deutschland entwickelte (Deutsches Kuratorium für Therapeutisches Reiten, o.J.).

Doch dass eine Lehrkraft ihren Hund regelmäßig in die Klasse, ins Schulgebäude, mitbringt, mit ihm arbeitet, um pädagogische Zielsetzungen zu verfolgen, war noch vor 20 Jahren eher eine große Ausnahme. Einzelkämpferinnen setzten ihre »eigenwillige Idee« mit Unterstützung von Eltern, interessierten Schulleitungen und begeisterten Schülerinnen und Schülern durch. Doch mit den Jahren, dem Austausch von Gleichgesinnten und einer stetig wachsenden Zahl von Studien, welche das Potential von Tieren in tiergestützten Interventionen dokumentierten, etablierte sich die Schulhundarbeit im deutschsprachigen Raum immer mehr. Heute gibt es schätzungsweise über 1000 Schulhunde in Deutschland, Österreich und der Schweiz (Beetz 2021a). Um das Thema »Schulhund« und relevante Begriffe besser einordnen zu können, werden im Folgenden einige Definitionen vorgestellt.

1 Tiergestützte Interventionen (TGI) – Grundlagen

1.1 Begriffe und Definitionen

Schulhunde sind eine Form von Tiergestützter Pädagogik (TGP), welche wiederum eine Form von TGI darstellt. Auch wenn im Laufe der Jahre verschiedene Begriffe verwendet wurden, sind die heute etablierten Begriffe durch das Weißbuch der *International Association of Human-Animal Interaction Organizations* (IAHAIO) definiert:

Tiergestützte Intervention (TGI)
Eine Tiergestützte Intervention ist eine zielgerichtete und strukturierte Intervention, die bewusst Tiere in den Bereichen Gesundheitswesen, Pädagogik und Sozialwesen (bspw. Soziale Arbeit) einbezieht und integriert, um therapeutische Verbesserungen bei Menschen zu erreichen. Tiergestützte Interventionen sind formale Ansätze, bei denen Teams von Mensch und Tier im Gesundheits- und Sozialwesen einbezogen werden und umfassen Tiergestützte Therapie (TGT), Tiergestützte Pädagogik (TGP), Tiergestütztes Coaching (TGC), unter bestimmten Voraussetzungen auch Tiergestützte Aktivitäten (TGA). Solche Interventionen sollten anhand eines interdisziplinären Ansatzes entwickelt und durchgeführt werden (▶ Kap. 2) (IAHAIO Weißbuch 2014/2018).

Tiergestützte Pädagogik (auch: Tiergestützte Erziehung)
Tiergestützte Pädagogik (TGP) ist eine zielgerichtete, geplante und strukturierte Intervention, die von professionellen Pädagoginnen und Pädagogen oder gleich qualifizierten Personen angeleitet und/oder durchgeführt wird. TGP wird von durch einen einschlägigen Abschluss in allgemeiner Pädagogik oder Sonderpädagogik ausgebildeten Lehrpersonen im Einzel- oder Gruppensetting durchgeführt. Ein Beispiel für Tiergestützte Pädagogik durch einen Schulpädagogen sind Tierbesuche, die zu verantwortungsbewusster Tierhaltung erziehen sollen. Von einem Sonder- oder Heilpädagogen durchgeführte TGP wird auch als therapeutische und zielgerichtete Intervention angesehen.

Der Fokus der Aktivitäten liegt auf akademischen Zielen, auf pro-sozialen Fertigkeiten und kognitiven Funktionen. Fortschritte der Schüler werden gemessen und dokumentiert. Die Fachkraft, welche TGP durchführt, einschließlich der regulären Lehrkraft (oder des Betreuers der Tiere unter Supervision dieser Fachkraft), muss adäquate Kenntnisse über das

Verhalten, die Bedürfnisse, die Gesundheit und die Indikatoren und die Regulation von Stress der beteiligten Tiere besitzen (IAHAIO, 2014/2018).

Während obige Definitionen Tätigkeiten bzw. Einsatzfelder beschreiben, beziehen sich folgende Definitionen auf das Tier, welches diese bestimmte Form der Tiergestützten Pädagogik, den Einsatz von Schulhunden, charakterisiert:

Der Schulhund (Präsenzhund)
Der Schulhund verbringt regelmäßig eine gewisse Zeit im Klassenraum und im Unterricht. Er wird von einer für den pädagogischen Hundeeinsatz ausgebildeten Lehrperson geführt. Der Hund ist speziell auf seine Eignung getestet, entsprechend ausgebildet und wird regelmäßig im Einsatzort Schule überprüft. Zu den wichtigsten pädagogischen Zielsetzungen des Einsatzes von Schulhunden zählt ihr Beitrag zur Verbesserung des sozialen Gefüges in der Klasse, der Schüler-Lehrer-Beziehung, des Klassenklimas und der individuellen sozialen Kompetenz der Schüler.

(Schul-)Besuchshunde
Besuchshunde (auch Schulbesuchshunde) besuchen Schulklassen ein- oder mehrmals stundenweise. Sie werden von einer für den pädagogischen Hundeeinsatz ausgebildeten, externen Begleitperson geführt. Die Tiere sind ebenfalls auf ihre Eignung getestet, entsprechend ausgebildet und werden regelmäßig überprüft. Zu den Zielsetzungen gehört die altersgerechte Wissensvermittlung über Hunde (adäquate Haltung, Pflege, Kosten und Ausbildung, insbesondere Ausdrucksformen wie Körpersprache, Lautäußerungen) sowie über Tierschutzanliegen (z. B. tiergerechte Erziehung, Tierquälerei, Qualzucht u. ä.) (Beetz 2021a).

Es finden sich unter anderem Bezeichnungen wie »Schulbegleithund« (s. www.schulhundweb.de), äquivalent zu verwenden wie der Begriff Schulhund, und der Begriff »HuPäsch« als Abkürzung für »Hundgestützte Pädagogik in Schulen« (Agsten 2020), welcher jedoch wenig verbreitet ist. Im Kontext der hundegestützten Pädagogik gibt es zudem den sogenannten Lesehund. Kinder, die Schwierigkeiten mit dem Lesen haben, lesen in wenig strukturierten Settings, in der Schule, Bibliotheken, Nachmittagsbetreuung, solch einem Lesehund vor, um das Lesen zu üben, also bereits vorhandene Lesekompetenzen zu verfestigen. Auch die gezielte hundegestützte Leseförderung existiert (Beetz & Heyer 2014) und wird oft mit einem Schulhund im Rahmen sonderpädagogischer Förderung durchgeführt. Im Feld TGI kommen immer wieder neue Wortschöpfungen vor – für Kommunikation und Forschung ist es jedoch sinnvoll, sich an den genannten etablierten Begriffen (Schulhund) und Definitionen zu orientieren (s. o.).

1.2 Effekte und Mechanismen

Heute existiert eine große Anzahl an Studien, die positive Effekte von Kontakt mit Tieren oder Heimtierhaltung für den Menschen dokumentieren. Nur vereinzelt dagegen widmeten sich Studien den Effekten von Schulhunden, etwas mehr den Effekten von Lesen mit Hund. Im Folgenden werden kurz die in mehreren wissenschaftlichen Studien belegten Effekte von Mensch-Tier-Interaktion (MTI) vorgestellt, da diese Effekte potenziell auch im Kontext Schulhund eine Rolle spielen. Danach werden die Befunde zu Schulhund und Lesehund vorgestellt, bevor Erklärungsansätze und Mechanismen, die den Effekten zugrunde liegen können, im nächsten Abschnitt berichtet werden.

Bei den dokumentierten Effekten ist zu beachten, dass diese überwiegend unter Idealbedingungen erzielt wurden. Im Rahmen einer Studie werden beispielsweise die Tiere nach besonderen Kriterien ausgewählt, was in der Praxis der TGI häufig nicht in diesem Ausmaß der Fall ist. So werden oft Tiere aus eher praktischen Überlegungen heraus eingesetzt, wie »jetzt habe ich dieses Tier dafür angeschafft, und es funktioniert schon (irgendwie)«, oder Setting und Einsatzart sind deutlich variabler als in einer Studie, so dass möglicherweise nicht alle Effekte bei allen Beteiligten zu beobachten sind. In der Forschung werden oft streng kontrollierte Experimente verwendet. Praxisstudien dagegen sind schwieriger, es gibt viele nicht kontrollierbare Variablen, die die Ergebnisse beeinflussen können. Es geht bei den berichteten Effekten also eher um das Potential an Effekten, das Tiere in Bezug auf Menschen haben können – nicht in jeder tiergestützten Intervention wird man diese Effekte erzielen. Zudem wurde der Großteil der Studien mit Hunden durchgeführt. Dies hat vorwiegend praktische Gründe, da Hunde sich am einfachsten in Labor- bzw. experimentellen Settings gezielt anleiten lassen. Einige Befunde basieren auch auf Interaktionen mit Pferden oder Kleintieren wie Meerschweinchen.

1.2.1 Allgemeine Effekte von Mensch-Tier-Interaktion (MTI)

Das Effektspektrum von MTI lässt sich in Effekte auf physiologischer/neurobiologischer, psychologischer und sozialer Ebene einteilen (vgl. ausführlich hierzu Beetz, Wohlfarth & Kotrschal 2021 sowie Beetz et al. 2012).

- Physiologische sowie neurobiologische Effekte von MTI sind:
  - Reduktion und Abpuffern von stressbezogenen Reaktionen: Reduktion von Herzfrequenz, Blutdruck und Spiegel des Stresshormons Kortisol
  - Förderung von Entspannung: Erhöhung der Herzratenvariabilität
  - Steigerung des Spiegels des Hormons Oxytocin
  - verlängerter Zeitraum der Durchblutung des präfrontalen Kortex während eines Aufmerksamkeitstests.

Der Kontakt mit einem freundlichen Tier wie Hund, Pferd oder üblichen anderen domestizierten und mit Menschen sozialisierten Heimtierspezies kann also Stress beim Menschen reduzieren, bzw. einen Anstieg von physiologischem Stress abpuffern. Dies trifft insbesondere auf Situationen zu, die üblicherweise von den Personen als stressvoll erlebt werden, wie bspw. Prüfungen, Arztbesuche oder bevorstehende Operationen. Darüber hinaus kann das körpereigene System für Ruhe, Erholung und soziale Verbundenheit aktiviert werden. Dieses Calm-and-Connectedness-System wird über das Hormon Oxytocin gesteuert, welches verschiedene psychische, neurobiologische und soziale Prozesse beeinflusst. Bisher nur in einer Studie dokumentiert, kann das Streicheln eines Hundes, vor allem des eigenen Hundes, auch die Spiegel von Beta-Endorphin, Immunglobulin und Dopamin steigern.

- Zu den sozialen Effekten von MTI zählen:
  - Reduktion von Aggression
  - Förderung von sozialer Aufmerksamkeit und Interaktion, inklusive verbaler und nonverbaler positiver Kommunikation
  - Förderung von Vertrauen.

Die Anwesenheit von Tieren führt bei den beteiligten Personen, seien es Kinder, Erwachsene oder Senioren, dazu, dass sie sich mehr und freundlicher miteinander unterhalten, lächeln und anderweitig nonverbal kommunizieren. Menschen in Begleitung von freundlichen Hunden werden auch öfters gegrüßt und angelächelt. Männer in Begleitung von Hunden haben mehr Erfolg dabei, von einer unbekannten Frau auf der Straße deren Telefonnummer zu erhalten als ohne Hund. Dies ist ein Vertrauensvorschuss, den man durch den Hund erhält, der sich auch in anderen Settings wie Pädagogik und Therapie zeigt. Eine Abnahme aggressiven Verhaltens

wurde zwar bisher selten berichtet, dafür jedoch direkt für einen Klassenverband mit Schulhund, in dem aggressives Verhalten einiger Schüler in Anwesenheit des Schulhundes deutlich reduziert war.
- Folgende Effekte von MTI auf die Psyche des Menschen wurden dokumentiert:
  - Reduktion von Angst und subjektivem Stress
  - Reduktion des Schmerzempfindens
  - Reduktion von Depressivität und Förderung einer positiven Stimmung
  - Förderung von Aufmerksamkeit, Konzentration und Motivation.

Ruhige, freundliche und für den Menschen ungefährliche Tiere in der Nähe, aber insbesondere der Körperkontakt zu ihnen über Streicheln, reduzieren auch Angst, Stress und Schmerzen, z. B. nach Operationen. Tiere fördern eine neutrale bis positive Stimmung. In leistungsbezogenen Kontexten erfüllten Lernende in Vorschule und Schule Aufgaben zügiger, fehlerfreier, konzentrierter und aufmerksamer, wenn ein Hund dabei involviert war. Dies weist zudem auf eine gesteigerte Motivation hin, die den Personen so jedoch nicht bewusst ist. So steigerte die Einbindung eines Hundes in sportliche Aufgaben für Kinder mit Übergewicht deren gesamte Aktivität im Programm, ohne dass diese mehr Anstrengung berichteten (Wohlfarth et al. 2013).

Zudem legen einige Studien zum Heimtierbesitz nahe, dass sich das Aufwachsen mit Heimtieren, insbesondere Hunden, positiv auf soziale Kompetenz und Empathie auswirken könnte. Jedoch können dahingehende Effekte kaum von den Effekten der Eltern wie ihres Erziehungsstils und ihrer Förderung sozio-emotionaler Kompetenzen unterschieden werden. Des Weiteren wirkt sich die Heimtierhaltung positiv auf die körperliche Gesundheit von Menschen aus. Kardiovaskuläre Erkrankungen werden positiv beeinflusst, ebenso wie Schlaf und allgemeine Gesundheit.

1.2.2 Effekte von Schulhunden

Bisherige Forschung erfasste immer nur Effekte eines Schulhundes bei einer Klasse. Größer angelegte Studien fehlen leider bis heute. Für eine detailliertere Übersicht siehe Beetz (2021a). Hergovich et al. (2002) erfassten Effekte der 3-monatigen Anwesenheit von Schulhunden auf eine Klasse von Erstklässlern über standardisierte Tests und die subjektive Einschätzung der Lehrkraft. Zum Vergleich wurden diese Daten auch bei einer Parallelklasse ohne Schulhund erhoben. Während keine Effekte auf soziale Intelligenz und Soziabilität zu erkennen waren, gaben die Lehrkräfte an, dass die Kinder in der Schulhundklasse besser integriert waren. Außerdem wurden in der Schulhundklasse das soziale Klima und Freude am Schulbesuch besser eingestuft und ein Rückgang aggressiven Verhaltens einiger Schüler berichtet. Verhaltensbeobachtungen in derselben Klasse (Kotrschal & Ortbauer 2003) dokumentierten, dass die Lernenden mehr im Kontakt mit Mitschülerinnen und Mitschülern waren, der Lehrerin mehr Aufmerksamkeit entgegenbrachten und weniger aggressiv waren, wenn ein Schulhund anwesend war.

Während in der oben beschriebenen Studie täglich einer von drei Schulhunden der Klassenlehrerin anwesend war, beschränkte sich die Anwesenheit des Schulhundes in der folgenden Studie auf einen Vormittag pro Woche. Untersucht wurde eine dritte Klasse einer Grundschule im Vergleich zu einer Parallelklasse ohne Schulhund zu Schuljahresbeginn, nach einem Schulhalbjahr und zum Ende des Schuljahres. Mittels standardisierter Fragebögen wurden folgende Faktoren erfasst: Einstellung zur Schule, Lernfreude, Anstrengungsbereitschaft, soziale Integration, Klassenklima, Angenommensein, Strategien zur Emotionsregulation und Selbstkonzept. Die Kinder der Schulhundeklasse wiesen am Schuljahresende im Vergleich zur Kontrollklasse mehr Freude am Lernen und eine positivere Einstellung zur Schule auf. Mit Vorsicht zu interpretieren sind bei beiden genannten Studien die Vergleiche mit den Parallelklassen, da hier unterschiedliche Klassenlehrkräfte unterrichteten, die sicher auch maßgeblich die untersuchten Faktoren beeinflussen können. Daher sind Vergleiche innerhalb einer Klasse und objektive Beobachtungen an Tagen mit und ohne Schulhund oder vor dem Schulhundeinsatz im Vergleich zu einigen Monaten mit Anwesenheit eines Schulhundes immer aussagekräftiger.

Zu hundegestützten Interventionen für Kinder mit intellektueller Beeinträchtigung liegen für den unterrichtlichen Kontext kaum Studien vor, jedoch einige (außerschulische) Experimente zu Interaktionen von Kindern mit intellektueller Beeinträchtigung und Hunden.

- In ihrer Studie über Verhalten von Kindern mit Down-Syndrom im Kontakt mit einem Hund im Kontrast zu einem Spielzeughund fanden Limond, Bradshaw & Cormack (1997) heraus, dass die Kinder mit Down-Syndrom positiver und kooperativer auf eine Person mit Hund als mit Stoffhund reagierten und auf den Hund selbst positiver zugingen.
- In einer Evaluation einer hundegestützten Intervention für Kinder aus dem Autismus-Spektrum und Kinder mit Down-Syndrom dokumentierten Griffioen et al. (2020) folgende Verhaltensweisen. Die Kinder aus dem Autismus-Spektrum erreichten gegen Ende der Sitzungen mehr Synchronizität im Verhalten mit dem Hund als die Kinder mit Down-Syndrom. Jedoch

steigerten sich beide Gruppen in ihrer Verhaltenssynchronizität mit dem Hund, d.h. die Kinder und der Hund stellten synchrone (gut aufeinander abgestimmte) Interaktionen her.

Zudem existieren noch die folgenden Studien zu hundegestützter Pädagogik mit Schülerinnen und Schülern mit sonderpädagogischem Förderbedarf in unterschiedlichen schulischen bzw. sonderpädagogischen Schwerpunkten.

- In einer inklusiven Klasse beobachtete die Klassenlehrkraft ein deutlich positiveres Verhalten bei einem von vier Kindern mit Förderbedarf an den Tagen, an denen ein Schulhund anwesend war (Kirnan, Shah & Lauletti 2020).
- In einer Klasse mit sechs Schülerinnen und Schülern mit emotionalen Störungen trug nach Einschätzung der Lehrkräfte und Eltern der Einsatz eines Schulhundes zur emotionalen Stabilität der Lernenden und Reduktion emotionaler Krisen bei. Zudem verbesserte sich die Einstellung der Schülerinnen und Schüler zur Schule und es ergaben sich gute Möglichkeiten, Verantwortung, Respekt und Empathie zu fördern (Anderson & Olson 2006).
- Meints et al. (2022) untersuchten den Effekt einer hundegestützten Intervention auf den Stresspegel von Schülerinnen und Schülern mit sonderpädagogischem Förderbedarf (einschließlich SGE) an sonderpädagogisch ausgerichteten Schulen im Vergleich zu Schülerinnen und Schülern an Regelschulen. Stress wurde bei den acht- bis neunjährigen Schülerinnen und Schülern über den Spiegel des Stresshormons Kortisol im Speichel gemessen. Als Vergleichsbedingungen dienten Schülerinnen und Schüler, die entweder an keiner Intervention teilnahmen oder einer Entspannungsgruppe zugeordnet wurden. Zweimal pro Woche für je 20 Minuten über vier Wochen hinweg wurden die Interventionen durchgeführt. Es zeigten sich signifikant niedrigere Kortisolspiegel nach der Interventionszeit bei der Gruppe mit Hund im Vergleich zu den anderen beiden Gruppen. Dies galt für Schülerinnen und Schüler beider Schulformen, also mit und ohne sonderpädagogischem Förderbedarf (Meints et al. 2022).

1.2.3 Effekte von Lesen mit Hund

Zum Lesen mit Hund gibt es deutlich mehr Studien, die positive Effekte belegen, als zum Schulhundeeinsatz im Allgemeinen. Dies ist unter anderem damit zu erklären, dass hier eine konkrete Leistung wie verschiedene Fertigkeiten der Lesekompetenz (bspw. Worterfassen, Lesegeschwindigkeit) mit standardisierten Verfahren einfach zu messen sind. In Experimenten, in denen Kinder einmal mit und einmal ohne Hund lasen, sowie Evaluationen von längerfristig angelegten Leseprogrammen mit Hund zeigten sich folgende Effekte (Heyer & Beetz 2014):

- im Durchschnitt weniger Stress beim Lesen (gemessen über Kortisol und Verhaltensbeobachtungen)
- bessere Aktivierung bzw. höhere Motivation
- Verbesserung in der Leseleistung.

Weitere Effekte wurden im Rahmen einer Evaluation einer hundegestützten Leseförderung dokumentiert. Im Gegensatz zum Lesen mit Hund wird hierbei wöchentlich in Kleingruppen von vier bis fünf Schülerinnen und Schülern von einem Sonderpädagogen eine Förderstunde zur Lesekompetenz abgehalten, in der auch Grundlagen wie Lauterkennung, Graphem-Phonem-Korrespondenzen, Lesestrategien, Wort-, Satz- und Textverständnis mittels verschiedener Methoden eingeübt werden. Die Leseförderung mit Hund führte im Vergleich zur Leseförderung ohne Hund bei Kindern im Grundschulalter nach 12 Wochen zu einer Verbesserung der Lesekompetenz, einer besseren Einstellung zum Lesen, höheren Lesemotivation sowie Transfereffekten in die Gesamtklasse. Die mit Hund geförderten Schülerinnen und Schüler berichteten ein besseres Klassenklima, mehr Freude am Lernen sowie ein gesteigertes Gefühl des Angenommenseins durch Lehrerinnen und Lehrer sowie Mitschülerinnen und Mitschüler (Beetz & Heyer 2014).

1.3 Mechanismen und Erklärungsansätze

Obwohl es heute immer mehr Studien zu Effekten von tiergestützten Interventionen, auch tiergestützter Pädagogik gibt, so besteht jedoch noch viel Forschungsbedarf auch hinsichtlich der Effekte von MTI im Kontext von Schule und Unterricht bei intellektueller Beeinträchtigung. Grundsätzlich ungeklärt sind Fragen wie:

- »Wieviel Zeit muss ein Schulhund mit den Schülerinnen und Schülern verbringen, um positive Effekte zu haben?«

1 Tiergestützte Interventionen (TGI) – Grundlagen

- »Wieso funktioniert hundegestützte Pädagogik manchmal besser als Pädagogik ohne Hund, obwohl doch die Lehrkräfte gut ausgebildet und motiviert sind?«
- »Können Schulhunde auch die akademische Leistung von Schülerinnen und Schülern verbessern?«
- »Warum kann ein Schulhund die sozialen Interaktionen in der Klasse positiv beeinflussen?«.

Um Hypothesen zur Beantwortung dieser Fragen aufzustellen, bedarf es Theorien bzw. Erklärungsansätze für die bereits gefundenen positiven Effekte. Im tiergestützten Bereich gibt es nicht nur »die eine Theorie«, die alles erklären kann. Es werden eher verschiedene Theorien und Mechanismen herangezogen, um bestimmte Effekte oder ein Wirkspektrum zu erklären. Dabei kann man jedoch die verschiedenen Erklärungsansätze auch verbinden und in ein umfassenderes Modell integrieren (vgl. hierzu Julius et al. 2014).

Im Folgenden werden einige Erklärungsansätze vorgestellt, die für die Arbeit mit Schulhunden und ein Verständnis für mögliche Effekte und damit auch didaktisch-methodische Herangehensweisen relevant sind. Einschätzungen aus der Praxis deuten darauf hin, dass diese oben genannten Effekte sowie deren Erklärungsansätze auch für Schülerinnen und Schüler mit intellektueller Beeinträchtigung reklamiert werden können. Insbesondere solche methodischen Zugänge, die an Bindung und Motivation adressieren, wirken sich positiv auf das schulische Lernen von Schülerinnen und Schülern im SGE aus. Zu den wesentlichen Erklärungsansätzen zählen (▶ Kap. 1.3.1 bis ▶ Kap. 1.3.6)

- die Biophilie-Hypothese und der Biophilie-Effekt
- die Aktivierung des Oxytocinsystems
- die soziale Unterstützung
- Bindung und Fürsorge
- die Entwicklung von Balance zwischen verbal-symbolischem System und dem Erfahrungssystem
- sowie Tiere als Motivatoren.

Darauf aufbauend werden für soziales und schulisches Lernen weitere wichtige Lernvoraussetzungen genannt, nämlich die optimale Aktivierung der Lernenden (▶ Kap. 1.3.7) sowie weitere wichtige Faktoren für Lernerfolg basierend auf neurodidaktischen Erkenntnissen (▶ Kap. 1.3.8).

1.3.1 Biophilie

Bereits 1984 postulierte Wilson, dass Menschen biophil seien. Als Biophilie bezeichnete er die Affinität zu Leben und lebensähnlichen und lebensermöglichenden Prozessen. Das schließt die belebte Natur und die unbelebte Natur ein, die jedoch Leben ermöglicht. Zur belebten Natur zählen Tiere und Pflanzen, zur unbelebten Natur bspw. Umgebungen mit Wasser oder grünen Wiesen. Biophilie beschreibt dabei eine Hinwendung zu Tieren und Natur, die auf verschiedene Arten stattfinden kann: Bezugnahme kann in Form von Liebe, Wunsch nach Nähe, Bewunderung ästhetischer Aspekte, aber auch Ekel, Angst oder der Wunsch nach Dominieren oder Nutzung von Natur auftreten (Kellert & Wilson 1995). In jedem Fall jedoch schenken Menschen Tieren in ihrer Umgebung Aufmerksamkeit und bei bestimmten, von ihnen als attraktiv wahrgenommenen Spezies möchten sie auch Kontakt aufnehmen.

Biophilie hat sich wahrscheinlich im Zuge der Evolution entwickelt. Im Lauf der Menschheitsgeschichte lebten Menschen immer als Teil der Natur und in engem Kontakt mit Tieren. Auf Phänomene in der Natur zu achten, wie Wetteränderung, Warnzeichen für Erdbeben, Tsunamis, oder auch auf Tiere, die solche Gefahren oder Raubtiere anzeigen konnten oder die als Nahrung dienen oder gefährlich sein konnten, ergab einen Überlebensvorteil für den Menschen. Damit wurde Biophilie Teil des menschlichen Erbes und kann schon bei Babys und bis ins hohe Alter hinein beobachtet werden. Babys sind beispielsweise mehr an Tieren interessiert als an unbelebten Gegenständen und schenken natürlicher Bewegung mehr Aufmerksamkeit als mechanischer Bewegung (DeLoache et al. 2011).

Menschen nehmen Tiere jedoch nicht immer bewusst in ihrer Umgebung wahr, oft geschieht dies eher vorbewusst. Doch auch ohne dass dies bewusst abläuft, wirken ruhige, entspannte und freundliche Tiere in der Umgebung beruhigend auf die anwesenden Menschen. Dieser Entspannungseffekt auf den Menschen durch Biophilie wird Biophilie-Effekt genannt (Julius et al. 2014) und wird z. B. bei der reinen Anwesenheit von Schulhunden im Klassenzimmer ohne direkten Kontakt zu den Schülern oder Einbindung in Übungen genutzt. Im Rahmen von angst- und stressauslösenden Situationen oder bei Schmerzen wirken Tiere ablenkend, da sie durch die Biophilie die menschliche Aufmerksamkeit binden (Beetz & Bales 2016). Dabei sollte die Person jedoch offen sein für die Ablenkung, d.h. sie muss das Tier als willkommenen Fokus für ihre Aufmerksamkeit in einer schwierigen Situation annehmen.

1.3.2 Aktivierung des Oxytocinsystems

Schon vor 20 Jahren zeigten Odendaal & Meintjes (2003), dass das Streicheln eines freundlichen Hundes zur Ausschüttung des Hormons Oxytocin führen kann. Dies wurde seitdem in weiteren Studien bestätigt und ebenso, dass dieser Effekt stärker ist, wenn eine gute Beziehung zwischen Hund und Mensch besteht (Beetz et al. 2021). Die zentrale Bedeutung dieser Aktivierung des Oxytocinsystems durch den Kontakt mit Hunden, und wahrscheinlich mit anderen Spezies, wird durch folgende Beobachtung unterstützt: Das Wirkspektrum von Oxytocin bei Mensch und Tier zeigt sehr große Überschneidungen mit den oben berichteten Effekten von Mensch-Tier-Interaktionen. Die Erhöhung des Oxytocinspiegels (auf natürliche Weise oder durch Verabreichung von Oxytocin) geht mit einer Förderung sozialer und emotionaler Kompetenz, Interaktion, Vertrauen sowie verbaler und nonverbaler Kommunikation einher. Zudem reduziert Oxytocin depressive Stimmung, Aggression innerhalb der eigenen Gruppe, Angst, Schmerzwahrnehmung und physiologische Stressreaktionen und fördert soziale Motivation und Aufmerksamkeit sowie Konzentration. Aktiviert wird das Oxytocinsystem bei der Geburt durch die Wehentätigkeit, beim Stillen, beim Orgasmus und bei positiv empfundenen Berührungen, wie z.B. Massagen. Besteht eine positive Beziehung, so kann auch Augenkontakt, die Stimme des Gegenübers oder Erinnerungen an die Person zur Ausschüttung von Oxytocin führen.

Körperkontakt ist im zwischenmenschlichen Kontakt stark durch Normen reglementiert, die je nach Alter, Setting und Kultur unterschiedlich sein können. Gerade in der Psychotherapie und immer mehr in der Pädagogik ist Berührung eher unerwünscht oder wird als unprofessionell angesehen. Zudem gibt es Menschen, für die der Körperkontakt, ja sogar schon die Nähe anderer Personen, Stress auslöst, wie bei Menschen mit posttraumatischer Belastungsstörung oder unverarbeiteten Bindungstraumatisierungen (Julius et al. 2014). Es ist anzunehmen, dass durch die negative Konnotation der Interaktion der Kontakt hier das Oxytoczinsystem nicht oder deutlich eingeschränkt aktiviert. Mit Tieren ist der entspannte Körperkontakt und damit wahrscheinlich die Aktivierung des Oxytocinsystems auch für diese Personengruppe möglich.

In allen Tiergestützten Interventionen ist Körperkontakt über Streicheln oder Kontaktliegen immanenter Bestandteil. Es wirkt so gut wie nie künstlich oder erzwungen, wenn dieser Kontakt von beiden Seiten aus freiwillig etabliert oder erlaubt wird. Tiergestützte Pädagogik hat also einen direkten Vorteil gegenüber Pädagogik ohne Tiere, da sie bei allen Personen, Schülerinnen und Schülern sowie anwesenden Erwachsenen wie der Lehrkraft das

Oxytoczinsystem über Körperkontakt mit dem Tier aktivieren und die Wirkungen von Oxytocin (soziale Orientierung, Vertrauen, Entspannung etc.) nutzen kann. Der Tierkontakt kann im Sinne eines Primings verstanden werden (ebd.). Er bringt die anwesenden Personen in einen physiologisch, psychisch und sozial günstigen Zustand, der von der Lehrkraft utilisiert werden kann – zur Etablierung einer vertrauensvollen Arbeitsbeziehung, vermehrter Kommunikation, Interaktion sowie Aufmerksamkeit. Auch wenn dies bei vielen Schülerinnen und Schülern ohne Tiergestützte Intervention möglich ist, so ist es zum einen für die Kinder und Jugendlichen von Vorteil, die Stress im zwischenmenschlichen Kontakt haben und soziale Unterstützung der Lehrkraft nicht gut annehmen können. Zum anderen lassen sich vertrauensvolle Interaktionen und Beziehung sowie Entspannung mit dem Tier schneller und mit weniger Aufwand etablieren. Über die Aktivierung des Oxytocinsystems kann also der Effekt von Tieren als sogenannte Türöffner bzw. sozialer Katalysator erklärt werden.

Voraussetzung ist jedoch eine Offenheit für die Interaktion mit dem bestimmten Tier. Negative Vorerfahrungen oder Ängste machen die tiergestützte Arbeit nicht unmöglich, erfordern aber eine längere Zeit zum Kennenlernen und Abbau von Ängsten vor der eigentlichen Arbeit (Beetz et al. 2021). Dieser Türöffner-Effekt kann gerade in unterrichtlichen Kontexten bei Schülerinnen und Schülern mit intellektueller Beeinträchtigung genutzt werden, die häufig bedingt durch eine Vielzahl an therapeutischen Interventionen schon vor Beginn der Schulzeit sowie infolge einer ungünstigen Gemengelage aus Fördermaßnahmen und Misserfolgserlebnissen negativ besetzte Erfahrungen mit Schule und Unterricht sowie pädagogischem Personal mitbringen. Diesen Erfahrungen können die oben genannten Effekte positiv entgegenwirken insbesondere deshalb, weil die Schülerinnen und Schüler der Intervention voraussetzungslos begegnen können.

> **Weiterführende Literatur**
>
> Beetz, A., Riedel, M. & Wohlfarth, R. (Hrsg.) (2021): Tiergestützte Interventionen. Handbuch für die Aus- und Weiterbildung. München: Reinhardt. (hier: 24-43)
> Beetz, A., Schönhofen, K. & Heyer, M. (2019): Tiergestützte Pädagogik. In: Schäfer, H. (Hrsg.): Handbuch Förderschwerpunkt geistige Entwicklung. Weinheim: Beltz. 379–391.
> Julius, H., Beetz, A., Kotrschal, K., Turner, D.C. & Uvnäs-Moberg, K. (2014): Bindung zu Tieren. Psychologische und neurologische Grundlagen tiergestützter Interventionen. Göttingen: Hogrefe.

1.3.3 Soziale Unterstützung

Lehrkräfte zielen nicht nur auf die Vermittlung akademischer Inhalte, sondern auch auf die Förderung sozialer und emotionaler Kompetenzen sowie exekutiver Funktionen bei den Schülerinnen und Schülern ab. Zu den exekutiven Funktionen zählen beispielsweise Arbeitsgedächtnis, Impulskontrolle, Selbstinstruktionsfähigkeit, logisches Denken und metakognitive Fähigkeiten. Wichtig für eine optimale Nutzung der Exekutivfunktionen ist eine optimale Aktivierung – aufmerksam, aber nicht gestresst, denn Stress reduziert die Leistungen im Exekutivbereich.

Um die beschriebenen pädagogischen Ziele zu erreichen, muss oft erst daran gearbeitet werden, einen guten, lernbereiten Zustand beim Kind herzustellen. Häufig sind Schülerinnen und Schüler bei Anforderungen, gerade wenn sie diese als möglicherweise überfordernd einschätzen, ängstlich und gestresst (Beetz & Heyer 2015). Zur Regulation von Emotionen und Stress hilft, neben Selbstregulationsfähigkeit, am besten die soziale Unterstützung durch andere Personen. Es können drei Komponenten sozialer Unterstützung unterschieden werden (Julius et al. 2014; Ditzen et al. 2007):

- Unterstützung über Information
- instrumentelle Unterstützung (z. B. finanziell)
- emotionale Unterstützung (und Körperkontakt als eine besonders effektive Form emotionaler Unterstützung).

Durch den Körperkontakt, den Tiere in der TGI üblicherweise erlauben, aber schon allein durch die bloße Anwesenheit und induzierte Stressreduktion, nehmen viele Menschen Tiere als soziale Unterstützung wahr. Tierbesitzer sind weniger gestresst bei Aufgaben, wenn ihr vertrautes Heimtier bei ihnen ist (Beetz et al. 2012). Aber auch kaum vertraute Tiere können als soziale Unterstützer physiologische Stressreaktionen in Anforderungssituationen beim Menschen signifikant reduzieren (Beetz et al. 2011).

Eine weitere Theorie, die soziale Unterstützung, Stress- und Emotionsregulation aufgreift, ist die Bindungstheorie, die im Folgenden hinsichtlich ihrer Relevanz für Tiergestützte Interventionen etwas ausführlicher vorgestellt werden soll.

1.3.4 Bindung

Viele Tierbesitzerinnen und -besitzer (und insbesondere dann die Kinder in den Familien) sehen ihr Heimtier als Teil der Familie oder engen Freund (Julius et al. 2014) und haben eine enge emotionale Bindung zu ihm. Was Bindung ist, beschrieben Bowlby (1969) und Ainsworth (1963) im Detail. Für eine Übersicht zur Bindungstheorie und ihre Übertragung auf die Mensch-Tier-Beziehung und Besonderheiten siehe Julius et al. (2014).

Entwicklung von Bindung

Babys werden mit einem biologisch angelegten Verhaltenssystem geboren, das ihnen erlaubt, eine Bindung zu erwachsenen Bindungsfiguren (Fürsorgepersonen, normalerweise Mutter, Vater) aufzubauen. Das Kind zeigt Bindungsverhalten, Weinen, Schreien, Blickkontakt, je nach Alter auch Arme ausstrecken, hin krabbeln, um den Kontakt mit der Bindungsfigur herzustellen oder aufrecht zu erhalten. Die Bindungsfigur reagiert idealerweise mit Fürsorgeverhalten. Sie stellt Kontakt her und gibt dem Kind, was es gerade emotional, sozial oder physiologisch braucht, über angemessenes, feinfühliges Fürsorgeverhalten. Dies schließt bspw. trösten, in den Schlaf wiegen, füttern, Windeln wechseln, Sicherheit und Schutz geben mit ein. Fürsorgeverhalten wird ebenfalls über ein Verhaltenssystem reguliert, welches die entsprechenden Verhaltensweisen koordiniert und steuert. Ziel dieser beiden Verhaltenssysteme bei Kind und Bindungsfigur ist der Schutz und die Versorgung der Nachkommen. Dazu zählt auch die Regulation von negativen Zuständen wie Hunger, Durst, Müdigkeit, Stress und negativen Emotionen. Auch soziale Unterstützung reguliert Stress, durch Fremde, aber effizienter durch etablierte Bindungsfiguren, zumindest in einer sicheren Bindung (s. u.).

Bindung hat sich im Lauf der Evolution entwickelt und das Überleben der Nachkommen gesichert. Doch Bindung ist nicht nur in der Kindheit wichtig, sondern bis ins hohe Alter hinein beeinflussen Bindungsbeziehungen das psychische Wohlbefinden.

Die Erfahrungen des Kindes mit den Eltern, ihrem Fürsorgeverhalten, ihrer Zuverlässigkeit und Vorhersagbarkeit und entsprechende bindungsbezogene Emotionen und das Selbstbild in diesen Beziehungen werden in einer internalen mentalen Repräsentation, dem internalen Arbeitsmodell von Bindung, gespeichert. Über das internale Arbeitsmodell organisiert das Kind seine Erwartungen bezüglich des zu erwartenden Fürsorgeverhaltens der Eltern und passt vorausschauend sein Verhalten an.

Kinder mit intellektueller Beeinträchtigung sind, abhängig von der Schwere der bspw. motorischen, sprachlichen, kognitiven Einschränkungen, um ein Vielfaches mehr auf die Fürsorge und Unterstützung, auf die Pflege und Besorgnis angewiesen, was wiederum bei positiv besetzter Erwiderung durch die Eltern und anderer Bezugspersonen zu einer wiederum intensiveren Bindung führt. Eine annähernd (bzw. vergleichbare) intensive Beziehung und emotionale Bindung zu Kindern und Jugendlichen mit intellektueller Beeinträchtigung ist von der Lehrkraft oft mit erheblicher Energie und persönlichem Einsatz zu erarbeiten – die oben genannten Effekte von TGI als Türöffner durch die positive Besetzung der Hunde führenden Person können hier nutzbar gemacht werden.

Sichere Bindung

Im Idealfall einer günstigen sozialen Umgebung, konkret: feinfühliger Eltern, entwickelt sich beim Kind eine *sichere Bindung*. Feinfühlige Eltern nehmen Bindungssignale sofort wahr, interpretieren sie korrekt (Hunger, Müdigkeit, Angst etc.) und reagieren angemessen und prompt. Kinder, auf deren Bindungssignale so reagiert wird, entwickeln Vertrauen in die Verfügbarkeit der Bindungsperson und deren Effektivität darin, negative Zustände abzustellen und Ruhe und ein Gefühl der Sicherheit im Kind wiederherzustellen. Solche Eltern dienen bei Stress als sicherer Hafen (haven of safety) und bei deaktiviertem Bindungssystem als sichere Basis zur Exploration. Exploration (ebenso ein Verhaltenssystem) ist die Grundlage für die Erkundung der äußeren und inneren Welt und Lernen. Ist das Bindungsverhaltenssystem aktiviert, ist das Explorationsverhaltenssystem deaktiviert – und umgekehrt. Exploration, zumindest tiefgehende Exploration, die vielen Lernprozessen zugrunde liegt, findet also vor allem bei Abwesenheit von Stress, bei Wohlbefinden und deaktiviertem Bindungsverhaltenssystem statt.

Unsichere Bindung

Zeigen die Bindungsfiguren nicht feinfühliges Fürsorgeverhalten bzw. sind nur unzuverlässig verfügbar zur Unterstützung, entwickeln sich als Anpassungsstrategie des Kindes *unsichere Bindungsrepräsentationen*. Dazu zählen die (1) unsicher-vermeidende Bindung und die (2) unsicher-ambivalente Bindung:

1. *Unsicher-vermeidende Bindung:* Kinder mit *unsicher-vermeidender* Bindung haben öfter die Erfahrung von wenig feinfühligem Verhalten der Eltern (Ablehnung ihres Bindungsbedürfnisses) gemacht, zeigen bei Aktivierung

des Bindungsverhaltenssystems kein Bindungsverhalten (mit Ausnahme von extremen Bedrohungen) und versuchen sich durch oberflächliche Exploration der Umwelt von ihrem negativen Befinden, Stress und Angst abzulenken. Durch Messungen des Stresshormons Kortisol im Speichel während Bindungstests ist aber dokumentiert, dass diese Kinder, obwohl sie nach außen ruhig und unbekümmert wirken, hohe Stresswerte haben. Diese Kinder wirken sehr selbständig und unabhängig und als ob ihnen z. B. eine Trennung von den Eltern oder andere Stresssituationen nichts ausmachen.

Im deutschsprachigen Raum entspricht ein Kind mit unsicher-vermeidender Bindung oft einem gesellschaftlich erwarteten, unausgesprochenen Ideal. Diese Kinder lassen sich einfach in Krippe, Kita, Sport- oder Musikstunden für Kleinkinder und Schule abgeben, ohne viel zu protestieren. Sie zeigen die favorisierte Selbständigkeit und gelten als unkompliziert. Es ist jedoch belegt, dass diese Kinder im Vergleich zu sicher gebundenen Kindern weniger soziale Kompetenz entwickeln und auch später mehr Schwierigkeiten haben, enge Sozialbeziehungen aufzubauen und aufrechtzuerhalten. Sie suchen nur selten von sich aus Körperkontakt zu den Eltern (wenn dann eher in entspannten Situationen) und lehnen bei aktiviertem Bindungssystem auch Körperkontakt durch die Bezugspersonen ab. Die Bindungsfiguren folgen distanzierter Fürsorge und Schutz aus der Entfernung (distanced protection), mit Betonung von Regeln, Normen, Unabhängigkeit und Selbständigkeit.

2. *Unsicher-ambivalente Bindung:* Unsicher-ambivalent gebundene Kinder haben Eltern mit nur schwer vorhersagbarem, vagem Fürsorgeverhalten. Mal reagieren die Eltern freundlich und fürsorglich, dann, oft aus Überforderung, ablehnend. Das Kind kann kein Vertrauen in die zuverlässige Fürsorge der Eltern entwickeln. Ist das Bindungssystem aktiviert, suchen sie zwar die Nähe der Bindungsfigur, können den Kontakt jedoch nicht effektiv zur Stressregulation nutzen und reagieren oft ärgerlich. Ihr Bindungssystem bleibt oft lange aktiviert, sie können soziale Unterstützung nur schlecht zur Stressregulation nutzen, wie übrigens auch unsichervermeidend gebundene Kinder.

Bindungsdesorganisation

Zudem kann eine *Bindungsdesorganisation* vorliegen, welche üblicherweise auch zur unsicheren Bindung zählt und manchmal auch als hoch-unsichere Bindung beschrieben wird. Eine Bindungsdesorganisation entsteht durch Bindungstraumata, die nicht verarbeitet werden konnten bzw. die nicht ins internale Arbeitsmodell von Bindung (sicher oder unsicher) integriert werden können. Kinder können verschiedenste Bindungstraumata erleben wie bspw. den Verlust einer Bezugsperson oder Gewalt durch eine Bezugsperson. Generell sind Situationen, in denen die Bindungsfigur entweder selbst beim Kind Angst auslöst, oder Situationen, in denen die Bindungsfigur selbst Angst zeigt und hilflos ist und so das Kind nicht unterstützen und schützen kann, potentielle Bindungstraumata.

Solche Traumata können auch verarbeitet werden, z. B. durch eine weitere Bindungsfigur aufgefangen werden. Ist dies jedoch nicht der Fall, werden diese Erlebnisse in einem segregierten (abgespaltenen) System außerhalb des internalen Arbeitsmodells gespeichert. Diese segregierten Systeme, wie übrigens auch das internale Arbeitsmodell, sind nicht bewusst zugänglich. Wird ein solches (segregiertes) System aktiviert (z. B. im Laufe eines Bindungstests oder anderen Situationen, die Bindungsstress auslösen), zeigt sich oft eine Desorganisation im Bindungsverhalten. Dies kann in Form widersprüchlichen Verhaltens, Annäherungs-Vermeiden-Konflikts gegenüber der Bindungsfigur oder eines Verhaltens beobachtet werden, das keiner klaren Bindungsstrategie (sicher, vermeidend, ambivalent) mehr folgt. In bindungsrelevanten Situationen haben diese Kinder mehr Stress und die Anwesenheit der Bindungsfigur kann den Stress sogar noch erhöhen.

Relevant sind diese Informationen zur Bindung, da nur *sicher gebundene Kinder* in pädagogischen Settings von der sozialen Unterstützung von Pädagogen hinsichtlich ihrer Stressregulation profitieren können bzw. einfach und relativ schnell vertrauensvolle Arbeitsbeziehungen zu ihnen etabliert werden können. Denn das internale Arbeitsmodell von Bindung bestimmt Bindung und Stressregulation nicht nur in der Eltern-Kind-Beziehung, sondern auch in allen anderen engeren Beziehungen. Durch die Übertragung (Transmission) der Erwartungshaltungen versuchen die Kinder, ihre Bindungsstrategien auch in der Beziehung zu Pädagogen anzuwenden und zu bestätigen.

Der Vorteil Tiergestützter Interventionen besteht nun darin, dass in Interaktionen mit Tieren die spontane Transmission von Bindungsrepräsentationen ausbleibt. Kinder (und Erwachsene) gehen mit einer Offenheit, mit sicheren Bindungsstrategien eine Beziehung zu beginnen, auf Tiere zu und können damit auch von Tieren als sozialen Unterstützern hinsichtlich ihrer Stressregulation profitieren (Beetz et al. 2011). In einem Experiment mit drei Gruppen von männlichen Schülern im Grundschulalter konnte dies nachgewiesen werden. Alle Kinder mussten vor einem fremden Gremium eine Geschichte weitererzählen und Kopfrechenaufgaben lösen, während sie gefilmt wurden. Dieses Verfahren löst bei allen Stressreaktionen aus. Die Gruppe, die von einem echten Hund unterstützt wurde, der vor, während und nach den Aufgaben gestreichelt werden konnte oder einfach nur anwesend war, hatte die geringsten Stressreaktionen. Die Gruppen mit Stoffhund und Unterstützung durch eine freundliche Studentin hatten höhere, aber vergleichbare ausgeprägte Stressreaktionen. Zudem zeigte sich ein enger Zusammenhang zwischen Körperkontakt mit dem Hund und geringerem Stress. Je mehr die Jungen den Hund gestreichelt hatten, desto geringer war ihr Kortisolspiegel (ebd.). Tiere werden von Kindern und Erwachsenen insgesamt als sichere Bindungsfiguren beschrieben (Julius et al. 2014) und es fällt ihnen unabhängig von ihrer Bindungsrepräsentation leicht, Körperkontakt herzustellen.

> **Exkurs**
> **Hintergrundwissen Bindung**
> Relevant ist das Hintergrundwissen über Bindung hinsichtlich der Etablierung vertrauensvoller pädagogischer Beziehungen zwischen Lehrkräften und Lernenden als Arbeitsgrundlage der Pädagogik und neurodidaktischer Gesichtspunkte (▶ Kap. 1.3.8). Weniger als 50 Prozent der Kinder sind sicher gebunden (ca. 45 Prozent) und etwa ein Viertel weist ein unsicher-vermeidendes Bindungsmuster auf (28 Prozent) (Gloger-Tippel, Vetter & Rauh 2000). In der normalen Bevölkerung liegt der Anteil der Personen mit Bindungsdesorganisation bei unter 20 Prozent (Gloger-Tippel, Vetter & Rauh 2000). Bei Kindern mit psychischen Auffälligkeiten finden sich bis zu 90 Prozent unsicher bzw. desorganisiert gebundener Kinder (van Ijzendoorn & Bakermans-Krankenburg 1996; Julius et al. 2009). Für mehr als jedes zweite Kind hat die Tiergestützte Intervention einen Vorteil gegenüber Interventionen ohne Tiere, hinsichtlich der Stressregulation und dem Herstellen einer optimalen physiologischen Ausgangsbasis für erfolgreiches Lernen.

> **Exkurs**
> **Bindung und Beeinträchtigung**
> Kinder mit Beeinträchtigungen weisen nochmals ungünstigere Verteilungen hinsichtlich einer sicheren Bindung auf.
>
> • So ist die Wahrscheinlichkeit einer unsicheren Bindung bei Kindern, die später auf dem Autismus-Spektrum diagnostiziert werden, höher, da ihr Interaktionsverhalten es schon im ersten Lebensjahr selbst feinfühligen Interaktionspartnerinnen und -partnern erschwert, Signale richtig zu

erkennen und zu deuten und das Kind angemessen bei der Regulation zu unterstützen.
- Kinder mit Down-Syndrom weisen häufiger unverarbeitete Bindungstraumata auf, wobei meist oft ein sicheres Bindungsmuster dahinterliegt. Wie bei nicht beeinträchtigten Kindern entwickeln sich sicher gebundene Kinder mit Down-Syndrom (ohne Bindungsdesorganisation) am besten im Vergleich der Bindungsgruppen. Sie sind kooperativ und angenehm im Umgang und entwickeln sich schneller im kognitiven Bereich, sobald die verbale Kommunikation mehr Raum einnimmt (Rauh 2007).
- Auch Kinder mit körperlichen, motorischen Beeinträchtigungen sowie auch Beeinträchtigungen im Bereich der Sinne (bspw. Hören) zeigen mehr unsichere Bindungsmuster. So finden sich mehr unsichere Bindungen bei gehörlosen Kindern, wenn sie hörende Eltern haben, als bei gehörlosen Kindern mit gehörlosen Eltern.

Exkurs
TGI und Fürsorge
Die Bindungstheorie erklärt nicht nur das hohe Potential von Tieren in der TGI als soziale Unterstützer, sondern bietet auch über die Aktivierung des Fürsorgesystems der Kinder und Jugendlichen einen weiteren spezifischen Ansatzpunkt. Das Fürsorgeverhaltenssystem entwickelt sich schon von der Kindheit an, ist jedoch erst im Erwachsenenalter und mit der Erziehung eigener Kinder voll ausgeprägt und stabil. Das Zeigen von erfolgreichem Fürsorgeverhalten ist, wie der Erhalt von feinfühliger Fürsorge, mit der Ausschüttung von Oxytocin assoziiert. Nicht erfolgreiches Fürsorgeverhalten (z. B. stundenlanges Herumtragen sowie Versuche der Nahrungsgabe, und das Baby weint immer noch) führt zu Stress, ebenso wie ein weiterhin aktiviertes Bindungssystem zu erhöhtem Stress führt. Gegenüber Tieren ist es einfacher, erfolgreiches Fürsorgeverhalten zu zeigen – z. B. über das Füttern oder auch die Körperpflege des Tieres. Hier kann eine Oxytocinausschüttung erreicht werden, auch bei Schülerinnen und Schülern, die Probleme damit haben, soziale Unterstützung selbst von einem Tier anzunehmen, weil sie sich dadurch in einer Position der »Schwäche« fühlen. Gegenüber einer pädagogischen Fachkraft ist das Zeigen von Fürsorgeverhalten aber unangebracht – es führt zu einer sogenannten Rollenumkehr, die für die psychische Entwicklung ungünstig ist. TGI bietet hier einen Ansatz, der sonst kaum verfolgt werden kann und der ebenso das

> Priming über die Aktivierung des Oxytocinsystems nutzt und Erfahrung von Selbstwirksamkeit über effektive Fürsorge ermöglicht.

1.3.5 Verbal-symbolisches System und Erfahrungssystem

Was Tiere weiterhin so wertvoll für die Pädagogik macht, ist die Art und Weise der Interaktion mit ihnen und den menschlichen Prozessen der Informationsverarbeitung, die dabei zum Tragen kommen (Beetz et al. 2021). Menschliche Interaktionen werden überwiegend (und insbesondere in Schule) von verbaler Kommunikation bestimmt – man spricht miteinander, und Schweigen führt häufig zu dem Gefühl, man müsste etwas sagen. Dies gilt auch für pädagogische und therapeutische Kontexte.

- *Verbal-symbolisches System:* In verbaler zwischenmenschlicher Kommunikation wird vorrangig das verbal-symbolische System der Informationsverarbeitung und -speicherung genutzt. Auch wenn natürlich dabei non- und paraverbale Anteile der Kommunikation existieren, liegt der Fokus auf den Inhalten und dem gesprochenen Wort (Symbol), das über die Großhirnrinde mithilfe intellektueller Fähigkeiten verarbeitet wird.
- *Erfahrungssystem:* Dem gegenüber steht das *Erfahrungssystem*, in dem Erlebnisse und Sinneseindrücke wie Bilder, Gerüche, Berührungen und Geräusche direkt vermittelt und erlebt (erfahren) werden und unter stärkerer Beteiligung von Emotionen verarbeitet und gespeichert werden.

In den heutigen Interaktionen dominiert meist das verbal-symbolische System, insbesondere am Computer oder in akademischen (schulischen) Settings, in denen es um das Vermitteln von Inhalten geht. Gemeinsame Erfahrungen werden zwar inzwischen ebenso gezielt in der Pädagogik geplant (bspw. erlebnispädagogische Elemente in der Grundschulpädagogik), nehmen jedoch weniger Raum ein.

In der Interaktion mit Tieren ist die verbale Kommunikation und das verbal-symbolische System von nachrangiger Bedeutung. Tiere reagieren mehr auf die paraverbale und nonverbale Kommunikation, und der Mensch nimmt das Tier mit allen seinen Sinnen verstärkt wahr, da die Aufmerksamkeit nicht vom Gespräch auf Inhalte und Sprache gelenkt wird. Damit stellen Interaktionen mit Tieren eine voraussetzungslose Möglichkeit dar, eine Balance von verbal-symbolischer und erfahrungsbasierter Informationsverarbeitung herzustellen und dabei Emotionen mehr Raum zu geben. Von dieser Angebotsform profitieren in besonderem Maße Kinder und Jugendliche mit intellektueller Beeinträchtigung.

Zudem fördert diese Art der Interaktion die Achtsamkeit. Man muss in der Interaktion mit Tieren mehr im Hier und Jetzt sein und kann nicht wie im Gespräch auf Vergangenheit oder Zukunft fokussieren. Achtsamkeitsbasierte Therapieverfahren haben in den letzten Jahren mehr Aufmerksamkeit erfahren und gelten heute für einige psychische Problemlagen als effektive therapieunterstützende Maßnahme.

1.3.6 Motivation

Motivation ist in Leistungskontexten unabdingbar, so auch in der Schulpädagogik. Einige Dinge machen Spaß und fallen leicht (bspw. Sport und Musik), die Motivation für solche Tätigkeiten ist hoch. Bei anderen Aktivitäten, gerade solche, die die Gefahr des Versagens mit sich bringen und in denen man noch wenig Können erreicht hat (bspw. im Kontext SGE das Lesen und Rechnen), ist es für viele Schülerinnen und Schüler schwieriger, sich zu motivieren bzw. für die Lehrkraft die Motivation für diese Tätigkeit bei den Kindern und Jugendlichen zu erhöhen.

Wohlfarth et al. (2013) postulierten in diesem Zusammenhang erstmals, dass bestimmte Effekte tiergestützter Interventionen über Motivationstheorien erklärbar sind. Hierbei wird mit der Unterscheidung intrinsischer und extrinsischer Motivation bzw. impliziten und expliziten Motivationssystemen gearbeitet.

- *Implizite Motivation* ist mit Handlungen assoziiert, deren Ausführung an sich Freude macht und befriedigend ist.
- *Extrinsisch motiviert* sind Handlungen, die zur Vermeidung von Sanktionen oder für den Erhalt von Belohnungen durchgeführt werden.

Bei Ersterem befindet man sich in einem heißen Modus der Zielverfolgung, die Tätigkeit per se ist ein heißer Stimulus, bei Letzteren erfolgt die Tätigkeit in einem kalten Modus der Zielverfolgung. Eine hohe Leistung wird meist nur erreicht, wenn beide Motivationssysteme harmonieren und nicht in Konkurrenz stehen.

Implizite Motive werden auf einer unbewussten Ebene über nonverbale Stimuli angesprochen. Daher können Tiere, vermittelt über das Erfahrungssystem, insbesondere implizite Motive wie Leistung, Affiliation (Beziehung) und Macht (Einfluss nehmen) und intrinsische Motivation aktivieren.

Erklärbar über die Biophilie stellen Tiere heiße Stimuli dar, für die ganz natürlich Interesse und Aufmerksamkeit besteht. Daher kann die Involvierung von Tieren in eine Tätigkeit zu einer höheren intrinsischen Motivation, diese auszuführen, führen. Verschiedene Studien konnten das bestätigen: Kinder mit Übergewicht in einem Sportprogramm bewegten sich mehr, ohne es anstrengender zu empfinden, wenn ein Hund involviert war (Wohlfarth et al. 2013). Kinder nehmen bereitwilliger und regelmäßiger an Interventionen teil wie bspw. hundegestützten Trainingsprogrammen zur Aufmerksamkeit für Kinder mit ADHS (Beetz & Saumweber 2013) oder hundegestützter Leseförderung (Beetz & Heyer 2014).

Gerade in der Lern- und Umgebungsgestaltung für Kinder und Jugendliche mit intellektueller Beeinträchtigung ist dieser motivationale Aspekt durch den Einbezug von TGI von großer Bedeutung, da die Lernwege häufig sehr langfristig ausgerichtet sind und mit Hürden bedingt durch die Beeinträchtigung besetzt sind (vgl. hierzu für den Bereich der Mathematik Schäfer 2020 und Deutsch Schäfer & Thümmel 2023). In diesem Kontext löst der Einsatz des Schulhundes natürlich nicht alle Schwierigkeiten auf, jedoch werden in den sich häufig wiederholenden Übungsphasen (bspw. beim Lesenlernen das Erschließen weiterer Graphem-Phonem-Korrespondenzen) alternative und für die Lernenden interessante Zugänge in der unmittelbaren Interaktion mit dem Tier eröffnet (Schönhofen & Schäfer 2022).

1.3.7 Optimale Aktivierung

Lernen erfordert eine Kombination von Fähigkeiten und passendem Kontext. Aufmerksamkeit, Konzentration, Motivation, Vorerfahrungen, aber auch eine neutrale bis gute Stimmung und gute vertrauensvolle soziale Beziehung, wie zur Lehrkraft oder zu den Mitschülerinnen und Mitschülern, spielen eine zentrale Rolle. Zudem bedarf nachhaltiges Lernen der Nutzung exekutiver Funktionen wie Impulskontrolle, Selbstreflexion, Arbeitsgedächtnis, was wiederum Freiheit von Angst und hohem Stress voraussetzt. Anders formuliert zählt zu den Lernvoraussetzungen eine optimale Aktivierung des Lernenden (Beetz et al. 2021). Hier kann die Interaktion mit einem freundlichen Hund helfen, optimale Lernbedingungen herzustellen, wie eine gute, vertrauensvolle Beziehung zwischen Kind und Lehrkraft, und eine innere Bereitschaft durch Entspannung bzw. Freiheit von Angst und Stress, Aufmerksamkeit, Konzentration und Motivation. Tiere können helfen, Schülerinnen und Schüler in die Zone ihrer optimalen Aktivierung zu bringen, damit sie ihre Ressourcen für das Lernen optimal nutzen können.

1 Tiergestützte Interventionen (TGI) – Grundlagen

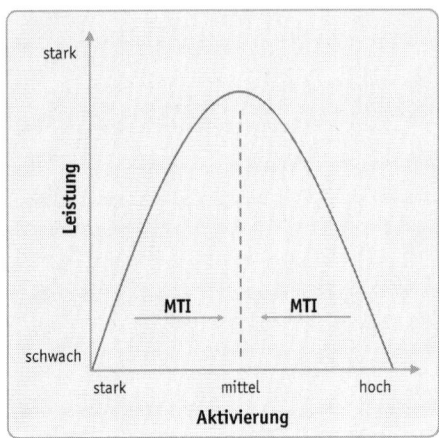

Abb. 1.1: Konstruktives Optimum der Aktivierung (nach Yerkes & Dodson 1908) (eigene Darstellung)

Yerkes & Dodson beschrieben bereits 1908 in ihrem Modell den Zusammenhang von Aktivierung und Leistungsfähigkeit hinsichtlich des Lernens und der Wiedergabe von Gelerntem. Aus der Grafik (▶ Abb. 1.1) wird ersichtlich, dass eine geringe Aktivierung (wie bei Müdigkeit oder Desinteresse) mit einer geringeren Leistung einhergeht, aber auch eine zu hohe Aktivierung wirkt sich nachteilig aus (bspw. Stress, Angst). Es ist also wichtig, eine *optimale Aktivierung* herzustellen, um eine optimale Lernbereitschaft zu erreichen: Das Kind soll aufmerksam, etwas gespannt sein, aber ohne negativen Stress zu empfinden. Hunde können dabei in zweierlei Hinsicht helfen:

- Diejenigen Schülerinnen und Schüler, die zu wenig aktiviert sind, werden durch Hunde über Biophilie und gesteigerte Motivation aktiviert (▶ Kap. 1.3.1 und ▶ Kap. 1.3.6).
- Diejenigen, die zu aufgeregt, zu aktiv sind, werden in einen mehr entspannten Zustand gebracht (über den Biophilie-Effekt, durch Oxytocin und soziale Unterstützung) (▶ Kap. 1.3.1 bis Kap. 1.3.3).

Dies können Hunde gleichzeitig bspw. bei einer Gruppe von Schülerinnen und Schülern erreichen, ohne dabei viel tun zu müssen oder sich in einer gezielten Intervention zu befinden: die einen werden *aktiviert*, während andere *deaktiviert* werden und wiederum andere einfach in ihrer *optimalen Aktivierung* bleiben (▶ Abb. 1.1).

1.3.8 Neurodidaktik

Heute gibt es viele Erkenntnisse aus der Gehirnforschung bzw. Neurobiologie, die idealerweise in das Lehren und Lernen, in die Methodik und Didaktik der Schulpädagogik einfließen sollten, um Lernvorgänge optimal zu unterstützen. Die Disziplin der Neurodidaktik versucht genau dies zu bewerkstelligen.

Prinzipien der Lehr-Lernforschung

Im Folgenden werden die von Renate Nummela Caine (Caine & Caine 1994 und 1997; Caine et al. 2004 zitiert in Arnold 2020) beschriebenen 12 Lehr-Lern-Prinzipien der Neurodidaktik vorgestellt (Arnold 2020, 252–257) und hinsichtlich ihrer Relevanz für die Arbeit mit Schulhunden betrachtet (Beetz 2021d).

- *Prinzip 1 – Lernen ist ein physiologischer Vorgang:* »Schüler lernen effektiver, wenn sie Erfahrungen machen können, die vielfältig ihre Sinne ansprechen« (ebd.). Die Arbeit mit Schulhunden und TGI allgemein spricht die Sinne oft vielfältiger an als Unterricht ohne Hund. Körperkontakt, mehr Bewegung, nonverbale Kommunikation, Nutzung des Erfahrungssystems (s. o.) tragen dazu bei, dass mit dem Hund dieses erste Prinzip unterstützt wird. Über dies kommt dieser unmittelbare Zugang gerade Lernenden mit intellektueller Beeinträchtigung zugute, die insbesondere durch eine Kombination aus Erfahrung und direkter Auseinandersetzung mit dem Lerngegenstand Entwicklung erkennen lassen.
- *Prinzip 2 – Das Gehirn ist sozial:* »Schüler lernen effektiver, wenn in den Lernprozess soziale Interaktionen einbezogen werden« (ebd.). Die Sozialbeziehungen zu Lehrkraft und Mitschülerinnen und Mitschülern beeinflussen die Lernbereitschaft. Das Gefühl, anerkannt und akzeptiert zu werden, trägt dazu bei, den Zustand von »relaxed alterness« (entspannter Aufmerksamkeit) herzustellen, der für Lernen wichtig ist. Lernen in der Schule vollzieht sich immer im Rahmen der sozialen Beziehungen. Ein Schulhund bzw. TGI kann als sozialer Unterstützer, sozialer Katalysator und Primer von Oxytocin-vermittelten Effekten zu guten sozialen Interaktionen und Beziehungen beitragen. Zudem ist das Tier selbst ein Sozialpartner und kann das Gefühl von Akzeptanz und Anerkennung vermitteln, auch bei Schülerinnen und Schülern, die dies im Klassenkontext weniger erfahren. Dieser voraussetzungslose Zugang bietet sich für Lernende im SGE gerade auch dann an, wenn schulbiographische Erlebnisse (schulische Misserfolge, biographische Brüche durch Wechsel in den Bildungsgängen und Schul-

formen) aufbereitet und der Einbezug in soziale Bezüge begleitet werden müssen. Die Anerkennung durch den Hund kann hier ein erster Schritt sein hin zur sozialen Interaktion mit den Mitschülerinnen und Mitschülern und damit wiederum motivational auf das Lernen wirken.

- *Prinzip 3 – Die Suche nach Sinn ist angeboren:* »Schüler lernen effektiver, wenn ihre Interessen und Ideen miteinbezogen und gewürdigt werden« (ebd.). Viele Kinder haben ein natürliches Interesse an Tieren und Interaktionen mit ihnen. Die Integration eines Hundes in den Unterricht und Aufgaben rund um den Hund sprechen dieses Lehr-Lern-Prinzip an. Mittlerweile bestätigen zahlreiche Praxisberichte aus dem Unterricht im SGE dieses Prinzip auch für das Lernen von Kindern und Jugendlichen mit intellektueller Beeinträchtigung (Schäfer & Beetz 2022).

- *Prinzip 4 – Sinnsuche geschieht durch die Bildung von (neuronalen) Mustern:* »Schüler verstärken und erweitern ihr Lernen, wenn neue Muster mit dem vorhandenen Vorwissen verbunden werden« (Arnold 2020). Hier sind die Ansätze der Arbeit mit Schulhund nicht gleich ersichtlich. Der Hund kann jedoch bei manchen Themen als Brücke dienen, Bekanntes mit Neuem zu verbinden. So können bspw. Themen wie Fürsorge für andere und sich selbst, soziale Rücksichtnahme oder viele soziale Themen über den Schulhund und Erfahrungen von Schülerinnen und Schülern mit anderen Tieren hier ansetzen. Erfahrungen zeigen, dass Schülerinnen und Schüler im SGE gerade in diesem Kontext sehr sensibel sind und Stimmungen wahrnehmen sowie Befindlichkeiten spüren. Es ist ihnen häufig ein großes Anliegen, anderen zu helfen, Rücksicht zu nehmen und um eine gute soziale Atmosphäre zu wissen. In der Interaktion mit dem Hund agieren sie analog und übertragen wiederum Erfahrungen aus Interventionen auf andere Zusammenhänge.

- *Prinzip 5 – Emotionen sind wichtig für die Musterbildung:* »Schüler lernen effektiver, wenn durch Informationen und Erfahrungen begleitende positive Emotionen hervorgerufen werden« (ebd.). Tiere (und gerade Hunde) emotionalisieren. Sie sprechen die Schülerinnen und Schüler auf vielen Ebenen an, aktivieren das Erfahrungssystem und implizite Motive und sind darüber hinaus mit meist positiven Emotionen verbunden. Kontakt mit Tieren verbessert die Stimmung: es werden nicht nur depressive Stimmungen zu einer neutralen Stimmung verändert, sondern es kommen positive Emotionen wie Freude hinzu. Nur wenig berichtet wird in der Literatur, aber in der Praxis wird es deutlich, dass die Interaktion mit Tieren Spaß machen und sehr intensiv positive Emotionen auslösen kann, die dann auch mit den Lerninhalten verbunden und eingespeichert werden. Der Aspekt der Emotionalität und die Bedeutung von Spaß am Lernen findet gegenüber der allgemeinen Schulpädagogik in der Pädagogik bei intellektueller Beeinträchtigung doch noch häufig Erwähnung, gerade auch weil diese Lernenden gegenüber Kindern und Jugendlichen ohne Beeinträchtigung so sehr auf eine emotional stimmige und damit motivierende Lernumgebung angewiesen sind (Sappok & Schäfer 2019).

- *Prinzip 6 – Das Gehirn verarbeitet Informationen in Teilen und als Ganzes gleichzeitig:* »Schüler lernen effektiver, wenn ihnen ein Verständnis des Ganzen vermittelt wird, das die Details miteinander verbindet« (Arnold 2020). Natürlich gibt es viele Wege, Details über das Ganze zu verbinden. Auch der Hund oder Tätigkeiten rund um den Hund können eine solche Klammer darstellen. Seien es Berechnungen der Futterkosten für ein Jahr, das Befolgen eines Rezeptes mit vielen Teilschritten, um die Leckerchen zu backen – es lassen sich in der Praxis viele Beispiele finden. Auf die Bedeutsamkeit des ganzheitlichen Lernens in sinnhaften Zusammenhängen für Schülerinnen und Schüler mit intellektueller Beeinträchtigung verweisen u.a. Fischer & Schäfer (2019).

- *Prinzip 7 – Lernen erfolgt sowohl durch gerichtete Aufmerksamkeit als auch durch periphere Wahrnehmung:* »Schüler lernen effektiver, wenn ihre Aufmerksamkeit vertieft wird und wenn zugleich Lernbedingungen geschaffen werden, die den Lernprozess unterstützen, dass die Aufmerksamkeit nicht abgelenkt wird« (Arnold 2020). Dadurch, dass in der Arbeit mit Hund viele Prozesse über das Erfahrungssystem ablaufen, wird Achtsamkeit gefördert und Aufmerksamkeit über Biophilie gewährleistet, wobei dennoch viele Informationen nebenbei und unbewusst integriert und verarbeitet werden. Hinsichtlich der häufig komplexen Wahrnehmungsstörungen der Kinder und Jugendlichen mit intellektueller Beeinträchtigung ist hier eine wohl vorbereitete Umgebung erforderlich, die im peripheren Raum Anregungen bietet, ohne zugleich reizüberflutend zu wirken und vom eigentlichen Arbeitsraum abzulenken (u.a. Fischer 2023).

- *Prinzip 8 – Lernen geschieht sowohl bewusst als auch unbewusst:* »Schüler lernen effektiver, wenn sie Zeit haben ihr eigenes Lernen zu reflektieren« (Arnold 2020). Es gibt verschiedene Wege, wie Schulhunde helfen können, Lernen zu reflektieren. So können bspw. Lernprinzipien (Lernen am Modell, operantes Lernen, Verstärkung) über die Arbeit mit dem Hund direkt beobachtet werden, wenn man dem Hund etwas Neues beibringt. Entspannungsphasen mit dem Hund können helfen, die physiologischen Voraussetzungen für eine durch die Lehrkraft angeleitete Reflexion als exekutive Funktion herzustellen. Diese Phase von Lernen (Reflexion) ist auch für Lernende im SGE vorstellbar, wird ihnen jedoch in der Praxis hinsichtlich der damit verbundenen metakognitiven Kompetenzen noch zu selten zugetraut. Dahingehende Erkenntnisse aus der Schulhundarbeit deuten aber darauf hin, dass in einem begleiteten Prozess (auch mit Visualisierung und Strukturhilfen) reflexive Betrachtungen und das Sprechen über Lernen möglich sowie darüber hinaus lernwirksam sind.

- *Prinzip 9 – Es gibt mindestens zwei Arten von Gedächtnis. Die eine ist die Speicherung und Archivierung von isolierten Fakten, Fertigkeiten und Abläufen, die andere ist die gleichzeitige Aktivierung vielfältiger Systeme, um Erfahrungen sinnvoll zu verarbeiten.* »Schüler lernen effektiver durch Verknüpfungen von Informationen und Erfahrungen, die vielfältige Erinnerungswege zulassen« (ebd.). Hier greifen verschiedene Prinzipien ineinander. Wenn schon bei der Einspeicherung von Informationen viele Sinne beteiligt sind, können auch verschiedene Schlüssel (Sinnesinformationen) helfen, die Information wieder abzurufen. Daher kann auch ein Schulhund, der Erfahrungssystem, Sinne und Emotionen anspricht, helfen, vielfältige Hinweisreize für gelernte Informationen mit einzuspeichern und zum Abruf zu nutzen (vgl. hierzu die Hinweise zu den Prinzipien sechs und sieben).

- *Prinzip 10 – Lernen ist entwicklungsabhängig:* »Schüler lernen effektiver, wenn ihre individuellen Unterschiede hinsichtlich Entwicklung und Reife, Kenntnissen und Fertigkeiten berücksichtigt werden« (ebd.). Hier ist es zentrale Aufgabe der Lehrkraft, die Schülerinnen und Schüler da abzuholen, wo sie stehen, und unabhängig von altersbezogenen Erwartungen individuelle Lernvoraussetzungen abzuklären und daran anzuknüpfen. In Regelschulen mit großen Klassen stellt dies eine kaum machbare Herausforderung dar, während es in kleinen Klassen im SGE und unter Vorgabe individualisierter Lernpläne durchaus umsetzbar ist. Der Schulhund wird bei diesem Prinzip an sich weniger Einfluss haben, die inhaltliche Planung und Berücksichtigung von Unterschieden ist Aufgabe der Lehrkraft. Doch natürlich lassen sich rund um den Hund Aufgaben finden, die an verschiedenen Wissens- und Kompetenzniveaus anknüpfen können, hier können besonders Phasen des Einzelunterrichts (EU-Phasen) nutzbar gemacht werden, in denen die Lehrkraft in einer unmittelbaren Interaktion mit dem Kind und dem Hund hoch individualisiert agieren kann (bspw. im Kontext UK oder schwerste Beeinträchtigung).

- *Prinzip 11 – Komplexes Lernen wird durch Herausforderungen gefördert, durch Angst und Bedrohung verhindert, was von Hilflosigkeit und Erschöpfung begleitet ist:* »Schüler lernen effektiver in einer unterstützenden, motivierenden und herausfordernden Umgebung« (ebd.). Wie oben bei den Effekten und Wirkmechanismen berichtet, kann ein Schulhund dazu beitragen, dass sich Schülerinnen und Schüler unterstützt fühlen, durch den Hund und über erhöhtes Vertrauen auch durch die Lehrkraft. Der Hund kann zur Motivation beitragen, passende herausfordernde, jedoch nicht überfordernde Aufgaben für jeden Schüler zu finden, ist Aufgabe der Lehrkraft. Die im SGE zu erstellenden individuellen Förderpläne für jedes einzelne Kind schaffen in diesem Zusammenhang eine verlässliche Grundlage, die Lerninhalte angemessen und im Team interdisziplinär abgestimmt zu besetzen. Auch für die Phasen der TGI können so Inhalte festgelegt werden (bspw. zu Deutsch oder Mathematik), die in wiederum regelmäßigen Abständen evaluiert werden.

- *Prinzip 12: Jedes Gehirn ist einzigartig:* »Schüler lernen effektiver, wenn ihre einzigartigen individuellen Talente, Fähigkeiten und Fertigkeiten angesprochen werden« (ebd.). Aufgaben zu finden, welche dieses Prinzip erfüllten, fällt vorrangig der Lehrkraft zu. Jedoch hat jeder Schüler individuelle Interaktionen mit dem Schulhund, bei denen seine Stärken zum Tragen kommen können (besonders gut führen, streicheln, Leckerli werfen, versorgen usw.). Diese Talente können dann bei Aufgaben rund um den Hund aktiviert werden, die weitere akademische Lerninhalte vermitteln und einüben.

Viele der Lehr-Lern-Prinzipien sind inzwischen bekannt und werden bereits so weit wie möglich umgesetzt. Es hilft jedoch, sich diese immer wieder ins Bewusstsein zu rufen und bei der pädagogischen Arbeit darauf abzuzielen, so vielen dieser Prinzipien wie möglich (auch miteinander vernetzt) gerecht zu werden, auch in der Arbeit mit dem Schulhund.

DOSEOX-Dusche

Noch eine weitere Erkenntnis aus der Neurodidaktik verdeutlicht das Potential des Schulhundeinsatzes. Brunsting (2020) beschreibt die DOSEOX-Dusche als »neurodidaktische Version und Bestätigung lernsensibler und lernerfolgreicher Settings, deren Schaffung eine der wichtigsten Aufgaben von Lehrkräften ist«.

- **DO** steht dabei für *Dopamin*, ein Neurotransmitter im Gehirn, der mit Motivation und Neugier assoziiert ist.
- **SE** steht für *Serotonin*, ein Botenstoff, der mit Entspannung in Verbindung gebracht wird und Angst sowie depressiver Stimmung entgegenwirkt.
- **OX** bezeichnet das *Oxytocin*, das bei positiven sozialen Interaktionen ausgeschüttet wird und wie oben beschrieben eine Reihe an Effekten besitzt.

Alle Erfahrungen, die dem Gehirn durch eine DOSEOX-Dusche zugeführt werden, schaffen damit ideale Voraussetzungen für Lernen. Für den Kontakt mit Hunden ist die Ausschüttung von Oxytocin gut belegt, für die Erhöhung des Dopaminspiegels sprechen zumindest die Ergebnisse einer Studie. Abgeleitet vom stimmungsaufhellenden Effekt von tiergestützten Interventionen ist zudem anzunehmen, dass auch der Serotonin-Spiegel positiv beeinflusst werden könnte, auch wenn dies bisher nicht nachgewiesen wurde. Neben Interaktionen mit Tieren können auch Experimente, spannende Spiele oder Wettbewerbe zu einer DOSEOX-Dusche des Gehirns führen. Insgesamt sprechen die Fakten dafür, dass der Einsatz von Schulhunden im Sinne der Neurodidaktik als wertvolles Instrument zur Unterstützung von Lernprozessen bei Schülerinnen und Schülern angesehen werden kann.

> **Weiterführende Literatur**
>
> Beetz, A. (2021a): Hunde im Schulalltag: Grundlagen und Praxis. München: Reinhardt.
> Beetz, A., Riedel, M. & Wohlfarth, R. (Hrsg.) (2021): Tiergestützte Interventionen. Handbuch für die Aus- und Weiterbildung. München: Reinhardt.
> Germann-Tillmann, Th., Merklin, L. & Stamm Näf, A. (2019): Tiergestützte Interventionen. Praxisbuch zur Förderung von Interaktionen zwischen Mensch und Tier. Bern: Hogrefe.
> Herrmann, U. (2020): Neurodidaktik. Grundlagen für eine Neuropsychologie des Lernens. Weinheim: Beltz.

2 Ausbildung

Möchte man das bildungswirksame Potential von Schulhunden nutzen, so müssen Hund und Lehrkraft im Team auf der Beziehungsebene gut harmonieren und im schulischen Setting verlässlich zusammenarbeiten. Die Grundlage dafür liegt in einer generellen Eignung von Hund und hundeführender Lehrkraft für diese Arbeit und einer qualitativ hochwertigen Ausbildung des Schulhund-Lehrkraft-Teams in Theorie und Praxis (vgl. hierzu auch die Hinweise in ▶ Kap. 3 zum Schulhundkonzept). Gerade für den unterrichtlichen Einsatz im SGE ist dies von wesentlicher Bedeutung, da

- sowohl die erzieherischen und unterrichtlichen Herausforderungen an die Lehrkraft immens sind (innere Differenzierung infolge hoher Heterogenität, kontinuierliches Team-Teaching)
- als auch das Setting mit Schülerinnen und Schülern mit intellektueller Beeinträchtigung für den Hund eine erhebliche Belastung darstellen kann (bspw. durch syndromspezifische Merkmale wie Lautstärke, motorische Unruhe oder fremdaggressives Verhalten usf.).

Derzeit gibt es in Deutschland bedingt auch durch die föderalen Strukturen im Bildungssystem keine behördlichen Vorgaben zur grundsätzlichen Ausbildung und Prüfung von Schulhund-Teams (Hund, Lehrkraft), lediglich Empfehlungen verschiedener Organisationen liegen vor, die jedoch mehr den eigentlichen Einsatz adressieren etwa hinsichtlich Raumgestaltung, Einsatzzeiten und tiermedizinischer Gesichtspunkte (z.B. Tierärztliche Vereinigung für Tierschutz TVT). Ähnliche Leerstellen können in der Schweiz ausgemacht werden (siehe Info-Kasten). In Österreich hat sich inzwischen die Ausbildung und Prüfungsordnung, die am Messerli-Institut der Tiermedizinischen Universität (Vetmed-Uni) Wien für Therapiehunde entwickelt wurde, auch für Schulhund-Teams durchgesetzt (siehe Info-Kasten).

Als eine geeignete Struktur ist das Osnabrücker Modell der Schulhundausbildung zu nennen, das durch einen professionstheoretischen sowie transdisziplinären Blick gerade für den sonderpädagogischen Kontext herangezogen werden kann und an dem sich in den Grundzügen nachstehende Ausführungen orientieren. In Deutschland wurde dieses Modell der Ausbildung zum Schulhund-Team unter der Leitung von Meike Heyer entwickelt, nach dem bereits viele Teams am Kompetenzzentrum für Lehrerfortbildung der Universität Osnabrück ausgebildet wurden und seitdem im Einsatz sind.

Im Folgenden werden die wichtigsten Ausbildungsinhalte, Voraussetzungen, Rahmenbedingungen und Prüfungsinhalte in Anlehnung an das Osnabrücker Modell vorgestellt (detaillierte Informationen siehe Infokasten unten). Zudem wird auf Besonderheiten in der Arbeit im SGE eingegangen

> **Ziele der Schulhund-Arbeit**
> Ziel der Schulhund-Team-Ausbildung ist eine qualitativ hochwertige Praxis mit dem Schulhund im Setting Schule. Dazu gehört das Verfolgen didaktisch-methodischer und/oder pädagogischer Zielsetzungen, wobei konsequent Aspekte des Tierschutzes und der Tierethik berücksichtigt werden, unter Anwendung des notwendigen kynologischen Fachwissens. Denn die Schule stellt mit ihren vielen Reizen einen Gegenpol zur natürlichen Lebenswelt eines Hundes dar.

> **Herausforderungen der Schulhund-Arbeit**
> Die Arbeit in diesem Setting ist eine Herausforderung für den Hund, der ein hohes Maß an sozialer Sicherheit und Unterstützung durch seine Bindungspartnerin, der Lehrkraft, benötigt. Auch für die Lehrkraft ist die Schulhund-Arbeit fordernd, denn als Schulhund führende Person kann sie sich nicht ausschließlich auf ihren Hund und die gemeinsame Aufgabe konzentrieren, sondern muss dabei auch noch die Bedürfnisse einer gesamten Schulklasse im Blick haben. Das Unterrichten fordert ein hohes Maß an Aufmerksamkeit, Präsenz und Beziehungsarbeit den Schülerinnen und Schülern gegenüber. Gleichzeitig müssen die Bedürfnisse des Hundes Beachtung finden, um die Arbeit für alle sicher zu gestalten (vgl. hierzu ▶ Kap. 3).

Eine aktuelle Studie von Bidoli et al. (2022) zum Befinden von Schulhunden in Deutschland, vorrangig eingesetzt in Grundschulen, dokumentiert, dass in der Praxis viele Situationen zu beobachten sind, die für den Hund hoch problematisch und stressauslösend sind. Die Hunde wurden dagegen seltener als kritisch oder problematisch in den Interaktionen mit den Kindern eingestuft, wenn das Schulhund-Team eine spezifische Ausbildung zum Schulhund absolviert und sich einer Eignungsprüfung unterzogen hatte. Leider arbeiten immer noch viele Schulhund-Teams in den unterschiedlichen Schulformen ohne jegliche spezifische Ausbildung oder Prüfung. Es ist davon auszugehen, dass diese stressbesetzten Phasen infolge nicht vorhandener oder auch unzureichender Ausbildung für den Hund durch die komplexen pädagogischen Herausforderungen im SGE noch verstärkt wirken und damit dauerhaft nachteilig für das Tierwohl sind. Zudem ist die Zunahme von Unfällen infolge von Abwehrreaktion des Hundes nicht unwahrscheinlich!

> **Hinweise und Materialien Internet**
> Auf der Homepage der Tierärztlichen Vereinigung für Tierschutz e.V. (TVT) stehen die zitierten Merkblätter (bspw. Nr. 131.4 Hunde) für Tiere im sozialen Einsatz des AK 10 zur Verfügung. (www.tierschutz-tvt.de/alle-merkblaetter-und-stellungnahmen/#c304)
>
> Hinweise zum hier beschriebenen »Osnabrücker Modell« zur Ausbildung von Schulhund-Teams nach Andrea Beetz & Meike Heyer finden sich auf der Seite »Der Schulhund.« (www.der-schulhund.de/)
>
> Der Verein Schulhunde Schweiz (VSHS) ist eine interkantonale Organisation und Anlaufstelle im Bereich der hundgestützten Pädagogik und Schulhund. Der Leitfaden »Hundgestützte Pädagogik in der Schule (für Schulleitungen, Lehrpersonen und andere Interessierte)« einschließlich der abgestimmten Vorlage für die Selbstverpflichtung steht auf der Homepage des Vereins zur Verfügung (▶ Kap. 3.3.2). (www.schulhunde-schweiz.ch)
>
> Die Regelungen und Vorgaben für gesamt Österreich sind verfügbar auf der Seite des österreichischen Bildungsministeriums. (www.bmbwf.gv.at/Themen/schule/schulpraxis/pwi/pa/hundeinderschule.html)

2.1 Rahmenbedingungen

Es gibt verschiedene Herangehensweisen an eine Schulhund-Ausbildung, jedoch sind folgende Kernelemente und Rahmenbedingungen immer wichtig, da es sich um ein komplexes Zusammenspiel aus interdisziplinärem Fachwissen und seiner Anwendung sowie praktischem Training des Hundes in Vorbereitung seiner späteren Tätigkeit handelt. Daher erstreckt sich eine Schulhundausbildung, die auch eine stetige Entwicklung des Teams erlaubt und erfordert, über einen Zeitraum von in der Regel zehn bis zwölf Monaten und beinhaltet Präsenzmodule zu Theorie und Praxis im mehrwöchigen Abstand sowie ein begleitendes, eigenverantwortliches Training des Hundes.

2 Ausbildung

2.1.1 Angebote von Schulhund-Ausbildungen

Es gibt viele Institute auf dem Markt, die eine Ausbildung zum Schulhund anbieten – mit einem breiten Spektrum hinsichtlich der Qualität. Einige Angebote umfassen nur wenige Wochenenden, einige nur Theorie, andere prüfen die Teams nicht oder nicht im eigentlichen Setting Schule und in Interaktionen mit Kindern. All dies führt zu Risiken für die Schülerinnen und Schüler, andere Erwachsene und den Hund in der Schulhund-Arbeit. Die Ausbildung zum Schulhund-Team sollte von einem Team mit diversen Schwerpunkten angeboten werden. Die Kursleitung sollte hierbei aus mindestens zwei Personen bestehen, nämlich

- aus einer berufserfahrenen Lehrkraft, die eine anerkannte Ausbildung im Bereich der Schulhundpädagogik absolviert hat, sowie
- einer zertifizierten Hundetrainerin bzw. einem -trainer mit Tätigkeitserlaubnis gemäß §11 Abs. 1 Nr. 8f. des Tierschutzgesetzes (Deutschland). Alternativ kann auch eine Person mit nachgewiesener professioneller Erfahrung in der praktischen Arbeit mit Hunden und einem akademischen Abschluss (einschließlich Säugetierethologie) diese Rolle einnehmen (bspw. Expertinnen aus der Biologie, der Zoologie, der Ethologie, der Tiermedizin mit Zusatzbezeichnung Tierverhaltensmedizin, der Tier- bzw. Verhaltenstherapie bzw. Fachmedizin für Verhaltenskunde und Tierschutz).

Da die Ausbildung viele verschiedene Themen umfassen muss, um der fordernden Aufgabe später gerecht zu werden, müssen auch die Dozentinnen und Dozenten verschiedenes Fachwissen in Theorie und Praxis aufweisen. Jedes Thema wird von einer darin fachlich und akademisch qualifizierten Person unterrichtet. Leider ist häufig zu beobachten, dass eine Person, manchmal noch mit Unterstützung einer zweiten Person, alle Inhalte selbst vermitteln möchte – jedoch fehlt hier meist tiefgreifendes Wissen und Verständnis für die Schulhund-Arbeit. Entweder sind die Personen nie selbst als Lehrkraft tätig gewesen oder ihnen fehlt das kynologische oder auch tiermedizinische Fachwissen. Daher ist ein interdisziplinäres Team von Expertinnen und Experten notwendig, um alle Inhalte fachlich qualifiziert abzudecken, wobei die Personen über die Art und Weise, wie mit dem Schulhund gearbeitet werden soll, inhaltlich übereinstimmen sollten.

Dieses Ausbildungs-Team umfasst:

- *Schulleitung* (auch Seminarleitung oder Fachseminarleitung) (Themen: Kognitiv aktivierender Unterricht, Kompetenzorientierung, Unterrichtsqualität und -entwicklung, Pädagogik, Diagnostik, Schulrecht)
- *Veterinärmedizinerin bzw. -mediziner mit praktischer Erfahrung* (Themen: Hygiene in Bezug auf Haltung und Einsatz des Schulhundes, Gesundheitsvorsorge, Erkrankungen des Hundes, insbesondere Zoonosen)
- *Humanmedizinerin bzw. -mediziner* (Themen: Gesundheitsvorsorge, Zoonosen, Hygiene insbesondere bezüglich bestehender chronischer Erkrankungen von Schülerinnen und Schülern)
- *Eine Expertin bzw. einen Experten aus der Psychologie oder Pädagogik* (wissenschaftlich tätig in den Bereichen Mensch-Tier-Beziehung und Tiergestützte Interventionen bspw. mit Lehrauftrag an Hochschulen oder wissenschaftlichen Veröffentlichungen)

Das Ausbildungsinstitut sollte die oben genannten Punkte erfüllen (möglich bspw. auch durch Kooperationsvereinbarungen mit Personen genannter Expertise) sowie die unten aufgeführten Inhalte im Curriculum beinhalten, um eine umfassende Ausbildung des Teams zu gewährleisten. Hierbei sind aus sonderpädagogischer Sicht stets der Blick auf die spezifischen Belastungen für den Hund sowie die schulfachlichen Belange im SGE mitzudenken.

2.1.2 Organisatorische Fragen vor Ausbildungsbeginn

Möchte eine Lehrkraft ihren Hund als Schulhund einsetzen, sollten schon im Vorfeld, noch vor Beginn der Ausbildung, Rahmenbedingungen abgeklärt werden, wie bspw. das Einverständnis der Schulleitung, aber auch weiterer relevanter Gremien wie bspw. der Lehrerschaft und der Elternvertretung.

Weitere Organisation fällt dann an, wenn der eigentliche Einsatz näher rückt: Es muss ein Hygieneplan erstellt werden, der Versicherungsschutz geklärt werden, ein Ruhe-/Rückzugsraum für den Hund gefunden werden, in dem er sicher untergebracht werden kann, eine Form der Dokumentation des Einsatzes geklärt sowie ein didaktisches Konzept entworfen werden. Alle diese Maßnahmen, wie auch der Schulhund, sollten von der Schulhund führenden Lehrkraft an Informationsabenden vorgestellt werden (vgl. hierzu ▶ Kap. 3 zur Konzeptentwicklung).

> **Quellen und Materialien Internet**
> Eine erste Checkliste mit den inhaltlichen und organisatorischen Aufgaben vor dem eigentlichen Schulhundeinsatz bietet das österreichische Bildungsministerium an: »Bevor ein Schulhund ins Klassenzimmer kommt«. (www.bmbwf.gv.at/dam/jcr:20603787-b0ca-412c-ac29-ff9ee4337519/hundeinderschule_checkliste.pdf)

2.2 Eignung des Hundes und berufspraktische Erfahrungen der Lehrkraft

In der Praxis trifft man häufig engagierte junge Lehrkräfte an, die aus der Literatur oder über Kolleginnen und Kollegen von den positiven Effekten von Schulhunden wissen und dies selbst umsetzen wollen – nicht selten sind auch Versorgungsfragen des Tieres als Grund zu erkennen, was wiederum zu dauerhaften und damit unverantwortlichen Einsatzzeiten führt (vgl. hierzu auch die oben genannte Studie aus Bayern). Haben Lehrkräfte bereits einen Hund, halten sie diesen meist für geeignet und nehmen ihn, eben oft ohne weitere Ausbildung oder Prüfung, nur mit Erlaubnis von Eltern und Schulleitung, mit in den Unterricht. Diese unreflektierte Praxis birgt viele Risiken – vor allem für die Schülerinnen und Schüler sowie den Hund.

2.2.1 Fokus Hund

Idealerweise wird ein potentieller Schulhund frühestens mit 12 Monaten im Team mit seiner Lehrkraft von einem im Schulhundeinsatz erfahrenen Experten (Hundetrainerin, Verhaltensexperte) hinsichtlich seiner generellen Eignung als Schulhund beobachtet. Denn es gibt Hunde, die in diesem Alter schon zeigen, dass sie die Herausforderungen, die an einen Schulhund gestellt werden, unangenehm finden bzw. einfach wenig Interesse am Kontakt und der Kooperation mit Fremden, insbesondere Kindern haben. Das bedeutet nicht, dass ein Hund, der hier generell als geeignet bewertet wird, nach der Ausbildung auch wirklich die Prüfung im Realeinsatz bestehen wird. Es ist eine Hilfestellung für die Lehrkraft, um mithilfe des Feedbacks einer neutralen Fachkraft entscheiden zu können, ob sich die aufwendige Ausbildung und die Kosten lohnen werden.

In den eigentlichen Schuleinsatz sollte ein Hund dann erst *nach Bestehen* einer einschlägigen Prüfung im Team mit seiner Lehrkraft und *nach Erreichen* der sozialen Reife (meist mit 2 bis 3 Jahren), frühestens aber mit 18 Monaten eingeführt werden, wenn ein körperlich und geistig ausgereifter Entwicklungszustand erreicht ist (je nach Rasse unterschiedlich, oft erst mit 2 Jahren).

Aus tierschutz- und sicherheitsrelevanten Aspekten kommen folgende Hunde für den Einsatz als Schulhund (Klassenkontext) nicht in Betracht:

- Tierschutzhunde aus dem Inland und Ausland insbesondere mit unklarer oder problematischer Vorgeschichte und Sozialisation (Re-Traumatisierung)
- Hundetypen, die nicht auf eine enge Kooperation mit Menschen gezüchtet worden sind (z.B. Herdenschutzhunde, Hunde vom Urtyp, Wolfshybriden)
- Hunde, die den Tatbestand der Qualzucht gemäß Tierschutzgesetz §11b erfüllen (s. Merkblatt der TVT e.V. Qualzucht und Erbkrankheiten beim Hund)
- Hunde mit einem Körpergewicht unter 5 kg
- Hunde, die aufgrund von körperlichen Eigenschaften nicht für den längeren Aufenthalt und die Arbeit in geheizten Räumen geeignet sind
- Hunde mit begonnener, abgebrochener oder beendeter Ausbildung zum Schutzhund.

Geeignet sind Hunde verschiedenster Rassen und Mischlinge, die bereits im Welpenalter gut mit Kindern verschiedener Altersgruppen sowie Erwachsenen sozialisiert wurden und artgerecht aufgewachsen sind. Im Zusammenhang mit dem Einsatz im SGE sind auch erste Erfahrungen des Hundes mit spezifischen Hilfsmitteln günstig wie bspw. dem Rollstuhl oder mobilen Liftern zum Transfer, die in Klassenräumen sein können. Weitere Voraussetzungen für eine Ausbildung zum Schulhund-Team sind:

- Der Ausbildungsstand des Hundes zu Beginn der Ausbildung umfasst einen zuverlässigen Grundgehorsam – dieser Ausbildungsstand kann gemäß dem praktischen Teil der Sachkundeprüfung nach D.O.Q.-Test 2.0 oder einem vergleichbaren Hundeführerschein nachgewiesen werden.
- Der Hund muss in der Lage sein, sich mit einer Personengruppe und anderen Hunden ruhig in einem Raum aufzuhalten.
- Das Mindestalter beträgt 12 Monate.
- Der Hund sollte bereits im Welpenalter positive Erfahrungen mit Kindern gemacht haben sowie auch beeinträchtigungsspezifische Verhaltensmuster erlebt haben wie bspw. stereotype Bewegungen im Kontext Autismus.

- Der Hund muss zur hundeführenden Person eine sichere Bindung aufgebaut haben sowie soziale Sicherheit und Umweltsicherheit entwickelt und Strategien zur Bewältigung belastender Situationen erlernt haben.

Zu Beginn der Ausbildung werden folgende Dokumente benötigt:

- gültiger EU-Heimtierausweis mit eingetragener Nummer des Mikrochips
- gültige Hundehalter-Haftpflichtversicherung
- tierärztlicher Nachweis eines gültigen Impfschutzes gegen die Infektionskrankheiten, den die »Ständige Impfkommission Veterinärmedizin (StIKom)« in der Leitlinie zur Impfung von Kleintieren für Hunde dringend empfiehlt. Dazu zählen: Tollwut, Staupe, Hepatitis Contagiosa Canis (HCC), Parvovirose und Leptospirose. Individuell kann eine Impfung gegen Zwingerhusten bei Hunden mit viel Kontakt zu Artgenossen und damit erhöhter Ansteckungsgefahr empfohlen sein.
- Gesundheitszeugnis mit Bescheinigung der Abwesenheit von ansteckenden Krankheiten und Schmerzen
- des Weiteren gilt die Gesundheitsvorsorge im Sinne der angemessenen Pflege nach § 2 TierSchG, um Menschen, die in Kontakt mit dem Hund kommen, vor Zoonosen (übertragbaren Infektionskrankheiten) zu schützen. Dies schließt Maßnahmen gegen Parasiten mit ein.

Die Gesundheit des Schulhundes wird im späteren Einsatz jährlich tierärztlich überprüft und Impfungen sowie Parasitenprophylaxe werden regelmäßig durchgeführt und dokumentiert.

2.2.2 Fokus Lehrkraft

Auch die Lehrkraft, die einen Schulhund führt, muss einige Voraussetzungen erfüllen. Zu den wesentlichen Bedingungen gehören, dass

- sie in einer Schule als Lehrkraft, als Therapeutin, als Sozialpädagoge, als Erzieherin oder Heilpädagoge tätig ist und eine entsprechende anerkannte Ausbildung in einem pädagogischen Grundberuf nachweisen kann;
- sie selbst Besitzerin und Halterin (im eigenen Haushalt) des potenziellen Schulhundes ist;
- sie über eine mindestens drei- (optimal fünf-) jährige Unterrichts- bzw. Berufserfahrung in der jeweiligen Tätigkeit an der Schule verfügt (so sind auch die spezifischen Rahmenbedingungen vor Ort bekannt);

- sie eine gut ausgeprägte Teamfähigkeit und Sozialkompetenz mit Interesse am gemeinsamen Lernen, gegenseitiger Unterstützung, kontinuierlicher Selbstreflexion mitbringt sowie über gute Kommunikationsfähigkeiten und eine wertschätzende und ressourcenorientierte Einstellung verfügt.

Während die Anforderungen an den Hund (▶ Kap. 2.2.1) im Wesentlichen denen an Regelschulen entsprechen, erweist sich insbesondere der letztgenannte Aspekt (Teamfähigkeit und Sozialkompetenz) gerade im SGE als bedeutsam durch die in der Regel kontinuierliche Praxis des Team-Teaching. Damit befindet sich die hundeführende Person immer in Interaktion mit Kind, Hund und weiterer Lehrkraft, sodass die Zusammenarbeit im Team konstruktiv sein muss sowie immer zu reflektieren ist. Auch dieser Gesichtspunkt fließt damit in die Rahmenbedingungen mit ein, die es im Vorfeld in den Blick zu nehmen gilt und der auch im Zusammenhang mit gesamtschulischen Planungsfragen mit der Schulleitung kommuniziert werden sollte.

2.3 Ausbildung mit Fokus SGE

Im Osnabrücker Modell wird ein Aufbau für die Ausbildung dargelegt, der neun Wochenenden mit je Theorie und Praxis umfasst (ein Wochenende hiervon dient der Eignungsüberprüfung und Einführung) sowie zwei durch die Kursleitung begleitete Einsätze in der jeweiligen Einsatzschule (www.derschulhund.de). Diese Struktur kann als Orientierung auch mit Fokus auf den SGE herangezogen werden. Die Kursinhalte sowie Anleitung zur Praxis mit dem Hund bauen aufeinander auf. Die Wochenenden sollten im Abstand von mindestens vier Wochen stattfinden, da die Lehrkraft in den Zwischenphasen selbständig mit ihrem Hund zuhause (evtl. mit Unterstützung einer Hundetrainerin) bestimmte Fertigkeiten einübt und festigt.

Eine Schulhundausbildung besteht immer aus drei Säulen:

1. Grundlagen der hundegestützten Intervention sowie gegebenenfalls spezifisches Fachwissen (in Vertiefungskursen) bspw. zur unterrichtlichen Arbeit mit Schülerinnen und Schülern in bestimmten Förderschwerpunkten
2. Hundespezifisches Fachwissen (einschließlich auch Erste Hilfe am Hund, ▶ Kap. 4.3 Tierschutz)

2 Ausbildung

3. Praktische Ausbildung (mit fachspezifischen Inhalten und Übungsphasen zur Zielgruppe – hier: SGE).

2.3.1 Grundlagen hundegestützter Interventionen

Hier werden folgende Themen unterrichtet:

- Mensch-Tier-Beziehung; psychologische und neurobiologische Grundlagen
- Effekte hundegestützter Interventionen sowie Erklärungsansätze
- Methodik und Didaktik der Schulhundpädagogik
- (Schul-)Rechtliche Grundlagen
- Konzeptentwicklung (▶ Kap. 3)
- Qualitätssicherung, Dokumentation.

Im Rahmen von Fortbildungen/Ausbildungen spezifisch zur Schulhundarbeit mit bestimmten Schülerpopulationen (bspw. bei intellektueller Beeinträchtigung) wären hier noch zu nennen:

- besondere Anforderungen an den Hund durch die Schülerinnen und Schüler mit intellektueller Beeinträchtigung (bspw. Lautstärke, Unruhe, unzureichende Impulskontrolle, fehlendes Regelbewusstsein)
- Interaktion bestimmter Beeinträchtigungen der Schülerinnen und Schüler im SGE mit Fragen der Hygienemaßnahmen und Gesundheitsvorsorge bspw. Zwangshandlungen bei Autismus-Spektrum-Störungen oder taktil-kinästhetische Störung als syndromspezifische Besonderheiten bspw. beim Rett-Syndrom (Tasten mit den Händen und zugleich Berührungen des Mundraums)
- methodisch-didaktische Besonderheiten des Schulhundeinsatzes (bspw. im SGE der Einbezug von Schülerinnen und Schülern mit schwerer und mehrfacher Beeinträchtigung sowie grundsätzliche Fragen der didaktischen Reduktion, der Elementarisierung oder methodischen Überlegungen wie der Einbezug von Bild- und Symbolkarten (bspw. METACOM) und Strukturelementen nach dem TEACCH-Ansatz).

2.3.2 Hundespezifisches Fachwissen

Folgende Inhalte sollten abgedeckt sein:

2.3 Ausbildung mit Fokus SGE

- Entwicklung des Hundes
- Lernverhalten und Trainingsmethoden (positive Verstärkung) (assoziatives und nicht assoziatives Lernen)
- Ausdrucksverhalten
- Schutz-/Stressmanagement
- Gesundheitsvorsorge, Zoonosen, Anatomie
- Hygiene
- Körpersprache und Ausdrucksverhalten.

Dabei sollte auf den neuesten Stand der Inhalte geachtet werden. Gerade hinsichtlich der Ausbildungsmethoden (Training) gilt heute, dass in der Ausbildung des Hundes über positive Verstärkung gearbeitet wird.

> **Praxis**
> **Positive Verstärkung**
> Ob die positiven Verstärker hierbei Leckerchen oder Spielinteraktionen sind, ist je nach Trainerin bzw. Trainer (sowie auch nach dem Bedürfnis des Hundes, da nur der passende Verstärker Erfolg bringt) unterschiedlich. In der Schulhundarbeit wird häufig mit Leckerchen gearbeitet, da die Schülerinnen und Schüler hier über die Futtergabe eine klare (gezielt, kontrolliert, eindeutig) und auch für junge Kinder einfach handhabbare Rückmeldung an den Hund geben können. Als eine geeignete Methode der Rückmeldung für Schülerinnen und Schüler an den Hund erweist sich zudem der Einsatz von Pasten (bspw. Vitaminpaste), die auf Hand und Unterarm aufgetragen werden können, wenn das Kind infolge motorischer Beeinträchtigung nicht in der Lage ist, das Leckerchen zu halten bzw. zu reichen (Anmerkung: Hier sind in jedem Fall die Hinweise zur Hygiene usf. beachten) (▶ Kap. 4.2).

2.3.3 Praktische Ausbildung

In der praktischen Ausbildung geht es um folgende Fertigkeiten, die das Lehrkraft-Schulhund-Team erlernen soll:

- vertrauensvolle Beziehung zwischen Hund und Hundeführer
- verlässlicher Grundgehorsam
- sicheres Führen in neuen Situationen
- Platzdeckentraining/entspanntes Warten

- Arbeit mit erwachsenen Fremdpersonen
- Arbeit mit Kindern und Jugendlichen im Unterricht
- begleiteter Unterricht in der Schule.

In diesem Teil der Ausbildung sollte individuell auf jedes Team eingegangen werden und besondere Talente des Hundes gefördert werden (bspw. Geduld, Beherrschen von Tricks). Auch Besonderheiten im Erkennen von Stress und Umgang mit Stress und Strategien zur Vermeidung sollten hier erarbeitet werden (bspw. durch das Auftrainieren am sogenannten EXIT-Target). Die Arbeit mit Videos aus der eigenen Praxis der Kursteilnehmerinnen und -teilnehmer eignet sich außerdem, um eine genaue und zielgerichtete Beobachtung zu schulen

Exkurs
EXIT-Target
Das sogenannte EXIT-Target kann dem Hund als Bodentarget (bspw. eine kleinere gummierte runde Matte nur zu diesem Zweck) als Signal in stressbesetzten Situationen dienen, der hundeführenden Person das Bedürfnis nach Ruhe bzw. nach einem Beenden der Intervention zu zeigen. Wichtig ist es hier, das Signal des Hundes auch umzusetzen (Beenden der Intervention mit Hund) und entsprechende Strategien und alternative Planungen für diese Unterrichtsphase dann ohne Hund vorzuhalten.

2.3.4 Prüfung des Teams

Wie in jeder Ausbildung ist als Abschluss eine Prüfung abzulegen – nur mit einer bestandenen Prüfung sollte das Team in den Einsatz gehen. Die Prüfung bezieht sich auf Theorie und Praxis der Schulhundarbeit. Um bundesweit (D) einheitliche Standards zu etablieren, wurde von den Autorinnen des Osnabrücker Modells (Heyer et al. o.J.) in Zusammenarbeit mit der tierärztlichen Arbeitsgemeinschaft Hundehaltung (TAG-H) eine theoretische und praktische Prüfung für Schulhund-Teams entwickelt. Der D.O.Q.-Test SHT ist seit Anfang 2020 verfügbar, und Inhaberinnen und Inhabern dieses Zertifikates wird die Qualifikation und Eignung zum Führen ihres Schulhundes im Rahmen tiergestützter Pädagogik in der Schule von der TAG-H e.V. bescheinigt. Die Theorie wird hierbei über eine computerbasierte Onlineprüfung von 50 Fragen (Single-Choice) abgelegt. Die Fragen entstammen einem Fragenkatalog, der oben genannte Themen abdeckt und regelmäßig von einem interdiszi-

2.3 Ausbildung mit Fokus SGE

plinären Expertenteam aktualisiert wird. Für Hundeschulen kann dieser Themenkatalog (▶ Kap. 2.3.1 bis ▶ Kap. 2.3.5) geeignet als Orientierungsrahmen auch im Zusammenhang mit der Entwicklung eigener Prüfungsrichtlinien und -module dienen.

Der praktische Prüfungsteil kann auch von der schulrechtlich verantwortlichen Person (Schulleitung) unter pädagogischen Aspekten in Kooperation mit der Hundeschule durchgeführt werden. Während der Prüfung soll die Schulhund führende Person demonstrieren, dass sie ihren Hund in der Schule und im schulischen Umfeld angemessen führen kann. Die individuellen Bedürfnisse des Hundes sind dabei zu berücksichtigen, und die Unterrichtseinheit soll so gestaltet sein, dass tierschutzrechtliche Aspekte berücksichtigt werden, während die Schülerinnen und Schüler lernwirksam unterrichtet werden. Die den Schulhund führende Lehrkraft soll die erwarteten Kompetenzen zeigen, die zur Erfüllung der Doppelrolle als Lehrkraft und Hundeführerin notwendig sind (vgl. hierzu auch ▶ Abb. 3.2).

> **Quellen und Hinweise Internet**
> Weitere Hinweise zum Einsatz des Schulhundes auch in Bezug auf die Einsatzhäufigkeit (maximal zwei bis drei Tage pro Woche und je maximal zwei bis drei Stunden) sind unter anderem in den Empfehlungen des österreichischen Bundesministeriums für Bildung und Frauen in dritter Auflage »Hunde in der Schule – Allgemeine Hinweise zu Tieren in der Schule« (BMBWF 2022) zu finden. (www.bmbwf.gv.at/Themen/schule/schulpraxis/pwi/pa/hundeinderschule.html)
>
> Generelle Hinweise zum Einsatz von Tieren in den tiergestützten Interventionen, die auch für den Schulhund gelten, gibt das Weißbuch der IAHAIO (2014, aktualisiert 2018). So sind Hunde nur dann einzusetzen, wenn sie gesund sind, in gutem Pflegezustand und frei von Parasiten. Hündinnen dürfen während der Läufigkeit sowie Trächtigkeit und Laktationszeit nicht in der Schule eingesetzt werden. (www.tiergestuetzte.org/fileadmin/Redaktion/Dokumente/IAHAIO_white_paper_2018_german_final.pdf)
>
> Als Beispiel eines Hochschullehrgangs zur Hundgestützten Pädagogik in der Schule soll das Curriculum der Pädagogischen Hochschule Burgenland (Österreich) genannt werden. (www.ph-burgenland.at/fileadmin/user_upload/Studium/Hochschullehrgaenge/HLG_Hundegestuetzte_Paedagogik22.pdf)

2.3.5 Risiken des Einsatzes von Schulhunden

Eine der wenigen Studien, die sich mit Risiken des Schulhundeeinsatzes für Mensch und Tier auseinandersetzt, wurde von Bidoli et al. (2022) veröffentlicht (siehe Infokasten). Sie untersuchten an 54 Schulen in Bayern den Einsatz eines Schulhundes. Die meisten Schulhunde waren drei Jahre alt und nur 41 Prozent hatten eine besondere Ausbildung vor ihrem Einsatz in der Schule genossen. Im Durchschnitt wurden die Hunde 3.3 Stunden lang eingesetzt, manche jedoch sogar 5.2 Stunden, also einen gesamten Schulvormittag. Überwiegend wurden die Hunde acht bis neun Tage pro Monat, einige jedoch sogar bis zu 15 Tagen im Monat in den Unterricht mitgenommen.

Jedes Schulhund-Lehrkraft-Team wurde im Unterricht gefilmt und das Video von Experten (Tiermedizin/Ethologie) ausgewertet. Die Interaktionen der Schülerinnen und Schüler sowie der Lehrkraft mit dem Hund wurden den Kategorien »unauffällig«, »problematisch« und »kritisch« zugeordnet. Die Hälfte aller beobachteten Schulhund-Einsätze wurde als problematisch oder kritisch eingestuft. Als problematisch wurde z. B. Interaktionen von mehreren Schülern gleichzeitig mit dem Hund gewertet. Dies wurde in 65 Prozent der Klassen beobachtet. Kritisch waren Interaktionen wie das Umarmen oder Küssen des Hundes, welche in 19 Prozent der Klassen zu sehen war. Problematisches Verhalten des Hundes, welches darauf hinwies, dass das Setting oder die Intervention dringend verbessert werden müssen, beinhaltete z. B. Rückzug des Hundes (gezeigt von 37 Prozent der Hunde). Passive Unterwerfung über Ducken oder Kauern zeigten ca. 20 Prozent der Hunde. Aggression gegenüber einem Schüler und Territorialverhalten zeigte jeweils ein Hund. Die Daten zeigen, dass in Klassen mit älteren Schülerinnen und Schülern die Hunde als weniger problematisch oder kritisch bewertet wurden. Wie bereits oben berichtet, wurden Hunde, die eine spezifische Ausbildung durchlaufen haben, seltener als problematisch oder kritisch eingestuft.

Die Erkenntnisse der Studie untermauern, dass eine fundierte Ausbildung und ebenso das Einhalten von Kriterien im Schulhundeinsatz einschließlich regelmäßiger Reflexion und Überprüfung sowie Fort- und Weiterbildung neben den Gesundheitszeugnissen grundlegend für eine Risikominimierung sowohl für die beteiligten Hunde als auch die Schülerinnen und Schüler (einschließlich weiterer beteiligter Lehrkräfte und Personen) ist.

> **Weiterführende Literatur**
>
> Bidoli, E. M. Y., Firnks, A., Bartels, A., Erhard, M. & Döring, D. (2022): Dogs working in schools – safety awareness and animal welfare. In: Journal of Veterinary Behavior Band 55, 35–48. (https://doi.org/10.1016/j.jveb.2022.09.004)
>
> Foltin, S. (2022): Hundgestützte Intervention. Wissenschaft trifft Praxis – ausgewählte Studien erklärt. Nerdlen/Daun: Kynos-Verlag.
>
> Germann-Tillmann, Th., Merklin, L. & Stamm Näf, A. (2019): Tiergestützte Interventionen. Praxisbuch zur Förderung von Interaktionen zwischen Mensch und Tier. Bern: Hogrefe (hier: 65–172 und 173–218).

3 Konzept Schulhund

Lehrerinnen und Lehrer, die ihren Hund unterrichtswirksam in Schule und Unterricht einsetzen, bringen immer auch etwas sehr Persönliches, etwas Privates, etwas von zu Hause mit in das berufliche (schulische) Handlungsfeld. Damit bewegen sie sich (und nicht nur im SGE) in einer ganz besonderen Situation, in einem emotionalen sowie pädagogischen Spannungsfeld, das sich mit nachstehender Grafik beschreiben lässt (▶ Abb. 3.1):

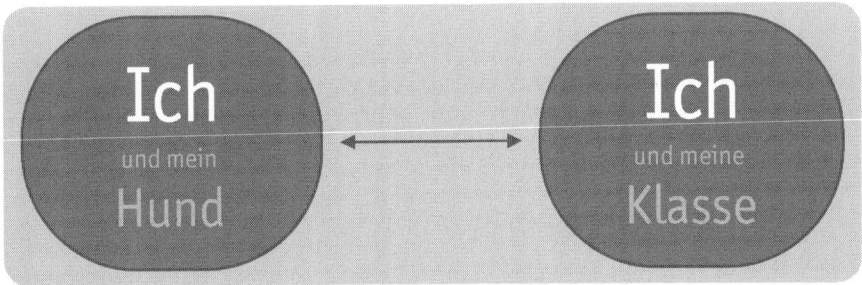

Abb. 3.1: Spannungsfeld Klasse – Hund (eigene Darstellung)

Auf der einen Seite (Ich und meine Klasse) sind Lehrkräfte (unbelassen zunächst von der Frage der Klassenleitung) qua Amt (Schulgesetze und Verordnungen der Länder) verantwortlich für die pädagogischen, unterrichtlichen und organisatorischen Abläufe in der Klasse. Diese zentrale Aufgabe bringt gerade im SGE komplexe Herausforderungen insbesondere vor dem Hintergrund der sehr heterogenen Schülerschaft mit sich (bspw. Medikation, Anfallsleiden, schwerste Beeinträchtigung sowie einer zunehmenden Schwierigkeit im Bereich des Verhaltens usf.). Die Lehrerin kann hier zwar auf die Kooperations- und Unterstützungsmöglichkeiten mit den Kolleginnen und Kollegen in der Klasse zurückgreifen (Unterrichten im Team), zugleich zeichnen sich aber auch hier Verantwortlichkeiten und komplexe Aufgabenstellungen sowie Abläufe ab (Zuständigkeiten, Absprachen).

Es ist hier festzuhalten: Die Aufgaben und Verantwortlichkeiten im Klassenkontext sind umfänglich und vielfältig und erst mit einer entsprechenden Berufspraxis (von in der Regel drei bis fünf Jahren nach Studium bzw. Ausbildung) kehren Routinen und Handlungssicherheit ein.

Und nun gilt es auf der anderen Seite, die Bedürfnisse des Hundes (des eigenen Tieres) zu berücksichtigen, womit neben den tierschutzrechtlichen Aspekten auch der emotionale Bezug als Hundehalterin bzw. Hundehalter einhergeht: Analog zur Vorgehensweise zu Hause sind die Lehrkräfte auch im schulischen Feld bedacht auf das Wohlergehen des Tieres mit bspw. folgenden Fragestellungen:

- Geschieht dem Hund nichts bspw. durch Schülerinnen und Schüler mit einer Impulskontrollstörung oder ähnlichen Syndrom-spezifischen Folgeerscheinungen wie bspw. fehlendem Distanzgefühl bei Autismus-Spektrum-Störungen?
- Kann das Klassenteam angemessen reagieren bspw. bei medizinischen Notfällen seitens der Schülerinnen und Schüler (Stichwort Epilepsie usf.)?
- Existiert eine Handlungsalternative für den Hund?
- Können ausreichende Ruhephasen angeboten werden, und wie passt dies wiederum zu dem eigenen Dienstplan (Stichwort: Ganztag im SGE)?

Und genau an diesem Punkt – also im Spannungsfeld zwischen den Verantwortlichkeiten gegenüber der Klasse sowie gleichzeitig dem Hund – bietet die Entwicklung und Fortschreibung des sogenannten Schulhundkonzeptes eine geeignete (eben professionelle) Grundlage. Ein solches Schulhundkonzept

- behält die wesentlichen Aspekte beider Seiten (also Klasse und Hund) im Blick (bspw. Reagierenkönnen auf Veränderungen der Schülerschaft),
- bezieht kontinuierlich schulorganisatorische Gesichtspunkte mit ein (Vertretungen, Raumfragen, Änderungen der Klassenzusammensetzung usf.) und
- berücksichtigt auch Veränderungen über die Jahre hinweg (bspw. Veränderungen von gesamtschulischen und bildungspolitischen Schwerpunkten) auch im Zuge der Fortschreibung und der Reflexion.

3.1 Rechtlicher Rahmen

Zweifelsohne lassen diese Ausführungen bereits die pädagogische Bedeutsamkeit konzeptionellen Arbeitens in der Schulhundarbeit erkennen. Gerade im schulischen Kontext bei intellektueller Beeinträchtigung sprechen die besonderen Bedürfnisse der Schülerinnen und Schüler für eine professionelle

3 Konzept Schulhund

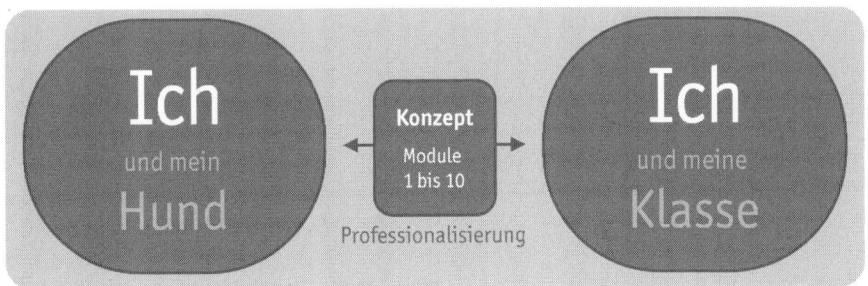

Abb. 3.2: Professionalisierung (und Spannungslösung) durch das Schulhundkonzept (eigene Darstellung)

und besonders gründliche, gewissenhafte Vorbereitung von Unterricht (Schäfer 2017).

Zugleich geben die schulgesetzlichen Regelungen konkrete Hinweise und Vorgaben und bieten damit Handlungssicherheit hinsichtlich des Einsatzes und damit einhergehender Planungen. Recht ausführlich äußern sich hierzu die Empfehlungen der Kultusministerkonferenz (KMK 2019) in der sogenannten »Richtlinie zur Sicherheit im Unterricht« (RiSU). Hier wird festgestellt: »Der Umgang mit Tieren (Einzeller/Mehrzeller, wirbellose Tiere, Wirbeltiere) in der Schule ist grundsätzlich erlaubt« (KMK 2019, 64).

Im Kapitel II-3 finden sich außerdem deutliche Hinweise zu tiermedizinischen und tierethischen Gesichtspunkten, zu den Einsatzformen (Mensch-Hund-Team) und zu pädagogischen und konzeptionellen Aspekten sowie zur Reflektion und Qualitätssicherung. Wegen der Bedeutsamkeit (bundeslandübergreifend) sollen die Punkte 1 bis 10 nachstehend in einem Infokasten zitiert werden:

RiSU (Richtlinie zur Sicherheit im Unterricht) (KMK 2019)
Die Richtlinie zur Sicherheit im Unterricht (KMK 2019) ist grundsätzlich adressiert an alle Kontexte im schulischen, unterrichtlichen Rahmen, in denen Gefahren für die Schülerinnen und Schüler sowie die Lehrkräfte bestehen können. Hier finden sich auch Hinweise zum Einsatz von *Hunden in Schulen* (II-3 Fachbezogene Hinweise und Ratschläge – Biologie S. 90) (zum Verweisen ist numerisch gegliedert):

1. »Das Tier muss regelmäßig einer Tierärztin bzw. einem Tierarzt vorgestellt und von diesem untersucht werden. Dadurch sollen frühzeitig u. a. schmerzenverursachende Krankheiten erkannt werden, die zu einer Wesensänderung des Tieres führen können. Das Gesundheitsat-

test der Tierärztin bzw. des Tierarztes muss über die gute Allgemeinverfassung des vorgestellten Hundes Auskunft geben. Außerdem ist für eine regelmäßige Endoparasitenprophylaxe (entweder durch regelmäßige Entwurmung oder Kontrolle durch regelmäßige Abgabe von Kotproben) und Ektoparasitenprophylaxe zu sorgen. Der aktuelle Impfstatus muss im Heimtierpass vorliegen.
2. Jeder Einsatz in der hundegestützten Pädagogik erfolgt nur im aus- bzw. weitergebildeten Mensch-Hund-Team und setzt ein sicheres Vertrauensverhältnis voraus.
3. Der Einsatz zwischen Schülerinnen bzw. Schülern und Hund erfolgt ausschließlich unter ständiger Aufsicht der Hundeführerin bzw. des Hundeführers. Ein Einsatz des Hundes ohne Hundeführerin oder Hundeführer ist nicht zulässig.
4. Der Einsatz muss immer nach Hunde- und Tierschutzaspekten sowie tierethischen Grundsätzen geplant und durchgeführt werden. Der Hund darf nicht instrumentalisiert werden. Individuelle Stärken sollten berücksichtigt werden.
5. Um den professionellen Einsatz eines Schulhundes zu gewährleisten, ist das Erstellen eines Schulhundkonzeptes unabdingbar. Zusätzlich sind eine kontinuierliche Reflektion, Evaluation und Anpassung der Arbeit notwendig.
6. Rituale für den Hund und Regeln für die Schülerinnen und Schüler müssen etabliert werden, um dem Hund Hilfestellungen beim Einsatz zu geben und um Stress zu reduzieren.
7. Die Möglichkeit des selbstständigen Rückzugs des Hundes auf einen eigenen und ungestörten Ruheplatz muss gewährleistet sein.
8. Der Einsatz des Hundes muss entsprechend seiner Bedürfnisse und Voraussetzungen und denen der Hundeführerin/Pädagogin bzw. des Hundeführers/Pädagogen, der Schülerinnen und Schüler und der Schule individuell angepasst werden.
9. Vor dem Einsatz des Hundes im Unterricht sind die Sorgeberechtigten nach bekannten Allergien ihrer Kinder zu befragen. Bei Schülerinnen und Schülern ab der Sekundarstufe II können auch diese befragt werden.
10. Nach dem Umgang mit dem Hund sind die erforderlichen hygienischen Maßnahmen (z. B. Händewaschen) durchzuführen« (ebd., 90).

Neben diesen Empfehlungen, die das Erstellen eines Schulhundkonzeptes als »unabdingbar« (Punkt 5) beschreiben, gilt es noch weitere rechtliche Vorgaben zu beachten, die die Interaktion von Mensch und Tier (und zwar nicht nur im schulischen Rahmen) möglichst sicher gestalten sollen:

- das *BGB* (Bürgerliches Gesetzbuch) (bspw. Haftungsfragen bei Verletzungen, Kratzern, Bissverletzungen) (www.gesetze-im-internet.de/bgb/BGB.pdf)
- das *OWIG* (Gesetz über Ordnungswidrigkeiten) (bspw. Leinenpflicht innerorts) (www.gesetze-im-internet.de/owig_1968/OWiG.pdf)
- das *IfSG* (Infektionsschutzgesetz) (bspw. Hygienebestimmungen) (www.gesetze-im-internet.de/ifsg/IfSG.pdf)
- das *TierSchG* (Tierschutzgesetz) (bspw. Einsatzzeiten, Belastungen usf.) (www.gesetze-im-internet.de/tierschg/TierSchG.pdf)
- das *BNatSchG* (Bundesnaturschutzgesetz) (bspw. im Zusammenhang mit Betretungsgeboten und -verboten von natürlichen Flächen) (www.gesetze-im-internet.de/bnatschg_2009/BNatSchG.pdf)

Klingenberg (2018) verdeutlicht mit diesen Auszügen sowie den Hinweisen zu den RiSU (KMK 2019) eindrucksvoll, dass sich Schule und Unterricht stets in einem rechtlichen Kontext befinden, der gerade im SGE durch die besonderen Bedarfe der Kinder und Jugendlichen mit intellektueller Beeinträchtigung sowie einer oft erheblich eingeschränkten Sensibilität gegenüber Gefahren und Risiken (Sarimski 2013) unbedingt zu beachten ist. Schönhofen & Schäfer (2020) betonen deshalb die »Notwendigkeit einer verantwortungsvollen und umfänglichen Implementierung der Schulhundarbeit vor Ort mit allen beteiligten Gremien« (ebd., 13). Anmerkung: ein wesentlicher Schwerpunkt der Konzeptarbeit liegt neben einem interdisziplinären Zuschnitt in der Prozesshaftigkeit – stetig gilt es, Dinge zu reflektieren, zu überdenken und im Sinne neuer Situationen adäquat anzupassen.

Weiterführende Literatur

Klingenberg, K. (2018): Tierhaltung und Tiereinsatz in Kindergärten und Schule: Rechtliche Rahmenbedingungen im Überblick. In: Struntz, I. A. & Waschulewski, U. (Hrsg.): Tiergestützte Pädagogik, Eckpfeiler didaktischen Handelns. Hohengehren: Schneider Verlag. 54–69.

Kultusministerkonferenz KMK (2019): RiSU. Richtlinie zur Sicherheit im Unterricht. Sicherheit und Gesundheitsschutz im Unterricht. (www.kmk.org/fileadmin/veroeffentlichungen_beschluesse/1994/1994_09_09-Sicherheit-im-Unterricht.pdf)

Neben diesen Richtlinien auf Bundesebene (KMK 2019) sowie den bundesländerübergreifenden Regelungen (bspw. TierSchG) regeln auch die Kultus- und Bildungsministerien der Länder in zunehmendem Maße den Einsatz von Tieren und im Speziellen den Einsatz von Hunden in Schulen (▶ Kap. 3.2). Eindrucksvoll belegen dies die Vorgaben in Nordrhein-Westfalen (www.schulministerium.nrw/schulhund) sowie in Schleswig-Holstein (siehe unten), die ganz detailliert die Voraussetzungen und Zuständigkeiten für alle Schulformen darlegen.

Entgegen landläufiger (meist aus der Sonderpädagogik selbst stammender) Annahmen, dass hier für die Pädagogik bei intellektueller Beeinträchtigung geringere Hürden oder gar rechtliche Ausnahmen vorzuhalten wären, gilt es ausdrücklich festzustellen, dass gerade für den Unterricht im SGE eine besonders sorgsame Umsetzung der vorgegebenen Rahmenbedingungen vorzuhalten ist. Nur wenn die Hundeführerin mit ihrem Hund (im Team) gut und umfänglich (also konzeptionell) vorbereitet ist, kann sie den dann besonderen Herausforderungen im Unterricht mit diesen Schülerinnen und Schülern angemessen begegnen und souverän (professionell) reagieren (Schäfer, Schönhofen & Beetz 2022).

3.2 Organisationen und Vereinigungen

Neben den (schul-)gesetzlichen Regelungen und Vorgaben dienen auch die Empfehlungen und Hinweise von Verbänden und Organisationen (auch international) als Orientierung, die nachstehend in alphabetischer Reihenfolge kurz vorgestellt werden sollen (einschließlich dahingehender Empfehlungen):

- *Bundesverband Tiergestützte Intervention* (BTI): Der BTI engagiert sich für qualitativ hochwertige Arbeit im Bereich der Tiergestützten Interventionen (TGI) und verfolgt dazu folgende Ziele: Qualitätssicherung, Vernetzung und Kooperation, Öffentlichkeitsarbeit und Wissenstransfer. Der Verband ist Mitglied der IAHAIO (siehe unten) und vertritt rund 450 Mitglieder, die aufbauend auf ihren – z.B. pädagogischen und therapeutischen – Grundberufen eine umfassende Weiterbildung zur Fachkraft für TGI abgeschlossen haben. Mit Eintritt in den BTI verpflichten sie sich den Qualitätskriterien des Verbandes (u.a. achtsamer, tiergerechter und respektvoller Umgang mit den Tieren) (www.tiergestuetzte.org) (Schäfer & Beetz 2022, 11).

- *Verein Schulhunde Schweiz (VSHS e.V.)* (▶ Kap. 3.3.2) (www.schulhunde-schweiz.ch)
- *Verein Schulhund Österreich* (▶ Kap. 3.3.3) (www.schulhund.at)
- *International Society for Animal Assisted Therapy* (ISAAT): ISAAT ist eine weltweite Non-Profit-Organisation, die sich der Qualitätssicherung in der Praxis der tiergestützten Interventionen (TGI) widmet. ISAAT akkreditiert Curricula für die Fachweiterbildung sowie für die Basisausbildung von Mensch-Hund-Teams. Darüber hinaus fördert ISAAT die Anerkennung von TGI als therapeutische und pädagogische Maßnahme, welche die Salutogenese unterstützt. ISAAT setzt sich zudem für die Anerkennung von Personen ein, die akkreditierte Weiterbildungen absolviert haben und TGI in ihrem jeweiligen Berufsfeld einsetzen (www.isaat.org) (Schäfer & Beetz 2022, 5).
- *International Assocciation of Human-Animal-Interaction Organizations* (IAHAIO): Die IAHAIO ist die globale Vereinigung von Organisationen, die sich in der Praxis, Forschung und/oder Ausbildung in tiergestützter Aktivität, tiergestützter Therapie und Diensttiertraining engagieren. Diese Aktivitäten dienen der Förderung der Heimtierhaltung, der Mensch-Tier-Bindung und des respektvollen Umgangs mit Tieren. Die IAHAIO hat weltweit über 100 multidisziplinäre Mitgliedsorganisationen und Berufsverbände (u.a. AVMA, AAHA, JAHA, WSPA und AAH-ABV im veterinärmedizinischen Bereich, die HABRI Foundation, ISAZ) und eine Vielzahl von akademischen Zentren, AAA- und AAT-Praxis-Organisationen. Die zentralen Papiere der IAHAIO, wie bspw. das sogenannte *Weißbuch* (White Paper 2018), werden in den Literaturhinweisen aufgeführt (www.iahaio.org).

Exkurs
Prager Richtlinien (1998)
Im Rahmen der Vollversammlung der IAHAIO wurden vier Positionen festgelegt, die seitens von Personen sowie Organisationen beim Einsatz von Tieren in helfenden bzw. therapeutischen Kontexten einzuhalten sind:

1. Es werden nur Heimtiere eingesetzt, die durch Methoden der positiven Verstärkung ausgebildet wurden und artgerecht untergebracht und betreut werden.
2. Es werden alle Vorkehrungen getroffen, damit die betroffenen Tiere keinen negativen Einflüssen ausgesetzt sind.
3. Der Einsatz von Tieren in helfender bzw. therapeutischer Funktion sollte in jedem Einzelfall begründete Erfolgsaussichten haben.

4. Es sollte die Einhaltung von Mindestvoraussetzungen garantiert sein, und zwar im Hinblick auf Sicherheit, Risiko-Management, körperliches und psychisches Wohlbefinden, Gesundheit, Vertraulichkeit sowie Entscheidungsfreiheit. Ein angemessenes Arbeitspensum, eine eindeutig auf Vertrauen ausgerichtete Aufgabenverteilung sowie Kommunikations- und Ausbildungsmaßnahmen sollten für alle beteiligten Personen klar definiert sein (www.iahaio.org).

- *Tierärztliche Vereinigung für Tierschutz e.V.* (TVT): Die Tierärztliche Vereinigung blickt in erster Linie aus tiermedizinischer Sicht auf die Nutzung von Tieren im sozialen Einsatz (Merkblätter Nr. 131 ff.) und bietet mit der überarbeiteten Fassung Nr. 131.4 (2018) konkrete Hinweise auch für den Einsatz von Hunden im sozialen Bereich. Die sehr differenzierten Hinweise sind wie folgt nach Überschriften gegliedert: Eignung, Herkunft, Verhalten, Ausdrucksverhalten, Haltung, Ernährung, Betreuung und Pflege, Gesundheitsmanagement, Einsatzkriterien (hier finden sich analoge Hinweise zum Einsatz wie auch in den KMK-Empfehlungen 2019), Transportbedingungen sowie rechtliche Hinweise. Die Ausführungen schließen mit Literatur- und Onlinehinweisen (online www.tierschutz-tvt.de).

Weiterführende Literatur

International Asssocciation of Human-Animal-Interaction Organizations (2018): IAHAIO Weißbuch. Definitionen der IAHAIO für Tiergestützte Interventionen und Richtlinien für das Wohlbefinden der beteiligten Tiere. (www.iahaio.org/wp/wp-content/uploads/2021/06/iahaio-white-paper_2018_german_final.pdf)
Tierärztliche Vereinigung für Tierschutz e.V. (TVT) (2018): Tiere im sozialen Einsatz. Merkblatt Nr. 131 (Allgemeine Grundsätze) und AK 10: Nutzung von Tieren im sozialen Einsatz. Merkblatt Nr. 131.4 (Hunde). (www.tierschutz-tvt.de/ ▶ Suchbegriff unter Veröffentlichungen: Tiere im sozialen Einsatz)

3.3 Unterstützungssysteme und Beratung

3.3.1 Deutschland

Für den Einsatz von Schulhunden verweisen Agsten (2020), Beetz (2021) und Schäfer & Beetz (2022) darauf, dass es kaum generelle bzw. verbindliche

Vorgaben für die Konzeptentwicklung und die Implementation in den schulischen Rahmen seitens der Bildungsministerien der Bundesländer und Schulbehörden gibt. In der Regel wird auf die zunehmende Eigenständigkeit von Schulen verwiesen sowie auf die Zustimmungskompetenz (Hausrecht) der Schulleitung vor Ort (▶ Kap. 3.4, Konzept Schulhund), die dann auf der Grundlage der RiSU (KMK 2019) ein Schulhundkonzept entwickeln und die jeweiligen Gremien des schulischen Zusammenlebens zu beteiligen haben (vgl. Beispiel Handreichung Schleswig-Holstein).

Den Entwicklungen der Schulhundarbeit in den vergangenen 20 Jahren ist es in diesem Zusammenhang zu verdanken, dass in vielen Bundesländern regionale Arbeitskreise (AK) und Kooperationsformen entstanden sind (teilweise auch angesiedelt an den Bildungsministerien bzw. Schulbehörden und Beratungsstellen), die beratend sowohl den Hundehalterinnen und -haltern, aber auch den Schulleitungen als Ansprechpartnerinnen und -partner zur Verfügung stehen (Beetz 2021). Zunehmend beziehen sich diese Arbeitskreise auch auf die Grundlagen aus Forschung und Wissenschaft zu TGI, sodass hier von einem (wenn auch bundesweit unterschiedlich ausgeprägt) beginnenden Prozess der Professionalisierung von TGI im Handlungsfeld Schule gesprochen werden kann.

Nachstehend soll eine Auswahl an möglichen Unterstützungssystemen vorgestellt werden:

- *Bayern:* Der Verein Schulhunde Bayern e.V. ist ein eingetragener und gemeinnütziger Verein, der die Schulhundarbeit in Bayern vernetzen und qualifizieren möchte. Der Verein organisiert Treffen für die Mensch-Hund-Teams sowie Informationsveranstaltungen, Schulhundfortbildungen und Schulhundausbildungen in ganz Bayern. Das Arbeiten des Vereins orientiert sich an den RiSU der KMK 2019, über die »alle bayrischen Schulen per kultusministeriellem Schreiben informiert [wurden]« (Homepage). Ein geeignetes Papier des Vereins auch für den Schulhundeinsatz in der Förderschule ist das sogenannte »Logbuch Schulhunde Bayern e.V.«, das für die Dokumentation geeignet herangezogen bzw. auch als Orientierung einer eigenen Vorgehensweise genutzt werden kann (online zu bestellen im Shop unter www.schulhunde-bayern.com).
- *Berlin und Brandenburg:* In den beiden Bundesländern Berlin und Brandenburg zeichnet der AK Schulhund Berlin seit 2010 verantwortlich für Vernetzung und bietet damit »ein Forum zum Erfahrungsaustausch von Fachkräften in der Hundgestützten Pädagogik in der Schule« (Homepage). Der Arbeitskreis setzt sich ein für verbindliche Qualitätsstandards und ist aktiv in der Beratung von Schulämtern, Schulleitungen und Schulhund-

teams vor Ort. Die Selbstverpflichtung des Qualitätsnetzwerks Schulbegleithunde e.V. ist Grundlage der Arbeit des AK (www.ak-schulhund-berlin.de/).
- *Rheinland-Pfalz:* Mit dem AK Schulhund Rheinland-Pfalz bietet das Bundesland eine Arbeitseinheit, die seitens des Bildungsministeriums über das Pädagogische Landesinstitut als Beratungssystem getragen und organisiert ist. Treffen der Regionalgruppen sind als Fortbildungen anerkannt und die Mitglieder des AK verrichten ihre Arbeit verwaltungsrechtlich als »Dienst am anderen Ort« (D.a.a.O.) (also nicht ehrenamtlich), womit ein weiterer Schritt der Professionalisierung ermöglicht wird. Seitens des AK werden unter anderem die Konzepte der Schulen inhaltlich beraten sowie Hinweise zur Selbstverpflichtung gegeben, Fortbildungen und regionaler Austausch werden organisiert (www.schulhund.bildung-rp.de/).
- *Schleswig-Holstein:* Hier wurde vom Bildungsministerium (Schleswig-Holstein 2019) eine umfängliche »Handreichung zum Einsatz von Schulhunden an Schulen in Schleswig-Holstein« (einschließlich Anhängen zur Selbstverpflichtung, zu den Ausbildungsempfehlungen für Hundeschulen sowie Formularen) herausgegeben (▶ Abb. 3.3), die auf ministerieller Ebene klar und verbindlich die Zuständigkeiten innerhalb der Schulen sowie die Beteiligungsstrukturen im Zuge der Implementierung des Schulhundkonzeptes benennt.

Bundeslandübergreifend darf schließlich das Netzwerk »Schulhundweb« (online seit 2005) von Lydia Agsten genannt werden (www.schulhundweb.de), in dem aktuell über 500 Kolleginnen und Kollegen aus nahezu allen Bundesländern in wiederum regionalen Arbeitskreisen vernetzt sind. Grundlage der Beteiligung im Netzwerk sowie auch im »Qualitätsnetzwerk Schulbegleithunde e.V.« ist die Selbstverpflichtung (seit 2016 nicht mehr freiwillig), erstmals von Nickel, Agsten & Ford 2008 veröffentlicht. Die Arbeiten des Netzwerks beziehen sich auf die Prager Richtlinien der IAHAIO von 1998. Weitere Hinweise hierzu finden sich in Agsten (2020, 169 ff.).

3 Konzept Schulhund

Abb. 3.3: Handreichung des Bildungsministeriums Schleswig-Holstein (2019)

3.3.2 Schweiz

Ähnlich wie in Deutschland gestalten sich aktuell noch die formalrechtlichen Vorgaben in der Schweiz (Schulhunde Schweiz 2020): Weder für die Haltung bzw. für den Einsatz in der Schule noch für die Ausbildung des Mensch-Hund-Teams gibt es nationale Vorgaben bzw. interkantonale Standards. Hier bietet der »Verein Schulhunde Schweiz« (VSHS) vergleichbar mit dem Zusammenschluss Schulhundweb in Deutschland eine überregionale Rahmung mit Vorgaben für die Mitgliedschaft im Sinne von Professionalisierung (bspw. Vorlage der Selbstverpflichtung, Versicherungsnachweis Haftpflicht, Weiterbildungsnachweis sowie die Information an die Eltern und das Einführen von Regeln).

Überdies bietet der Leitfaden »Hundgestützte Pädagogik in der Schule« (▶ Abb. 3.4) einen klaren und gut strukturierten Orientierungsrahmen für Lehrkräfte und Schulen bzw. Schulleitungen, ausgerichtet am (internationalen) Diskurs der zentralen Fachkreise tiergestützter Interventionen (im Wesentlichen international IAHAIO, ISAAT, IEMT, GTTA und für Deutschland Schulhundweb/Qualitätsnetzwerk Schulbegleithunde sowie der Bundesverband Tiergestützte Interventionen BTI). Als zentrale Gliederungspunkte des Leitfadens sind zu nennen:

- Begrifflichkeiten und Definitionen (Kapitel 1 und 2)
- Effekte, Mechanismen und schulischer Rahmen (Kapitel 3, 4 und 5)
- Ausbildung für Schulbegleithundteams (Kapitel 6)

- Richtlinien für den Einsatz von Präsenzhunden in der Schule (Kapitel 7)
- Richtlinien für den Einsatz von Besuchshunden in der Schule (Kapitel 8)
- Tierhaltung allgemein (Kapitel 9)
- Literatur, Internet, Anhänge (Anhang: IAHAIO Weißbuch 2018, Deklaration Rio, Prager Richtlinien, Vordruck Selbstverpflichtung) (▶ Kap. 3.6).

Abb. 3.4: Leitfaden des Vereins Schulhunde Schweiz (VSHS 2020)

Eine Berücksichtigung spezifischer sonderpädagogischer Aspekte findet sich lediglich mit dem Hinweis darauf, dass Hunde unter Umständen auf körperliche Beeinträchtigungen unerwartet reagieren können (VSHS 2020, 9). Dennoch bietet der Leitfaden durch seine klare Struktur (insbesondere in Kapitel 7) auch für den schulischen Einsatz für Schülerinnen und Schüler mit intellektueller Beeinträchtigung einen geeigneten Rahmen, den es dann spezifisch auszugestalten gilt (▶ Kap. 4 und ▶ Kap. 5).

3.3.3 Österreich

In Österreich sind zwei Säulen der Regelungen bzw. der Unterstützung der Schulhundarbeit zu nennen. Zum einen ist hier der »Verein Schulhund AT – Rund um den Hund« zu nennen (www.schulhund.at), der vergleichbar mit dem Schulhundweb (D) und dem VSHS (CH) ein Zusammenschluss aus Praktikerinnen und Praktikern ist, die maßgeblich am Prozess der Professionalisierung der Schulhundarbeit in Österreich auf fachlicher Grundlage sowie in einem bundeslandübergreifenden Verständnis beteiligt waren. Dem Verein steht Prof. Dr. Kurt Kotrschal (Universität Wien) vor, ein wissenschaftlicher Beirat begleitet die Vereinsarbeit fachlich.

Zum anderen sind für Österreich sehr klare ministerielle Vorgaben auf Bundesebene für den Schulhundeinsatz sowie zur Qualitätssicherung zu nennen, die sich im Wesentlichen in den folgenden Papieren finden lassen:

1. »Einsatz von Präsenz- bzw. Schulbesuchshunden im Unterricht (hundgestützte Pädagogik); Rundschreiben« (BMBF 2017). Dieses Rundschreiben Nr. 23 des Bundesministeriums für Bildung regelt klar die Ausbildung und Zertifizierung sowie die Zuständigkeiten vor Ort (Hundehalterin und Schulleitung). Auf die Bedarfe von Schülerinnen und Schülern mit Beeinträchtigungen wird lediglich im Kontext Therapiehunde eingegangen. Bemerkenswert ist die deutliche Formulierung zu Haftungsfragen (Verletzungen werden als Schülerunfall bzw. als Arbeitsunfall bei Lehrkräften bewertet) (vgl. hierzu Cremer 2022).
2. Komplettiert wird dieses Rundschreiben mit der Handreichung des Bundesministeriums (▶ Abb. 3.5), die von einer »Gruppe von Expertinnen und Experten aus den Bereichen Pädagogik, Schulpsychologie, Schulbesuchshunde und Tierschutz [erarbeitet wurde]. [...] Basierend auf diesen Empfehlungen wurde von PH-Lehrenden ein Curriculum entwickelt, um an Pädagogischen Hochschulen eine Ausbildung für hundeführende Lehrerinnen und Lehrer anbieten zu können« (BMBF 2014, 6). Die Handreichung gliedert sich wie folgt:
    * Grundlagen und Effekte
    * Definitionen
    * Richtlinien für den Einsatz von Präsenzhunden in der Schule (10 ff.)
    * Richtlinien für den Einsatz von Besuchshunden in der Schule (13 ff.)
    * Ausbildung der Hundeführerinnen und -führer
    * Ausbildung für Hunde im schulischen Einsatz – Mindeststandards (Gesundheit, Eignung).

3.3 Unterstützungssysteme und Beratung

Abb. 3.5: Hunde in der Schule. Handreichung des Bundesministeriums Österreich (2014)

3.3.4 Handlungsoptionen für den SGE

Insgesamt ist festzustellen, dass spezifische formale Regelungen für den Schulhundeinsatz im SGE nicht vorliegen – und dies sowohl für Deutschland als auch für Österreich und die Schweiz. Vielmehr finden sich Details, die sich mit unterrichtspraktischer Erfahrung (s.o.) aus den Ausbildungsvorgaben heraus ableiten lassen (bspw. im Kontext Hygiene, Impulsivität der Schülerinnen und Schüler, Unterricht im SGE als Ganztagsangebot) und in einer konzeptionellen Zusammenstellung im jeweiligen Setting mit den beteiligten Personen und Gremien vor Ort abzustimmen sind.

Der Komplexität der zahlreichen allgemeinen Vorgaben folgend lässt sich erkennen, dass die Implementation eines solchen Schulhundkonzeptes in der sehr heterogenen Lerngruppe im SGE noch umsichtiger sowie auch differenzierter erfolgen muss als bspw. im regelhaften Grundschulbereich (bspw. mit Handlungsalternativen, differenzierten Angeboten, klaren Zuständigkeiten). In diesem Zusammenhang sollen nachstehend zunächst die allgemeinen (formalen sowie wissenschaftlichen) Grundlagen als Referenz herangezogen und dann je spezifische sonderpädagogische Aspekte benannt werden.

3.4 Konzept Schulhund

Vorweg soll das Augenmerk auf die mehrperspektivische (systemische) Ausrichtung der Konzeptarbeit gelenkt werden, das heißt das dynamische Zusammenspiel von Hund, Mensch, Kind und Kontext (▶ Abb. 3.6).

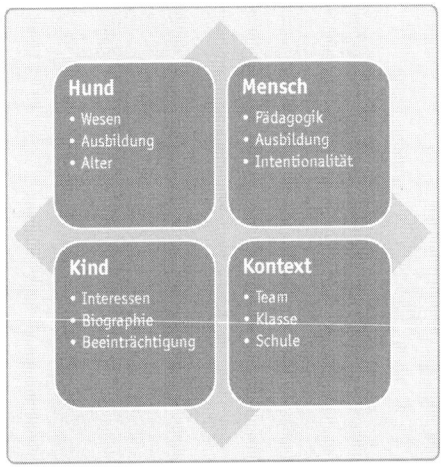

Abb. 3.6: Systemische Ausrichtung der Konzeptentwicklung (eigene Darstellung)

Im Wesentlichen kann diese Zusammenschau für den Einsatz im regelhaften Schulbereich reklamiert werden (bspw. Beetz 2021), zugleich sind für die Unterrichtsgestaltung im SGE die *Perspektiven des Kindes* (1) und die *Bedingungen des Kontextes* (2) besonders in den Blick zu nehmen:

1. *Kind:* Während sich Kinder und Jugendliche ohne Beeinträchtigungen in der Regel beginnend in der Primarstufe dahingehend mitteilen können, ob bzw. dass ihnen bspw. eine Situation unangenehm ist oder sie konkret etwas nicht möchten (sich unwohl fühlen), sind bei Kindern mit intellektueller Beeinträchtigung häufige Kommunikationsstörungen und -vermeidungen zu berücksichtigen. Diese liegen begründet sowohl in tatsächlichen sprachlich-kommunikativen Beeinträchtigungen (bspw. im Kontext Mutismus, frühkindlicher Autismus oder diverser Syndrom-spezifischer Folgen), aber auch in einem ängstlichen, zurückhaltenden Wesen (Introversion). Daher sollten erste Begegnungen mit dem Hund unbedingt sorgsam geplant und in einem sehr geordneten Rahmen, in einer wohlüberlegten Struktur stattfinden (bspw. Kleingruppe oder in einem 1-zu-1-Setting als

Einzelförderung). Zudem sind biographische Gesichtspunkte (bspw. Angst des Kindes vor dem Hund) sowie spezifische Folgen der Beeinträchtigung (bspw. motorische Einschränkungen, Verhalten, Kommunikation, Hilfsmittel) in die Interventionsplanung einzubeziehen.
2. *Kontext:* Die Strukturen im Unterricht sowie im Besonderen in den Schulen mit dem SGE unterscheiden sich im Wesentlichen durch die Merkmale *Raum*, *Zeit* und *Personal*:
    - *Raum:* Geringere Klassenstärken (bspw. in der Primarstufe sechs bis sieben Schülerinnen und Schüler) bedeuten auch kleinere Klassenräume, in denen ggf. noch Rollstuhl (und/oder weitere Hilfsmittel) und Pflegebett ebenso wie Küchenzeilen Platz finden müssen. Hier gilt es zu bedenken, dass für den Hund verlässliche und geeignete Rückzugsräume immer zur Verfügung stehen müssen (Stichwort: Raum für das Tier).
    - *Zeit:* Die Flexibilisierung von Zeit ist ein weiteres Strukturmerkmal im SGE, die es günstig zu nutzen und zugleich sorgsam zu beachten gilt: So können einerseits kurze Phasen der Intervention für einzelne Kinder angeboten werden, zugleich sollten längere Phasen ein Zeitfenster von 60 bis 75 Minuten (je abhängig vom Tier, Raum, Temperatur usf.) nicht überschreiten.
    - *Personal:* Team-Teaching schließlich gilt als Standard im SGE, nicht jedoch im Kontext TGI! Hier agiert die Hundeführerin leitend, die Kolleginnen und Kollegen richten ihre Aufmerksamkeit in erster Linie auf das Handeln der Schülerinnen und Schüler (in sozial-emotionaler sowie unterrichtlicher Hinsicht).

> **Praxis**
> **Advokatorische Haltung**
> Somit lässt sich den Lehrkräften im SGE eine besondere Rolle zuschreiben, nämlich die der fürsorglichen Person, die in einer advokatorischen Haltung gegenüber den Schülerinnen und Schüler stets den Blick darauf richtet, ob eine Intervention ggf. auch in Frage zu stellen ist (bspw. bei nicht eindeutigen mimischen Signalen bzw. unklaren lautlichen Äußerungen des Kindes).

> **Praxis**
> **Heterogenität und äußere Differenzierung**
> Dieser Blick auf das einzelne Kind ist wiederum einzubinden in den Klassenkontext (Lerngruppe), der im SGE als überaus heterogen bezeichnet werden kann. Nicht selten werden enorm heterogene Zusammensetzungen

> in einem Klassenverband beschrieben (Baumann et al. 2021), die ggf. das gemeinsame Arbeiten mit dem Hund mit allen Schülerinnen und Schülern der Klasse nicht zulassen. In solchen Kontexten bietet es sich (auch vor dem Hintergrund der in der Regel doppelbesetzten Klasse) an, mit Optionen der äußeren Differenzierung zu arbeiten und eine für Kind *und* Hund geeignete Lerngruppe zusammenzustellen.

Mit Bezug auf die zahlreichen Publikationen zum Schulhundeinsatz (Vernooij & Schneider 2018; Beetz 2021b und 2022; Agsten 2020) sowie die auch o.g. formalrechtlichen Hinweise in den Handreichungen bspw. des Vereins Schulhunde Schweiz, des Vereins Schulhunde Österreich oder der einzelnen Bundesländer in Deutschland (unter anderem Schleswig-Holstein, Nordrhein-Westfalen oder Rheinland-Pfalz) lassen sich übereinstimmende Hinweise zu den Bausteinen eines fundierten Schulhundkonzeptes finden. Diese Bausteine sollen nachfolgend (▶ Tab. 3.1) zusammengeführt und mit weiteren unterrichtspraktischen sowie gesamtschulischen organisatorischen Hinweisen für den SGE ergänzt werden (Schäfer, Schönhofen & Beetz 2022).

Tab. 3.1: 10 Bausteine im Schulhundkonzept (eigene Darstellung)

Baustein	Inhalte (allgemein)	Spezifika SGE und Beispiele
1. Formalia Schule	Angaben zur Schulform, Schulleitung, Kontaktdaten sowie Ansprechpartnerinnen und -partner	Hinweise zum sonderpädagogischen Schwerpunkt (bspw. im Zusammenhang mit dem Schwerpunkt motorische Entwicklung, Lernen, Sprache usf.) Anmerkungen bei Internaten und Heimschulen (bspw. daher weniger Kontakt und/oder Kommunikation zu bzw. mit den Eltern sowie in der Regel umfänglichere Formen der Beeinträchtigung)
2. Formalia Hund	Name des Hundes, Geburtsdatum, Rasse, Besonderheiten, Zucht, Impfdokumentation	Hinweise zum Wesen des Hundes (bspw. ruhig, zutraulich)

Tab. 3.1: 10 Bausteine im Schulhundkonzept (eigene Darstellung) – Fortsetzung

Baustein	Inhalte (allgemein)	Spezifika SGE und Beispiele
3. Ausbildung Mensch-Hund-Team	Pädagogische Ausbildung, Ausbildungsschule, Dauer der Ausbildung, Unterlagen, Zertifikate, Fortbildungen	(Sonder-)Pädagogische Ausbildung der Hundeführerin (hier: ggf. weitere Schwerpunkte bspw. Heilpädagogik, ASS, UK). Spezifische Ausbildungsschwerpunkte Schulhund (▶ Kap. 2 einschließlich »Erste Hilfe beim Hund«) Weitere Fortbildungen (bspw. im Kontext FAS, AD(H)S, auch Epilepsie)
4. Selbstverpflichtung	Der Hundehalter bzw. die Hundehalterin verpflichtet sich gegenüber der Schule zur verbindlichen Einhaltung spezifischer Standards (▶ Konzept und Kap. 3.6)	*Ausbildung* (hier: Teambildung und Lesenkönnen des Tieres, günstige charakterliche Eigenschaften des Tieres) *Hygiene* (zusätzlich: im Kontext Essen und Trinken Hinweise für den Umgang in den Klassen) *Einsatz* (hier: Ganztagsschule und Einsatzzeiten, Heterogenität der Lerngruppe und Altersspanne von 6 bis 19 Jahren)
5. Implementation	Beteiligungsstrukturen (▶ Kap. 3.5)	Klassenteam; in der Regel mehrere Lehrkräfte in einer Klasse (▶ Abb. 3.6)
6. Intentionalität	Ziele des Einsatzes und Beispiele	Sowohl klassenbezogene als auch einzelunterrichtliche Angebote (alleine oder kooperativ) Unterrichtsfachlicher Zugang (bspw. Deutsch, Mathematik, Sachunterricht) Spezifische sonderpädagogische Schwerpunkte (bspw. Wahrnehmung, Sprache und Kommunikation, basale Angebote)
7. Rahmenbedingungen	Einsatzzeiten, Ruhephasen, Rückzug und Tierschutz, Klassenkontext	Berücksichtigung der Einsatzzeiten im Kontext Ganztagsschule (▶ Kap. 3.6) Differenzierungsmöglichkeiten im Klassenteam/kleinere Lerngruppen Möglichkeiten von Pausen (Ruhe und Auslauf) für die Bedürfnisse des Tieres Anzahl der Tiere (Hunde und ggf. weitere Tiere) bei großen Systemen
8. Einsatzbeispiele	Ggf. Besonderheiten im Sinne einer dynamischen Fortschreibung	Schwerpunkte des Einsatzes (Klasse, Einzelunterricht, Kooperationen) Primarstufe, SEK I und II

Tab. 3.1: 10 Bausteine im Schulhundkonzept (eigene Darstellung) – Fortsetzung

Baustein	Inhalte (allgemein)	Spezifika SGE und Beispiele
9. Dokumentation (Einsatz, körperliche Verfassung des Tieres)	Klassenbuch sowie mithilfe des Beobachtungsbogens (▶ Kap. 6.2)	Beim Einsatz in unterschiedlichen Klassen sowohl im Klassenbuch, jedoch zusätzlich in einem eigenen »Logbuch« (siehe oben) Besonders auf Wesensveränderungen des alternden Hundes achten (lässt bspw. die Geduld etwas nach?)
10. Evaluation und Qualitätssicherung	Bspw. durch Feedbackbogen für die Schülerinnen und Schüler, die Lehrkräfte der Klasse, Eltern, Schulleitung Auch: Re-Zertifizierung	Regelmäßige Reflexion im Klassenteam (bspw. im Rahmen der Förderplanung oder Zeugniserstellung) Kommunikation mit Schulleitung über Einsatzzeiten im Ganztag (bei Schuljahres- und/oder Klassenwechsel) Externe Beratung auch durch die Kolleginnen und Kollegen regionaler AG

Die zehn Bausteine in der Tabelle 3.1 sind hier im Sinne von Übersichtlichkeit tabellarisch dargestellt und im Aufbau geordnet, im eigentlichen Schulhundkonzept kann dies aber auch im sogenannten Fließtext mit Überschriften in dieser Reihenfolge dargestellt werden. Für die spezifischen Belange im SGE sollen nachstehend noch übergeordnete Gesichtspunkte genannt werden:

- Sowohl in der Kommunikation mit den Eltern als auch mit dem Klassenteam und Kooperationspartnerinnen und -partnern (bspw. Schulbegleitung, Therapien) bietet es sich an, im Konzept mit Fotos zu arbeiten. Damit können in den einzelnen Kapiteln ggf. abstrakte Hinweise konkretisiert (bebildert) werden (bspw. die Aufteilung des Klassenraums mit Lern- und Ruhezonen in Verbindung mit Küchenbereich und Medienecke) (bspw. zu Punkt 2 und 7 im Konzept). Im Kern geht es in der Konzeptarbeit und der Kommunikation nach außen schließlich darum, dritten Personen (bspw. auch Schulträger, Schulbehörde) intersubjektiv nachvollziehbare Hinweise zum Einsatz des Schulhundes geben zu können.
- Die Verbindung von hundgestützten Interventionen mit konkreten Unterrichtseinheiten (sowohl fachliche Bereiche wie Mathematik als auch weitere Lernfelder wie Mobilität oder Wahrnehmungsförderung) können idealerweise etwas umfänglicher beschrieben werden, um den Leserinnen und Lesern des Konzeptes den unterrichtsfachlichen Zugang für Schülerinnen und Schüler mit intellektueller Beeinträchtigung verdeutlichen zu

können. Auch hier bieten sich Fotos an (bspw. zu Punkt 6 und 8 im Konzept) (▶ Kap. 5.2 und ▶ Kap. 5.3).
- Unterrichtspraktisches Arbeiten und das Wahrnehmen von Lernfortschritten bei Schülerinnen und Schülern mit intellektueller Beeinträchtigung sind immer langfristig und oft über Jahre hinweg ausgerichtet (Schäfer 2017), was gerade in der Bewertung des Punktes 10 (Evaluation und Qualitätssicherung) zu berücksichtigen ist. Wiederholungen von Übungen und wiederkehrende Phasen sind hier nicht per se redundant (oder gar einfallslos), sondern meist wirksame (vertiefende) Momente des Übens und eigenständigen Ausführens sowohl seitens des Kindes als auch des Hundes (Punkt 10 im Konzept) (vgl. hierzu außerdem das ▶ Kap. 3.7 zur Qualitätsentwicklung und Qualitätssicherung).
- Schließlich ist zur Selbstverpflichtung anzumerken, dass der Aspekt der Hygiene (neben den tiermedizinischen Vorgaben für den Hund – regelmäßige Kotproben, Entwurmung usf.) mit Blick auf die Lernenden insbesondere mit umfänglichen Beeinträchtigungen klar umrissen als Standard (stets wiederholend) mit den Schülerinnen und Schülern geübt werden sollte (▶ Kap. 3.6):
  – Trennung von Küchenbereich (bzw. auch dem Frühstückstisch) und Hundedecke oder -box (hier unbedingt die aktuelle Tierschutz-Hundeverordnung TierSchHuV 2021 und dahingehende Regelungen beachten)
  – Reinigen und Waschen der Hände *vor Kontakt* mit dem Hund (zur Vermeidung von Krankheitserregern auf den Hund) und *nach Kontakt* mit dem Hund (zur Vermeidung von Krankheitserregern auf das Kind) (Tier- und Infektionsschutz)
  – regelmäßiges Reinigen und Desinfektion von Lernmitteln (bspw. Zahlenbilder, Holzbuchstaben sowie auch die Hundematerialien wie Zahlenball, Schnuffeldecke usf.) und UK-Materialien (Talker, Tablet, Symboltafeln).

3.5 Implementation

Die Erstellung des Schulhundkonzeptes (▶ Kap. 3.4) muss im Prozess der Entstehung sowie der Fortschreibung als dynamischer Prozess begriffen werden im Zusammenspiel der in Abbildung 3.7 (▶ Abb. 3.7) genannten Personen und Gremien. In diesem Zusammenhang zeichnet sich bundesweit ein nicht immer eindeutiges Bild dahingehend ab, wie die Implementation der

3 Konzept Schulhund

Schulhundarbeit (einschließlich des Konzeptes) nun erfolgen soll bzw. muss (u.a. hierzu Beetz 2021b und Agsten 2020). Weitgehender Konsens besteht über die Publikationen (verwaltungsrechtlich, wissenschaftlich) hinweg darüber, dass die Zustimmung der Schulleitung das entscheidende Kriterium ist (vgl. hierzu bspw. Schleswig-Holstein 2019, 4), die wiederum im Rahmen ihrer Kommunikationsverantwortung die schulischen Gremien in den Entscheidungsprozess einbezieht:

- das *Kollegium* (die Gesamtkonferenz in pädagogischer Hinsicht sowie die Personalvertretung im Sinne personalrelevanter Aspekte)
- die *Eltern* (Elternvertretung – Schulelternbeirat und die Stufenvertretung des Einsatzes des Hundes als unmittelbarer Kontakt)
- *die Schülerinnen und Schüler* (die Vertretung der Schülerinnen und Schüler in den Klassen bzw. der Stufe sowie auf Schulebene).

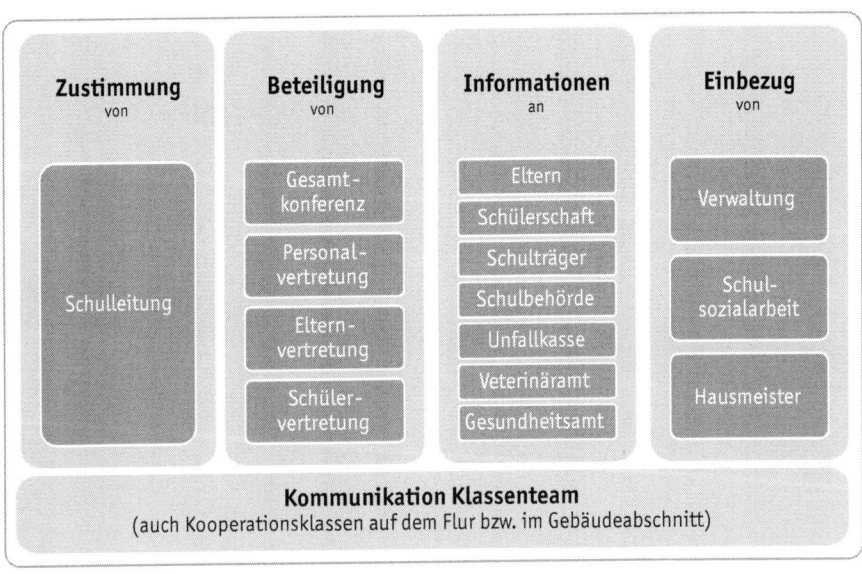

Abb. 3.7: Implementierung – eine Übersicht zu Beteiligung und Information (nach Schönhofen & Schäfer 2020, S. 13) (eigene Darstellung)

Neben dieser Form des Einbezugs durch unmittelbare Beteiligung, gilt es an folgenden Stellen Informationen zum Schulhundeinsatz weiterzugeben:

- *Eltern:* Es bewährt sich, die Eltern und Erziehungsberechtigten der Schülerinnen und Schüler der unmittelbaren Einsatzklasse im Rahmen eines Elternabends über den geplanten Einsatz des Schulhundes einschließlich aller konzeptionellen Überlegungen zu informieren. Dieser Abend bietet auch Raum für Rückfragen sowie Anregungen und Austausch. Die Erfahrungen aus der Praxis im SGE zeigen zweierlei Dinge:
  - Einerseits ist den Eltern der Einsatz eines Hundes (bzw. der Ansatz tiergestützter Interventionen) einschließlich positiver Effekte bekannt und sie begrüßen deutlich den Einsatz.
  - Andererseits kann es verbunden mit einem je individuellen Bedürfnis nach Fürsorge und Schutz des eigenen Kindes (bspw. infolge bereits langer stationärer Therapien und Erfahrungen in der Rehabilitation) zu skeptischen bis ablehnenden Reaktionen kommen. Hier bietet es sich unbedingt an, durch Gespräche Lösungen zu suchen und Konfrontationen zu meiden.

Abb. 3.8: Auszug Schülerzeitung zu den Schulhund-Regeln (eigene Darstellung)

Die Gesamtelternschaft kann idealerweise in Form eines Elternbriefs informiert werden, der sowohl das Mensch-Hund-Team sowie den Einsatz, die

3 Konzept Schulhund

Ziele und konzeptionelle Vereinbarungen vorstellt. Ergänzt werden kann dies durch regelmäßige Berichte in der Schülerzeitung (▶ Abb. 3.8) oder in Form einer Wandzeitung im Flur der Klasse bzw. im Schulhaus, die über aktuelle Neuerung informiert (bspw. Fortbildungen).

• *Schülerinnen und Schüler:* Die Schülerinnen und Schüler können bspw. im Rahmen einer Schulversammlung über den geplanten Einsatz informiert werden (bspw. mit einer PowerPoint-Präsentation). Zugleich können in diesem Rahmen (oder in der nächsten Versammlung) die Regeln vorgestellt werden. Auch in der Schülerzeitung können sich die Klassen dann weitergehend informieren. Hier können bspw. die zentralen »Gebärden rund um den Hund« (hier als Wortkarten) (▶ Abb. 3.9) oder auch die Schulhund-Regeln nochmal visualisiert werden.

Abb. 3.9: Auszug Schülerzeitung: Gebärden zum Schulhund (eigene Darstellung)

• *Schulträger:* Durch die Trägerschaft des Landkreises bzw. der Stadt in Verbindung mit der Verantwortung für das Schulgebäude und das Gelände (Sicherheit und Reinigung) ist es erforderlich, die zuständige Schulabteilung des Trägers über die Schulhundarbeit zu informieren (ggf. kann dies in Verbindung mit dem Veterinäramt in einem gemeinsamen Ortstermin geschehen). Analog zur Einschätzung von Therapien in Schulen begrüßen in der Regel die Schulträger einen geordneten Einsatz eines Schulhundes für Schülerinnen und Schüler mit intellektueller Beeinträchtigung, auch weil sie um die positiven Effekte Tiergestützter Interventionen mittlerweile wissen (Schulen in privater Trägerschaft verfahren in der Regel analog).

- *Schulbehörde:* Den Schulbehörden obliegt die Schulaufsicht, der zufolge dahingehende Veränderungen zu melden sind – insbesondere dann, wenn potentielle Gefahren im Raum stehen (wie bspw. beim Einsatz eines Tieres). Es bietet sich an, im persönlichen Gespräch vor Ort über die Planungen zu informieren. Zur Dokumentation sollte dies anschließend zusammenfassend als Protokoll an die Schulbehörde schriftlich eingereicht sowie in der Schulhund-Akte eingepflegt werden.
- *Unfallkasse:* Insofern die formalen Bedingungen zum Einsatz des Hundes in der Schule berücksichtigt wurden (Genehmigung Schulleitung unter Beteiligung der Gremien usf.) greift die gesetzliche Unfallversicherung der Länder für Schulen (SGB VII, §2 Absatz 1, Nr. 8b). Im Sinne der Vollständigkeit sollte die zuständige Unfallkasse mit einem formlosen Schreiben über den Einsatz des Hundes sowie konzeptionelle Eckpunkte auf dem Dienstweg informiert werden.
- *Veterinäramt und Gesundheitsamt:* Schulen halten gemäß Infektionsschutzgesetz (IfsG) grundsätzlich einen Hygieneplan vor:
  - bspw. Nordrhein-Westfalen: www.lzg.nrw.de/_php/login/dl.php?u=/_media/pdf/service/Pub/krankenhaushygiene/3a_hygieneplan_schulen.pdf
  - Niedersachsen: www.nlga.niedersachsen.de/schule-kindergarten/hygiene-205418.html
  - Sachsen: www.gesunde.sachsen.de/download/Download_Gesundheit/RHPl_Schulen.pdf

  Im Unterpunkt Tierhaltung (bspw. Sachsen 3.4.3) können spezifische Aspekte genannt werden (▶ Kap. 3.6 Selbstverpflichtung; außerdem Agsten 2020, 171) wie bspw.
  - *tiermedizinische Gesichtspunkte* (Impfungen, Wurmkuren und Ektoparasitenprophylaxe usf.)
  - *Handhygiene* für die Schülerinnen und Schüler sowie *Desinfektion*
  - *getrennte Aufbewahrung der Hundeutensilien*
  - *Trennung von Tier- und Küchenbereich* (wichtig im SGE durch die häufige Nutzung der Klassenräume im hauswirtschaftlichen Sinne beim Frühstück bzw. Mittagessen).

Schließlich sei auf die Kommunikation mit dem Klassenteam als einem für den SGE wesentlichen Aspekt (Alleinstellungsmerkmal) hingewiesen (▶ Abb. 3.7). In nahezu keiner anderen Schulform kann von einer so intensiven Personaldichte berichtet werden wie in der Schule mit dem sonderpädagogischen Schwerpunkt Geistige Entwicklung, die für die differenzierte Gestaltung von Erziehung und Unterricht im Kontext enormer Heterogenität von zentraler Bedeutung ist (weiterführend Fischer 2019). Für den Einsatz des Schulhundes bedeutet dies jedoch zugleich, dies insbesondere mit dem Team (ggf. auch kooperierenden Klassen) vorab und im Detail abzustimmen, um von Beginn an mit einer positiven Grundhaltung starten zu können.

3.6 Selbstverpflichtung

Mit der sogenannten Selbstverpflichtung werden »Vorgaben für den Schulhundeinsatz gemacht, die eine Selbstkontrolle ermöglichen und erheblich zu einer professionellen hundgestützten Arbeit in der Schule beitragen« (Beetz 2021a, 41). Die sogenannte *freiwillige Selbstverpflichtung* wurde erstmals von Nickel, Agsten & Ford (2008) für den deutschsprachigen Raum vorgelegt mit dem »Ziel einer Standardisierung der Schulhundarbeit« (Schönhofen & Schäfer 2020, 14). In erster Linie sind als Entstehungshintergrund die fehlenden schulrechtlichen Vorgaben zu nennen, sodass durch diese Form der Vereinbarung zunächst geeignete Grundlagen für den geordneten Schulhundeinsatz gefunden werden konnten.

Mittlerweile zeichnet sich nun in den Bundesländern unabhängig von der Schulform ein Auflösen der Freiwilligkeit ab – verbunden mit dem Einfordern der Selbstverpflichtung als verbindliche Grundlage für den Schulhundeinsatz durch die Bildungs- bzw. Kultusministerien (bspw. Schleswig-Holstein 2019 bzw. für die Schweiz VSHS 2020). Damit ist die Selbstverpflichtung zugleich ein verbindlicher Bestandteil des Schulhundkonzeptes und gliedert sich im Wesentlichen in die Punkte Ausbildung, Hygiene und Einsatz (siehe Infokasten):

Selbstverpflichtung

- *Ausbildung* (respektvoller Umgang mit dem Hund, Ausbildung im Team Hund/Hundeführerin, Grundgehorsam und/oder Hundeführerschein, gute Teambildung, bestimmte charakterliche Eigenschaften des Tieres,

Kenntnisse der Körpersprache Mensch-Hund, Weiterbildung mit Angeboten hundgestützter Pädagogik)
- *Hygienebestimmungen* (tiermedizinisches Attest zur Allgemeinverfassung, regelmäßige Entwurmung, strikte Trennung von Essensbereichen sowie Möglichkeiten der Handhygiene und Desinfektion) (vgl. außerdem hierzu die spezifischen Aspekte in ▶ Kap. 4.2)
- *Einsatz* (Einsatz im Team Hund/Hundeführerin, ungestörter Rückzug, Ritualisierung des Einsatzes für die einzelnen Schülerinnen und Schüler sowie für die Klasse, individuelle Anpassung des Einsatzes an Schule, Schülerinnen und Schüler sowie Lehrkräfte, Tierhalterhaftpflicht).

Einige Vorgaben bzw. auch Hinweise der Länder (bspw. Agsten 2020; Rheinland-Pfalz o.J.) gliedern noch etwas mehr, eine übersichtliche Vorlage bietet der »Leitfaden Hundgestützte Pädagogik in der Schule« des Vereins Schulhunde Schweiz (VSHS 2020, 20f.) (▶ Abb. 3.10 und ▶ Abb. 3.11).

Schließlich sind neben Österreich auch erste Bundesländer zu nennen, die jenseits der Vorlage der Selbstverpflichtung durch die Hundeführerin gegenüber der Schule ein eigenes Regelwerk vorlegen, das die Rahmenbedingungen des Einsatzes von der Implementierung bis zu den Aspekten der Aus- und Weiterbildung, der Dauer des Einsatzes sowie der Hygienebestimmungen festlegt.

- *Hessen:* So beschreibt bspw. der Aufsatz zum »Einsatz von Schulhunden im Unterricht« im Periodikum der hessischen Schulverwaltung (Nr. 12/2013, 340ff.) nach der Darlegung der allgemeinen rechtlichen Grundlagen (u.a. HundeVO, RiSU KMK, IfSG, SGB VII, BGB) die Mindestanforderungen an ein Schulhundkonzept mit den Eckpunkten Schule, Lehrkraft und Hund (Hessen 2013).

  Das Merkblatt des staatlichen Schulamtes für den Main-Kinzig-Kreis (Hessen 2015) komplettiert im Detail mit Regelungen und Beschlussvorgaben sowie Haltungs- und Hygienebedingungen die Verwaltungsvorgaben, wodurch letztendlich das bisherige Vorgehen in Verbindung mit einer Selbstverpflichtung nicht mehr notwendig ist.
- *Nordrhein-Westfalen:* Mit der sogenannten »Kleine[n] Handreichung – Rechtsfragen zum Einsatz eines Schulhundes« (NRW 2015) legt das Ministerium für Schulen und Wissenschaft des Landes Nordrhein-Westfalen Regeln für den Schulhundeinsatz vor, die sich folgendermaßen gliedern (die Vereinbarung über eine weitere Selbstverpflichtung ist nicht vorgesehen):

3 Konzept Schulhund

Leitfaden | Hundegestützte Pädagogik in der Schule — Schulhunde Schweiz

Selbstverpflichtung

Die Selbstverpflichtung des «Verein Schulhunde Schweiz» ist ein notwendiges Element für die Qualitätssicherung der eigenen Arbeit als Aktiv-Mitglied. Mit der Unterzeichnung und Einhaltung beweist das Aktiv-Mitglied sein Möglichstes für eine fachgerechte hundegestützte Pädagogik in der Schule (HuPäSch) zu tun.

Umgang mit dem Hund
- Der Umgang mit dem Hund hat liebe- und respektvoll zu erfolgen. Eine freundliche Beziehung und Teambindung müssen gegeben sein. Der/die HH muss die Kompetenz besitzen, Stress bei sich, den Kindern und dem Tier zu erkennen und muss in der Lage sein, den Hund aus Stress- und Belastungssituationen sofort herauszuholen.
- Sozialisierung und Ausbildungen der angehenden Schulhunde erfolgen immer in dem Team Hund/HH, bei dem der Hund als „Familienmitglied" art- und tierschutzgerecht im Haushalt lebt.
- Ein Grundgehorsam und eine freundliche Beziehung zwischen Hund und HH sind neben bestimmten charakterlichen Eigenschaften des Hundes Grundvoraussetzung für die spezielle Qualifikation des Hundes.

Ausbildung
- Die/der HuPäSchler/in ist ausgebildete/r Pädagog/in.
- Die/der HuPäSchler/in hat sich in mindestens einem der folgenden Themen weitergebildet (hier ist nicht Literaturarbeit gemeint) und reicht den Nachweis vor der Aufnahme als Aktiv-Mitglied beim VSHS ein:
hundegestützten Pädagogik (Therapie, Fördermassnahmen), Bissprävention, Mensch-Hund-Beziehung, Mensch-Tier-Beziehung, Hundeausbildung.
- Die/der HuPäSchler/in hospitiert mindestens einmal pro Jahr bei einem anderen Aktiv-Mitglied und reicht das entsprechende Formular im selben Kalenderjahr ein.

Einsatz
- Der Einsatz des Schulhundes findet nach Genehmigung durch die Schulleitung (ggf. auch anderer Organe der Schulbehörde) statt, weshalb selbige diese Selbstverpflichtung zu unterschreiben haben.
- Die Eltern der Kinder sind -im Rahmen einer Informationsveranstaltung/Elternabend- informiert und haben die Möglichkeit die Lehrperson über allfällige Allergien und/oder besondere Ängste des Kindes zu orientieren. Das Einladungsschreiben zu dieser Veranstaltung wird ebenfalls vor Aufnahme als Aktiv-Mitglied beim VSHS eingereicht.
- Der Einsatz des Hundes in der Schule erfolgt immer freiwillig und muss dessen Bedürfnissen sowie denen von Schüler/innen und Pädagogen angepasst ablaufen.

www.schulhunde-schweiz.ch welcome@schulhunde-schweiz.ch 29

Abb. 3.10: Selbstverpflichtung VSHS 2020, S. 29

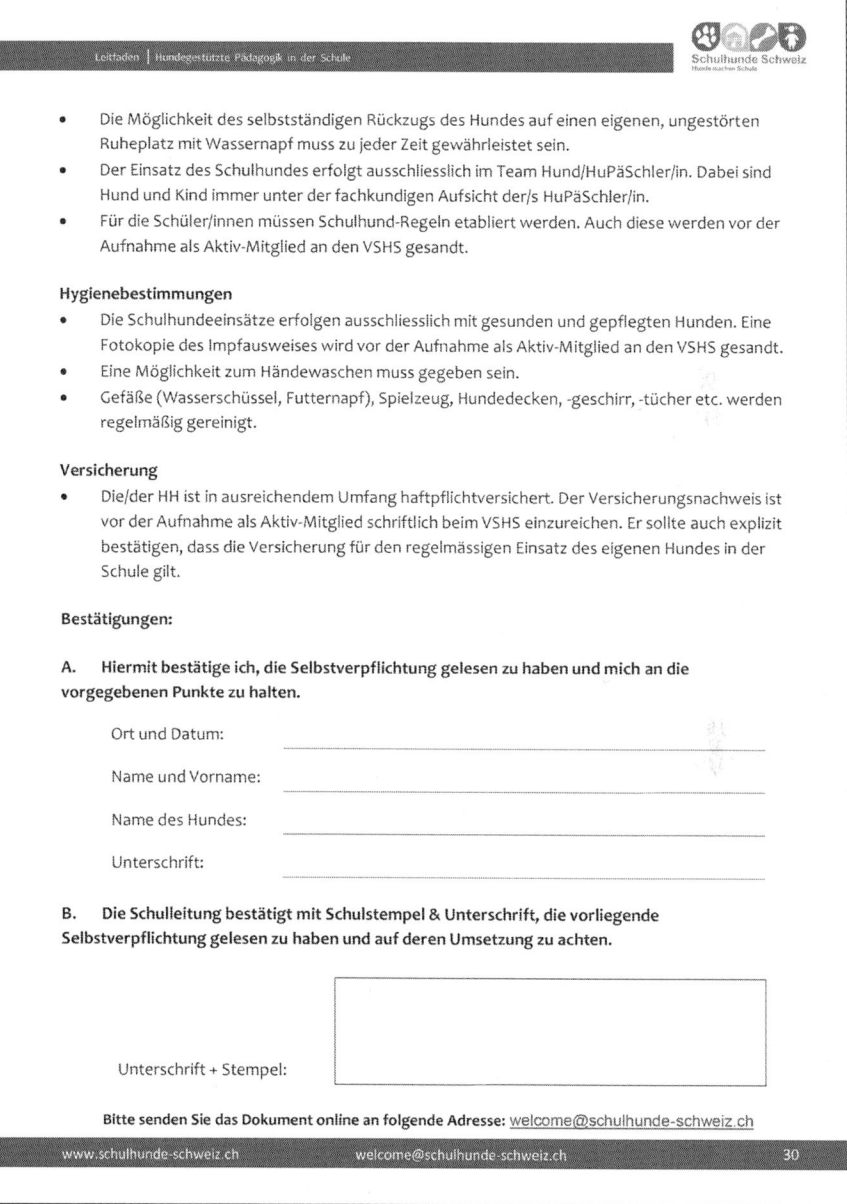

Abb. 3.11: Selbstverpflichtung VSHS 2020, S. 30

3 Konzept Schulhund

– Genehmigung des Schulhundes (Entscheidung durch die Schulleitung sowie Informationen an die Gremien)
– Befähigung des Hundes/der Hunde führenden Person
– Räumlichkeiten in der Schule
– Sicherheit und Hygiene im Unterricht sowie Tierschutz (mit Verweis auf die RiSU der KMK)
– Versicherung (Unfallversicherung und Haftpflicht).

- *Österreich:* Durch die Handreichung des Bundesministeriums für Bildung und Frauen (BMBF 2014) gibt Österreich bundeslandübergreifend klare »Hinweise zu Tieren in der Schule« und mit genanntem Leitfaden konkret für den Einsatz von Hunden in der Schule. Nach einer einleitenden Darlegung zentraler Effekte tiergestützter Interventionen (Kapitel 1 bis 4) sowie einer Beschreibung der Einsatzmöglichkeiten (Präsenzhund, Besuchshund, Therapie- und Assistenzhund in Kapitel 5) werden in Kapitel 6 die »Richtlinien für den Einsatz von Präsenzhunden« (10 ff.) differenziert dargelegt:
  – Grundvoraussetzungen (Pädagogik und Eignung des Hundes) (6.1)
  – Einverständnis und Information (6.2)
  – Pädagogische Grundsätze und Sicherheit (6.3)
  – Einsatzort Schule und Klasse (6.4)
  – Dauer und Frequenz des Einsatzes (6.5)
  – Schulveranstaltungen (6.6).

Anforderungen an die Ausbildung der Hundeführerinnen und -führer sowie an die Ausbildung des Hundes finden sich in den Kapiteln 8 und 9.

Praxis
Fazit: Selbstverpflichtung als Verbindlichkeit
Die sogenannte Selbstverpflichtung (und zwar ganz losgelöst davon, ob sie in den Verwaltungsvorschriften nun vorgesehen ist oder nicht) kann dazu dienen, konzeptionelle Überlegungen auf schriftlicher Basis festzuhalten und auch bei bspw. Schulleitungswechsel, Vertretungsregelungen oder weiteren personellen und/oder räumlichen Veränderungen auf Vereinbarungen (auch als Bestandteil des Schulhundkonzeptes) zurückgreifen zu können (▶ Kap. 3.4 und 3.5). Damit dient sie umso mehr und in einem weitaus übergeordneten (und verlässlichen) Sinne der Professionalisierung der Schulhundarbeit vor Ort.

Praxis
Selbstverpflichtung im Kontext SGE

Losgelöst davon, ob es sich nun um ministerielle Vorgaben handelt (bspw. Hessen 2013 und 2015) oder um lose Hinweise zur sogenannten Selbstverpflichtung zwischen der hundeführenden Person und der Schule, verstehen sich diese Regelungen grundsätzlich als selbstverständlich für den Unterricht bei Schülerinnen und Schülern mit intellektueller Beeinträchtigung. Mit Blick auf die meist besonderen Bedarfslagen innerhalb einer heterogenen Schülerschaft im SGE ist es außerdem empfehlenswert, neben den Hinweisen im Konzept in den Gliederungspunkten eigene Hinweise wie folgt vorzusehen:

- *Ausbildung:* In dieser Rubrik sollten die spezifischen Ausbildungskontexte der Hundeführerin beschreiben werden wie bspw. Facultas Lehramt (Pädagogik bei intellektueller Beeinträchtigung), sonder- bzw. heilpädagogische Zusatzausbildungen, spezifische Fortbildungen bspw. in TEACCH, Unterstützte Kommunikation, Basale Stimulation, zu bestimmten Syndromen (bspw. FAS, ADS usf.), Psychomotorik usf. sowie auch spezifische Aus- und Weiterbildungen im Team Mensch-Hund (bspw. »Lesen des Hundes«, um besonders anspruchsvolle Kind-Hund-Konstellationen identifizieren zu können).
- *Hygienebestimmung:* Besonders die hauswirtschaftlichen und lebenspraktischen Unterrichtsbausteine gilt es hier in den Blick zu nehmen und im Zusammenhang mit hygienischen Standards gesonderte Hinweise anzuführen (bspw. der feste Platz des Hundes in der Klasse und Regelungen im Zusammenhang mit Mahlzeiten in der Klasse). Zudem sollten unter hygienischen Gesichtspunkten noch Hinweise zur Reinigung von Flächen und/oder Gegenständen erfolgen, die in der Intervention zum Einsatz kommen (Zuständigkeiten, Desinfektionsmittel, Aufbewahrung).
- *Einsatz:* Hier sollten insbesondere auf die Ritualisierung des Einsatzes und die für Schülerinnen und Schüler sowie für den Hund angemessene Berücksichtigung in der Stundenplangestaltung geachtet werden. Gerade bei jüngeren Kindern mit intellektueller Beeinträchtigung empfehlen sich bei Interventionen im unterrichtsfachlichen Kontext (bspw. Mathematik) aus Gründen der Konzentration und Aufmerksamkeit eher kürzere Phasen, wohingegen der regelmäßige Unterrichtsgang im Wald mit dem Schwerpunkt Bewegung oder Sachunterricht etwas ausgedehnter sein kann (bspw. 45 bis 60 Minuten). Besondere Hinweise zum Einsatz (Rahmen, Zeiten) werden in ▶ Kap. 5.4 »Wandertage und Klassenfahrten« angeführt.

3.7 Qualitätsentwicklung und Qualitätssicherung

Hinweise zu Schulhundkonzepten berücksichtigen immer Gesichtspunkte der Evaluation der Schulhundarbeit sowie wesentliche Merkmale der Qualitätsentwicklung und -sicherung (bspw. Wohlfarth 2018 und für den SGE Schäfer, Schönhofen & Beetz 2022), jedoch sind dahingehende Hinweise trotz eines wachsenden Bewusstseins für die Notwendigkeit von Evaluation und Qualitätsentwicklung insgesamt »eher als unsystematisch und halbherzig« zu bezeichnen (Waschulewski 2015, 281).

Als einen möglichen Grund für diese qualitative Leerstelle führen Wohlfarth, Mutschler & Bitzer (2011) u. a. »ein sehr heterogenes Spektrum an Interventionen, Zielgruppen und Arbeitsfeldern« an (ebd., 294), wodurch die Entwicklung konzeptioneller Strukturen auch über die Grenzen der *Disziplinen* (Pädagogik, Psychologie, Therapie) und *Ansätze* hinweg erschwert wird (Tiergestützte Aktivität TGA, Tiergestützte Förderung TGF, Tiergestützte Pädagogik TGP, Tiergestützte Therapie TGT) (Vernooij & Schneider 2018, 29 ff.).

Um diesem Phänomen entgegenzusteuern verbunden mit dem Umdenken hin zu einer stärkeren Professionalisierung von TGI, wurde 2014 von den beiden Dachverbänden ISAAT und ESAAT (siehe Abkürzungsverzeichnis) der Leitfaden »Qualitätsentwicklung und Qualitätssicherung in der Praxis tiergestützter Interventionen« herausgegebenen (Wohlfarth & Olbrich 2014).

Weiterführende Literatur

Waschulewski, U. (2015): Wie kommt das Tier ins Inventar? Oder: Von den Schwierigkeiten der Dokumentation und Evaluation tiergestützter Interventionen im Bereich Schule. In: Sonderpädagogische Förderung heute 3 (60) 269–295.
Wohlfarth, R. (2021): Qualitätsstandards als Rahmenbedingungen. In: Beetz, A., Riedel, M. & Wohlfarth, R. (Hrsg.): Tiergestützte Interventionen. Handbuch für die Aus- und Weiterbildung. München: Reinhardt. 53–66.

Quellen und Hinweise Internet (Leitfaden online)
Wohlfarth, R. & Olbrich E. (2014): Qualitätsentwicklung und Qualitätssicherung in der Praxis tiergestützter Interventionen. Wien, Zürich: ESAAT und ISAAT. (www.tiergestuetzte.org/fileadmin/Redaktion/Dokumente/Broschuere_zur_Qualitaetsicherung.pdf)

Wohlfarth (2021) äußert sich zur Notwendigkeit und Begründung von Qualitätsstandards im Kontext TGI im Allgemeinen folgendermaßen:

- Standards dienen als Planungs- und Durchführungsgrundlage qualitativ hochwertiger Projekte (und damit zugleich als Abgrenzung von ungeplanten, spontanen und somit nichtprofessionellen Einsatzformen!).
- Sie können nutzbar gemacht werden zur Begründung und Beurteilung des Vorhabens (bspw. gegenüber Schulleitung bzw. übergeordneten Behörden) sowie möglichen Vergleichen (bspw. mit anderen Schulen).
- Sie dienen der sachlichen Kommunikation gegenüber Dritten und richten sich nach außen (bspw. gegenüber dem Kollegium, dem Schulträger, der Schulbehörde).
- Sie stellen einen wesentlichen Baustein eines professionellen Selbstverständnisses der Tiergestützten Intervention dar.
- Standards sind eine effektive und kontrollierbare Grundlage für den konkreten Tierschutz (ebd., 55 f.).

Ergänzend ist festzustellen, dass damit auch zugleich der wissenschaftliche Diskurs vorangebracht werden kann (bspw. mit Studien zum Schulhundeinsatz aufgrund vorab kommunizierter Zielstellungen der Intervention), wenn eine Orientierung an Strukturmerkmalen erfolgt, die sich innerhalb der nachstehenden Qualitätsdimensionen bewegen (Wohlfarth, Olbrich & Baumeister 2014, 156 ff.). Weitere und spezifische Hinweise zur Schulprogrammarbeit und Qualitätsentwickelung im SGE nennen Schäfer & Rittmeyer (2019): In Bezug auf die Schulhundarbeit sind hier im Besonderen zu betonen

- die Bedeutsamkeit einer offenen, dauerhaften Kommunikation mit den beteiligten Akteurinnen und Akteuren
- sowie die langfristig ausgerichtete und nachhaltig gestaltete Programmarbeit
- einschließlich innerer (bspw. im Klassenteam) und äußerer Prozesse der Evaluation (bspw. gemeinsam mit der Hundetrainerin und regionalen Arbeitskreisen).

Nachstehend sollen die o.g. Qualitätsdimensionen im Überblick und mit Bezügen sowohl zum Schulhundeinsatz als auch im Kontext intellektuelle Beeinträchtigung kurz beschrieben werden (▶ Kap. 3.7.1 ff.).

3.7.1 Planungsqualität (Konzeption)

In der Dimension der Planung sind alle Dinge zu beschreiben, die das anvisierte Schulhund-Projekt beeinflussen (insbesondere Tier, Mensch, Team,

Raum, Zeit, Finanzen), um die Wahrscheinlicht der Umsetzung abzubilden. Im Anhang 2 des Leitfadens findet sich zusätzlich ein »Dokumentationsbogen Qualitätssicherung für die Planung von Projekten in der tiergestützten Arbeit« (Wohlfarth & Olbrich 2014, 41 ff.).

> **Praxis**
> **Schulhund im SGE – Planungsqualität**
> Neben der Beschreibung von Verantwortlichkeiten, Zeiten und Finanzen wird hier der Beschreibung der inhaltlichen Schwerpunkte (des zentralen Anliegens der TGI) große Bedeutung beigemessen, also der Fragestellung (hier ergänzt mit Aspekten aus der Arbeit im SGE),
>
> - welche *Ziele* (bspw. Kooperation und dahingehende Kompetenzen)
> - sollen mit welcher *Personengruppe* (bspw. Primarstufe)
> - unter Verwendung welcher *Methoden* (bspw. Gruppenarbeiten)
> - in welcher *personellen Konstellation* (bspw. innerhalb der eigenen Klasse mit einer definierten Lerngruppe)
> - in welchen *Räumen* (bspw. Differenzierungsraum der Klasse)
> - nach *Information* an welche Personen (Eltern)
> - und unter Berücksichtigung weiterer Einflussfaktoren (Tier, Mensch, Beeinträchtigungsformen) umgesetzt werden?
>
> Neben der grundsätzlichen Frage der Intentionalität (▶ Kap. 5) sowie der Schülerorientierung im Zusammenhang auch mit einer heterogenen Schülerschaft im SGE (KMK 2021; Baumann et al. 2021) sind hier gerade im Planungsprozess die personellen und räumlichen Bedingungen bspw. mit folgenden Fragen in den Blick zu nehmen:
>
> - Bietet die personelle Ausstattung (mit kontinuierlicher Doppelbesetzung) sowie das kollegiale Miteinander (gewohnte und gewachsene Kooperationsformen, keine personalen Spannungen) in der Klasse eine günstige Ausgangsbedingung für das Vorhaben?
> - Ist der Klassenraum geeignet bzw. gibt es gute räumliche Alternativen, die dem Hund im Rahmen der Intervention bspw. auch kontinuierliche Rückzugsmöglichkeiten bieten können?
>
> Neben diesen mehr grundsätzlichen Fragestellungen (auch in der Betrachtung auf die kommenden Schuljahre) ist natürlich die aktuelle Klassensituation in den Blick zu nehmen bspw. mit der Fragestellung, ob im

angedachten Schuljahr sich eher der Klassenunterricht (innere Differenzierung im Team-Teaching) oder ein einzelunterrichtliches Angebot anbietet (äußere Differenzierung).

3.7.2 Strukturqualität (Voraussetzungen und Bedingungen)

Die Dimension der Strukturqualität (Wohlfarth & Olbrich 2014, 10 ff.) beschreibt im Wesentlichen folgende Aspekte und bietet damit bereits eine erste Grundlage der entsprechenden Unterpunkte im Konzept:

- *Personale Voraussetzungen* (berufliche Qualifikation der Hundeführerin sowie kontinuierliche Weiterbildungen zur tiergestützten Pädagogik) (ebd.)
- *Eignung* und *Ausbildung* des Tieres (ebd., 12)
- *Verhaltensbeobachtung* durch Expertinnen und Experten als Grundlage des Einsatzes von Tieren in der TGI (bspw. durch die Hundetrainerin der anstehenden Ausbildung) (ebd., 15)
- *Haltung* (zu Hause) und *Beförderung* des Tieres zur Schule (ebd., 17 f.)
- *Versicherung* und *Recht* (ebd., 18).

Praxis
Schulhund im SGE – Strukturqualität
In dieser Dimension sind für den Einsatz im SGE im besonderen Maße die ersten beiden Aspekte zu nennen:

- Bedeutsam ist hier die sonderpädagogische Qualifikation für den SGE (neben dem Studium sowohl durch fundierte berufliche Erfahrungen in diesem Feld als auch durch sonderpädagogische Zusatzqualifikationen bspw. bei Erzieherinnen und Erziehern), um sich mit einer entsprechenden Handlungssicherheit im Unterrichtsgeschehen bewegen zu können. Je umfänglicher die Beeinträchtigungen selber sowie die Heterogenität im Klassenkontext sind, desto komplexer und anspruchsvoller wird der Planungs- und Gestaltungsprozess von Erziehung und Unterricht (Fischer 2008; Schäfer 2017).
- Neben der grundsätzlichen Fragestellung der Eignung des Hundes im sozialen Umfeld der Schule sollte auf die Verhaltensbeobachtung in diesem spezifischen Setting (Kinder und Jugendliche mit intellektueller Beeinträchtigung) geachtet werden (Wohlfarth & Olbrich 2014, 15). Damit können die ganz individuellen Wesensmerkmale und Befindlich-

keiten des Hundes in der Intervention <u>vorab</u> in den Blick genommen werden (Beetz 2022), wie bspw. die Reaktion des Tieres auf plötzliche Lautstärke/Schreien (ASS), impulsive Bewegungen/motorische Störungen, Epilepsie und Anfallsleiden, Syndrom-spezifische Merkmale (bspw. Stereotypen wie schaukelnde oder wippende Bewegungen), unterschiedliche Hilfsmittel und Geräte (bspw. Rollstuhl, Talker).

Erst wenn diese beiden strukturellen Voraussetzungen dauerhaft und verlässlich überprüft und für tragfähig befunden wurden, kann über TGI im SGE nachgedacht sowie die weiteren Schritte eingeleitet werden (Schulhundausbildung und Konzeptarbeit) (Schäfer, Schönhofen & Beetz 2022).

3.7.3 Prozessqualität (Beschreibung und Dokumentation)

In der Dimension der Prozessqualität werden die konzeptionellen und methodischen Überlegungen sowie intentionale Planungs- und Dokumentationsmerkmale in folgender Gliederung abgefragt (Wohlfarth, Olbrich & Baumeister 2014):

- Konzeption und Methoden
- Indikatoren
- Klienten
- Ziele der Arbeit
- Screening, Basis und Verlaufsdokumentation
- Mensch-Tier-Beziehung
- Hygiene
- Risikobewertung und Risikomanagement.

Praxis
Schulhund im SGE – Prozessqualität
Für die Darlegung der Prozessqualität sind für den Einsatz im Unterricht mit Schülerinnen und Schüler mit intellektueller Beeinträchtigung gleich drei Aspekte von besonderer Bedeutung, nämlich (1) die Orientierung an den Schülerinnen und Schülern (Klienten), (2) die Darlegung der unterrichtlichen Zielstellungen (Ziele der Arbeit) und (3) der Zugang der Kinder und Jugendlichen zum Schulhund (Mensch-Tier-Beziehung).

1. Gerade im sonderpädagogischen Setting werden neue (innovative) Methoden und Praktiken (wie eben auch der Einsatz des Schulhundes) gerne offen, jedoch nicht selten ungeprüft im Hinblick auf das eigene System (Schule vor Ort) und den eigenen Kontext (die eigene Klasse) sowie den eigenen Hund eingesetzt. Das Qualitätsmerkmal »Klienten« zielt auf die Fragestellung ab, ob und inwiefern die Schülerinnen und Schüler der Klasse den Einsatz des Hundes überhaupt zulassen und wünschen (bei Allergien auch können). Hierbei ist insbesondere der Personenkreis zu beachten, der möglicherweise infolge fehlender Lautsprache oder unzureichender kognitiver Möglichkeiten keine eindeutigen Äußerungen geben kann. Differenzierte Beobachtungen (bspw. der Mimik, der Gestik, ggf. zustimmende oder ablehnende Lautierung) der Schülerinnen und Schüler in einer strukturierten, gut begleiteten Interaktion mit dem Hund können hier wertvolle Hinweise geben. Videografische Analysen und Dokumentation sowie Rückfragen an die Eltern komplettieren die Erkenntnisse und runden das Bild ab.
2. Ein wesentliches Merkmal von Unterricht ist die Intentionalität, also ein zielgerichtetes Unterrichtshandeln mit zuvor festgelegten Frage- und Zielstellungen. Im Sinne professioneller Schulhundarbeit gilt dies für die Hundgestützte Intervention sowohl im Klassenunterricht also auch in einzelunterrichtlichen Sequenzen. Für den Einsatz im SGE soll dies im besonderen Maße reklamiert werden, um die vielfältigen Effekte der Intervention im Bezug zu klar und konkret ausgearbeiteten Zielen unterrichtswirksam nutzen zu können (Stichwort SMART-Ziele). Auch wenn im einführenden ▶ Kap. 1 positive Effekte schon allein durch die Präsenz des Hundes beschrieben werden konnten, würden ohne klare Zielstellungen wertvolle Ressourcen der Schulhundarbeit verloren gehen wie bspw. beim *Lesen* (Heyer & Beetz 2021), *Mathematik* (Schönhofen & Schäfer 2022) bei der *Konzentrationsförderung* (Hediger & Beetz 2021) oder Übungen zur *Zusammenarbeit und Kooperation* (Schönhofen & Schäfer 2020).
3. Schließlich geht es in der Mensch-Tier-Beziehung u.a. auch um klare Verhaltensregeln der Klientinnen und Klienten bzw. in diesem Fall Schülerinnen und Schüler mit dem Hund (Wohlfarth 2021). Dieser Aspekt adressiert unmittelbar an die Regeln im Umgang mit dem Schulhund mit dem Ziel klarer Absprachen sowohl im Setting der Klasse als auch im gesamtschulischen Rahmen. Aus der Praxis heraus ist festzustellen, wie wichtig es ist, dass die Kinder und Jugendlichen im SGE durch die Regeln, die im Schulhaus präsent sind, kontinuierlich und deutlich auf den an-

gemessenen Umgang mit dem Hund hingewiesen bzw. an diesen erinnert werden (unterstützt mit Bildmaterial und in einfachen Worten) (▶ Kap. 4.6.1).

3.7.4 Ergebnisqualität (Evaluation)

Wohlfarth & Olbrich (2014) nennen folgende Kriterien, die zur Beurteilung der Ergebnisqualität als wertvoll zu erachten sind:

- *Zielerreichung* (auch mit Blick auf die Teilziele)
- *Zufriedenheit* (in Bezug sowohl auf die Adressatenseite, aber auch aus Sicht der Fachkraft der Intervention)
- *Emotionale Entlastung* (zu beobachtende Entlastungsmomente im Bereich der Emotionalität sowohl Freude aber auch Ärger usf.)
- *Erweiterung und Flexibilisierung des Handlungsrepertoires* (Zunahme an Handlungskompetenzen?)
- *Bewusstseins- und Verantwortungszunahme* (Ist die Bereitschaft zur Verantwortungsübernahme gewachsen?)
- *Einstellungsänderungen* (Können durch veränderte Einstellungen Lösungswege gefunden werden?)

Zur Dokumentation werden folgende methodische Hinweise gegeben: subjektive Aussagen der beteiligten Personen (Lernende und Lehrkräfte), Verhaltensbeobachtung sowie standardisierte Fragebögen (ebd., 25). Zur qualitativen Beurteilung der (in diesem Falle Hundgestützten) Intervention geben die Autoren des Leitfadens schließlich den Hinweis,

- zunächst auf der Grundlage des Beurteilungsbogens (Anhang 1: Leitfaden für die Qualitätssicherung in der Praxis tiergestützter Interventionen) (ebd., 27 ff.) in kollegialer Intervision zu reflektieren
- und dann in einem nächsten Schritt eine externe Einschätzung hinzuzuziehen (nachgelagert kann eine Zertifizierung angestrebt werden).

Praxis
Schulhund im SGE – Ergebnisqualität
Während sich die genannten Bereiche auf den allgemeinen Einsatz TGI beziehen (bspw. Ergotherapie oder klinische Settings), gilt es im Unterricht bei Schülerinnen und Schülern mit intellektueller Beeinträchtigung die

langfristig angelegte Lern- und sehr individuelle Persönlichkeitsentwicklung zu berücksichtigen, die eine sogenannte Outputorientierung im Sinne von Messungen und den Einsatz standardisierter Erhebungsverfahren ausschließt. Kennzeichen und Qualitätsmerkmale guter Interventionen richten ihren Blick daher mehr auf die Input- und Prozessqualität (Schäfer & Rittmeyer 2019). Dennoch dürfen natürlich Fragen dahingehend und mit Blick auf die Auswirkungen der Intervention im Zusammenhang mit der ursprünglichen Zielstellung gestellt werden wie bspw.:

- Ob den Kindern und Jugendlichen die Interventionen grundsätzlich zusagen und sie gerne bei der Sache bleiben (mit etwas Erfahrungshintergrund können dies Lehrkräfte gut einschätzen)?
- Ob die Hundgestützte Intervention in fachlichen Fragen geeignete Zugänge bietet (bspw. in der Mathematik, in Deutsch) und sich somit wiederum Lernfortschritte erkennen lassen (also mit Bezug zur Zielstellung)?
- Ob der Umgang mit den Regeln mit dem Hund auch Effekte im allgemeinen Verhalten im Klassenverband erkennen lassen oder auch
- ob sich Effekte in Bezug auf die individuelle Entwicklung erkennen lassen (bspw. Selbstsicherheit)?

Durch die Zusammenarbeit im Team ist die oben angesprochene gemeinsame Einschätzung (Intervision) von zentraler Bedeutung, um auf diese Weise in einem kontrollierten Setting (nicht »zwischen Tür und Angel«) die wertvollen Rückmeldungen des Klassenteams sowie ggf. weiterer Kooperationspartnerinnen und -partner in den Prozess der Qualitätssicherung und Evaluation einbeziehen zu können. Methoden der schriftlichen und videografischen Analyse und Dokumentation können hier geeignet genutzt werden. In einem weiteren Schritt (zeitlich synchron ggf. auch nachgelagert) gibt der externe Blick nochmal ein objektives Feedback, auch um Gefahren der sogenannten »Betriebsblindheit« ausschließen zu können.

- Sowohl Mitglieder der Schulleitung können hier als kritische Beobachterin und Beobachter fungieren
- als auch im besonderen Maße qualifizierte Hundetrainerinnen und -trainer, die im Rahmen regelmäßiger Weiterqualifizierung der hundeführenden Person ohnehin im Kontakt mit dieser stehen.
- Schließlich können sich auch die Mitglieder der regionalen Arbeitsgruppen der »Arbeitskreise Schulhund« der Länder auf der Grundlage

des Leitfadens (Wohlfarth & Olbrich 2014) sowie des vorliegenden individuellen Schulhundkonzeptes als Supervisionsgruppe einbringen.

4 Methodik und Organisation

Die nachfolgenden Darstellungen leiten sich aus den konzeptionellen Arbeiten in Kapitel 3 ab und geben auf der Grundlage sowohl unterrichtspraktischer Erfahrungen als auch fachwissenschaftlicher und disziplinärer Erkenntnisse im SGE konkrete Hinweise und Anregungen zu methodischen, organisatorischen sowie rechtlichen Fragestellungen (Schönhofen & Schäfer 2020; Schäfer & Beetz 2022). Folgende Aspekte finden hier Berücksichtigung:

- Kommunikation und Dialog mit den Eltern (▶ Kap. 4.1)
- Hinweise zu Hygienestandards (▶ Kap. 4.2)
- Tierschutzrechtliche Gesichtspunkte (▶ Kap. 4.3)
- Raumfragen und Ruhezonen (▶ Kap. 4.4)
- Hinweise zur Stundenplan- und Unterrichtsgestaltung in Bezug auf die Schülerinnen und Schüler, auf den Klassen- und Schulkontext sowie auf den Hund (▶ Kap. 4.5)
- Methodische Überlegungen (Regeln Schulhund, Materialien, Basale Zugänge, Unterstützte Kommunikation und Leichte Sprache) (▶ Kap. 4.6).

4.1 Kommunikation und Dialog mit den Eltern

Im Zuge der Implementation des Schulhundkonzeptes werden auf gesamtschulischer Ebene die Eltern in Form des Gremiums Schulelternbeirat formal in den Entwicklungsprozess einbezogen (▶ Abb. 3.7) sowie die Elternschaft insgesamt informiert bspw. durch einen Elternbrief (der das Vorhaben kurz und ggf. mit Bildern beschreibt) und Beiträgen in der Schülerzeitung o.ä. (▶ Kap. 3.4 und ▶ Kap. 3.5). Mit Blick auf den unmittelbaren Kontakt zu den Eltern und Erziehungsberechtigten (auch der Familien) der Schülerinnen und Schüler der Einsatzklasse des Schulhundes bewähren sich folgende Möglichkeiten der Kommunikation:

- *Klassenelternabend:* Im Rahmen eines Klassenelternabends wird über den angedachten Einsatz eines Schulhundes in der Klasse vorab berichtet und konzeptionelle Überlegungen werden vorgestellt (optimal mit Bildern,

Praxisbeispielen). Hierbei gilt es, den Eltern und Erziehungsberechtigten sowohl die positiven Effekte zu schildern sowie Befürchtungen wahrzunehmen, bspw. wenn das Kind Ängste vor Tieren hat. In jedem Fall sollte dies nicht konfrontativ gelöst werden (bspw. durch eine Abstimmung), vielmehr ist es ratsam, hierzu im Anschluss an den Elternabend (ggf. im Vorfeld, wenn diese Dinge bekannt sind) im Einzelgespräch nach geeigneten Lösungen zu suchen. Konfrontative Wege sind grundsätzlich – aber besonders in diesem Kontext – in jedem Falle zu vermeiden.

- *Klassenbildung:* So es die schulischen Möglichkeiten zulassen (bspw. bei Mehrzügigkeit innerhalb der Schulstufen), können bei Bedenken einzelner Eltern oder gar der Ablehnung von TGI ggf. Lösungen durch die Schulleitung im Zuge der individuellen Klassenbildungen in der Schule mit dem SGE gefunden werden. Bei Einschulungen bzw. Umschulungen kann dies zudem im Vorfeld abgefragt werden, ob hier Bedenken bestehen. In der Regel ist es jedoch eher so, dass die Eltern die Zuweisung in die Klassen mit Schulhund präferieren bzw. zumindest keine grundsätzlichen Bedenken haben – insbesondere dann, wenn die Schulhundarbeit konzeptionell schlüssig vorgetragen werden kann.

Weiterführende Literatur

Ziemen, K. (2019): Elternberatung. In: Schäfer, H. (Hrsg.): Handbuch Förderschwerpunkt geistige Entwicklung. Grundlagen – Spezifika – Fachorientierung – Lernfelder. Weinheim: Beltz. 360–367.

- *Infos Homepage und Schulbroschüre:* Geeignete Informationen können den Eltern und Erziehungsberechtigten bereits vor dem ersten Kontakt mit der Schule über die Homepage und die Schulbroschüre zur Verfügung gestellt werden (auch hier: optimal mit eindrücklichen und positiv besetzten Bildern und Beispielen aus der Praxis). Damit werden niedrigschwellig Informationen zur Schulhundarbeit in wohl strukturierter Form angeboten – häufig können durch diese ersten Hinweise (Name, Aussehen und Größe des Hundes) erste Bedenken genommen werden.
- *Mitteilungsbuch:* Das Mitteilungsbuch (Kommunikationsbuch) ist ein häufig eingesetztes Medium gerade bei Schülerinnen und Schülern mit intellektueller Beeinträchtigung, die infolge zusätzlicher sprachlich-kommunikativer Beeinträchtigungen zu Hause nicht im üblichen Sinne vom oft erlebnisreichen Schultag berichten können. Auf diesem Wege können ganz analog und unkompliziert Unterrichtssequenzen mit dem Schulhund konkret beschrieben werden (mal etwas ausführlicher, mal etwas zusam-

mengefasst – je nach den Möglichkeiten des Unterrichtstages), sodass die Eltern zu Hause über neue Entwicklungen und auch kleine Erlebnisse informiert werden.

- *Projektbücher:* Gehaltvolle und innovative Unterrichtseinheiten werden leider zu selten dokumentiert und fotografiert. Die Eltern erhalten zwar durch die Informationen zur Stundenplan- und Unterrichtsgestaltung vorab eine Idee zu den Abläufen, jedoch selten Einblicke zur tatsächlichen Umsetzung. Mit einem sogenannten Projektbuch kann diese Lücke in vielfältiger Weise geschlossen werden. In ▶ Abb. 4.1 ist bspw. ein Projektbuch zur Schulhundarbeit aus dem Primarbereich zu sehen, in dem ganz individuell für jedes Kind der Klasse sowohl die Umsetzungen der Regeln als auch der Körperbau, die Hunde-Utensilien sowie die Fähigkeiten des Schulhundes beschrieben werden (bspw. Sitz, Platz). Im Verlauf der Unterrichtsreihe entsteht so ein kleines Büchlein (hier mit 52 Seiten), an dem die Kinder auch im Rahmen ihrer Möglichkeiten aktiv mitarbeiten (bspw. Ausschneiden der Fotografien und der Symbole, ggf. eigenes Beschriften und Zuordnen von Pfeilen). Anschließend werden die Seiten laminiert und spiralgebunden, damit die Kinder zu Hause den Eltern (häufig auch den Verwandten und Freunden) ihre Arbeiten vorstellen können. Durch die individualisierte Form entsteht eine große Identifikation der Kinder mit der Thematik und damit eine breite Akzeptanz bei den Familien – eine sehr arbeitsintensive und zugleich im Kontext Information hocheffektive Form der Dokumentation der Schulhundarbeit und damit zugleich der Kommunikation mit den Eltern und Familien.
- *Beitrag Schülerzeitung:* Eine bewährte Form der Kommunikation über die Grenzen der eigenen Klasse bzw. Schulstufe hinweg ist die Nutzung der Schülerzeitung als Kommunikationsmedium (u. a. Schäfer 2012). Dieses Periodikum (im SGE in der Regel in unterrichtlicher Begleitung und logistischer Unterstützung durch Lehrkräfte) dient der Kommunikation sowohl in der Schule als auch nach außen und bietet damit optimale Voraussetzungen, die unterrichtspraktische Arbeit mit dem Schulhund darzustellen. In der Regel erscheinen Schülerzeitungen (auch Schulzeitung) im SGE durch den unterrichtspraktischen Zuschnitt im halbjährlichen oder jährlichen Rhythmus (selten quartalsweise) und können nach Rücksprache mit der Redaktion Raum bieten bspw. als Serie das Themenfeld Schulhund im regelmäßigen Abstand und mit unterschiedlichen Schwerpunkten mit schönem Fotomaterial darzustellen. Denkbare Rubriken in der Schülerzeitung adressiert an die unterschiedlichen Altersgruppen der Schülerinnen und Schüler mit intellektueller Beeinträchtigung und über die Jahre hinweg verteilt und je nach verfügbarer Seitenzahl ausgestaltet sind bspw.:

4 Methodik und Organisation

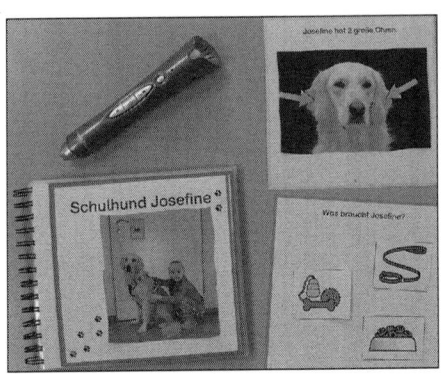

Abb. 4.1: Sofias Projektbuch (Primarstufe) zum Schulhund, zu den Schulhundregeln, zum Körperbau sowie zu den Hunde-Utensilien (mit Anybook-Reader zur Sprachausgabe; Symbole METACOM) (eigene Darstellung)

- Vorstellung des Schulhundes und der Hundeführerin
- Hinweise und Erläuterungen zu den Schulhundregeln
- Ausbildung und die Prüfungsbestandteile Hundeführerschein und Schulhundausbildung usf. (Professionalisierung) (▶ Abb. 4.2)
- Infos zu Weiterbildungen des Mensch-Hund-Teams
- sachunterrichtlicher Zugang (Körperbau des Hundes usf.)
- Rätsel rund um den Schulhund (ggf. auch als Gewinnspiel)
- UK-Gebärden zu den spezifischen Begriffen
- historischer Abriss – der Wolf und die Entwicklung des Hundes
- Hundeberufe – Hütehund, Rettungshund, Polizeihund usf.
- Einüben von Tricks (bspw. Verbeugen; Gib 5; Übungen aus dem Agility)
- so lebt der Hund in seinem familiären Umfeld zu Hause (wenn die hundeführende Person dies möchte)
- das mag der Hund, das mag er nicht – Vorlieben (bspw. Such-Spiele) und Abneigungen (bspw. durch den Agility-Tunnel kriechen)
- Abschied und Trauer (▶ Kap. 6).

 Weiterführende Literatur

Schäfer, H. (2012): Die Schülerzeitung an der Schule mit dem Förderschwerpunkt geistige Entwicklung. In: Lernen konkret 2 (31) 2–9.
Schäfer, H. (2013): Medienbildung konkret – die Schülerzeitung im Förderschwerpunkt geistige Entwicklung. In: Behindertenpädagogik 3 (52) 306–328.

4.1 Kommunikation und Dialog mit den Eltern

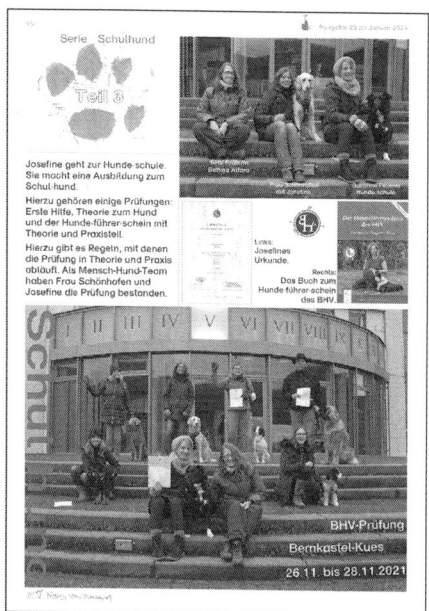 

Abb. 4.2: Auszug aus der Schülerzeitung (Serie Schulhund – Teil 3: Hundeführerschein und Schulhundausbildung) (eigene Darstellung)

- *Tablet (Unterstützte Kommunikation):* Schülerinnen und Schüler, die unter Zuhilfenahme von Sprachausgabegeräten kommunizieren, nutzen mittlerweile Tablets (meist das IPad), mit denen sie ihre Mitteilungen versprachlichen können. Diese mobilen Computer bieten zudem noch die einfache Möglichkeit, sowohl Bildmaterial aus dem Klassenkontext unmittelbar in das Kommunikationsgeschehen einzupflegen (sozusagen ergänzend zum Mitteilungsheft) als auch videografisch kurze Sequenzen der Interventionen mit dem Hund festzuhalten, um sie somit auch den Eltern zu Hause zugänglich machen zu können. Bei Aufnahmen im Klassensetting sind die Eltern der Mitschülerinnen und -schüler über diesen methodischen Zugang in Kenntnis zu setzen.

Weiterführende Literatur

Unterstützte Kommunikation. Die Fachzeitschrift der Gesellschaft für Unterstützte Kommunikation e.V. (Hrsg.) (2021): Tiergestützte UK. Heft 4. Von Loeper. (verlagvonloeper.ariadne.de/zeitschriften/unterstuetzte-kommunikation/10742/unterstuetzte-kommunikation-4/2021-n/uk-0421/)

4 Methodik und Organisation

> Boenisch, J., Willke, M. & Sachse, St. K. (2020): Elektronische Kommunikationshilfen in der UK. In: Boenisch, J. & Sachse, St. K. (Hrsg.): Kompendium Unterstützte Kommunikation. Stuttgart: Kohlhammer. 250–258.

4.2 Hygiene

Zu den allgemeinen Fragen der Hygiene finden sich in ▶ Kap. 3.6 im Zusammenhang mit der sogenannten Selbstverpflichtung grundsätzliche Hinweise, unter anderem wurden hier tiermedizinische Gesichtspunkte (u. a. Impfungen, Wurmkuren und Ektoparasitenprophylaxe) genannt und darauf hingewiesen, dass der Schulhundeinsatz ausschließlich mit gesunden und gepflegten Hunden erfolgt. Außerdem sind Desinfektionsmittel und Materialien zur Entfernung von Ausscheidungen stets und ausreichend vorzuhalten (Beetz 2021a, 42 ff.).

Mit Bezug auf den Unterricht im SGE sollen nachstehend weitere Aspekte beschrieben werden, die es im Zusammenhang mit Fragen der Hygiene und Sauberkeit (auch im Kontext des gesamtschulischen Hygieneplans) beim Einsatz des Schulhundes zu beachten gilt (Agsten 2020, 175 ff.):

1. *Allergien:* Im Allgemeinen werden bei Kindern und Jugendlichen mit Beeinträchtigungen ein höheres Maß an Allergien berichtet als bei Vergleichsgruppen ohne Beeinträchtigungen, weshalb auch im Zusammenhang mit einer sogenannten Hundehaarallergie der Thematik eine besondere Beachtung zu schenken ist. Anmerkung: Aus medizinischer Sicht sind es nicht die Hundehaare selber, sondern bestimmte Allergene, die bei Kindern und Jugendlichen allergische Reaktionen hervorrufen können. Diese Allergene befinden sich in Hautschuppen oder im Speichel bzw. im Urin des Hundes. Empfehlenswert ist es hier, seitens der Schulleitung bereits im Verlauf des Feststellungsverfahrens des sonderpädagogischen Förderbedarfs und einer möglichen Zuweisung des Kindes bzw. des Jugendlichen zur Schule dahingehende Abfragen an die Eltern und Erziehungsberechtigten zu bedenken. So können schon im Vorfeld (auch bei moderaten Verläufen der Allergie) geeignete Lösungen gefunden werden bspw. im Zusammenhang mit den Einteilungen der Klassen (bei Mehrzügigkeit). Die trifft im Übrigen auch auf mögliche Allergien bei den Kolleginnen und Kollegen zu (Team-Teaching), die es im Vorfeld abzuklären gilt

und deren Vorliegen dann im Zuge der Zusammensetzungen der Klassenteams zu berücksichtigen wären. In jedem Fall zeigt sich auch hier die Bedeutsamkeit der Kommunikation mit und zwischen den beteiligten Personen.

2. *Essen & Trinken:* Gerade in den Schulen mit dem SGE werden in den Klassen mit Bezug zu lebenspraktischer Bildung und dem Ziel der Selbstversorgung (Bühler & Manser 2019) Küchenzeilen vorgehalten und die Zubereitung des Frühstücks sowie auch (nicht selten) die Abläufe des Mittagessens spielen sich in den Klassen selber ab. Während nun in den allgemeinen Hygienehinweisen der Regelschulen stets darauf hingewiesen wird, dass für den Hund auf ein striktes Zugangsverbot zu bspw. der Schulküche oder den Lehrküchen zu achten ist, stellt dies in den oben beschriebenen Klassen im SGE durch die hauswirtschaftlichen Schnittstellen eine besondere Herausforderung dar, die es im Vorfeld zu bedenken gilt. Nachstehend einige Überlegungen und Lösungsansätze, die natürlich auf die Gegebenheiten vor Ort individuell abzustimmen sind:

- Idealerweise liegt der Hund, wenn er während der Frühstückszeit oder während des Mittagessens in der Klasse ist (ggf. auch aus logistischen Gründen sein muss), auf seiner Decke bzw. in seiner Box, damit auch die Kinder und Jugendlichen gar nicht erst der Situation des Kontakts ausgesetzt sind (bspw. etwas vom leckeren Frühstücksbrot abgeben).
- Sollte im Stundenplan die Frühstücksvorbereitung vorgesehen sein (als sogenannter Ämterplan einer Lerngruppe 1 mit u. a.: Tisch mit Geschirr eindecken, Zutaten auflegen, Gemüse zuschneiden, Getränke), empfiehlt es sich, die Intervention mit dem Schulhund der Lerngruppe 2 entweder im Außenbereich oder in einem geeigneten Differenzierungsraum durchzuführen (Raumplanung mit Schulleitung abstimmen), da sich Überschneidungen der Lerngruppen und damit Berührungen zwischen Hund und Frühstücksvorbereitung gar nicht vermeiden lassen.
- Da in der Regel auch in den Nachbarklassen bzw. -fluren der Einsatzsatzklasse des Schulhundes Lebensmittel verfügbar sind (nicht zuletzt auch durch den Hauswirtschaftsunterricht usf.), ist in der Praxis nicht selten zu beobachten, dass hier und da mal etwas Wurst oder sogar weitere Leckerchen für den Hund bereitgehalten werden. Auch wenn dies aus einer positiven Intention *für den Hund* herrührt, sollte mit den Kolleginnen und Kollegen abgestimmt werden, dass bitte nichts zusätzlich gefüttert wird; sowohl aus hygienischen Gründen als auch aus Überlegungen der sorgsamen Nahrungsgabe für das Tier (Menge, Verträglichkeit usf.).

3. *Taktiles Erfassen:* Viele Schülerinnen und Schüler mit intellektueller Beeinträchtigung erkunden den Nah-Raum durch unmittelbare taktile, haptische und sensorische Erfahrungen (bspw. Lernende mit Autismus-Spektrum-Störungen oder mit spezifischen Syndromen bspw. dem Rett-Syndrom) (Sarimski 2014; Sansour 2019). Gerade im Primarstufenbereich sowie mit zunehmender Intensität der intellektuellen Beeinträchtigung ist dieses taktile Erkunden zu beobachten und führt im Kontakt mit dem Hund zu Berührungen des Hundes (Streicheln) in Verbindung mit den Berührungen des eigenen Mundbereiches (innen und außen). Hier sollte versucht werden, diese kombinierten Berührungen (Fell – Mund) reduktiv zu steuern bspw. durch kurze Intervention mit anschließender (ohnehin vorgesehener) Handhygiene. Insbesondere in einer Eins-zu-Eins-Intervention (Kind-Hund-Lehrkraft) kann dies angebahnt werden, jedoch wird man immer wieder Schülerinnen und Schülern begegnen, die infolge ihrer Beeinträchtigung die genannten Berührungskombinationen nicht gänzlich einstellen können oder auch einen sehr langen Zeitraum benötigen. Es empfiehlt sich in solchen Situationen mit den Eltern und Erziehungsberechtigten diese hygienische Fragestellung zu besprechen und sich auf Prioritäten zu verständigen (vgl. hierzu auch ▶ Exkurs *Zoonosen*).

Exkurs
Zoonosen
Mit dem Begriff Zoonosen sind Krankheiten umschrieben, die zwischen Menschen und Wirbeltieren übertragen werden können. Je nach Infektionsrichtung kann unterschieden werden zwischen

- *Anthropozoonosen* (Infektionen von Mensch auf Tier),
- *Zooanthroponosen* (Übertragung von Tier auf Mensch) und
- *Amphixenosen* (Übertragung sowohl auf Mensch als auch auf Tier) (Biermann 2021).

Die entstehenden Krankheitsbilder reichen von leichten Hautausschlägen bis hin zu schweren Infektionsverläufen, weswegen auch der unten beschriebene Punkt der Prävention (und insbesondere im Kontext intellektuelle Beeinträchtigung) von großer Bedeutung ist. Agsten (2020) fasst in ihrem Überblick zu den Zoonosen die Arbeiten des RKI (2003) den Hund betreffend zusammen (in der ausführlichen Tabelle 2 des RKI finden sich auch weitere Hinweise zu Katzen, Hasen und Meerschweinchen usf.):

- *Virusbedingte Zoonosen* (Tollwut – meldepflichtig)
- *Bakterienbedingte Zoonosen* (Campylobakteriose, EHEC, Salmonellose, Tuberkulose – meldepflichtig sowie Pasteurellose)
- *Pilzbedingte Zoonosen* (Mikrosporie, Trichophytie)
- *Parasitenbedingte Zoonosen* (Kryptosporidiose, Giardiose, Alveoläre Echinokokkose, Zystische Echinokokkose – meldepflichtig sowie Toxocariasis).

Die Empfehlungen des RKI (2003) richten sich hinsichtlich der Prävention im Kontext Zoonosen sowohl an Mensch als auch das Tier: »Die Infektionsprävention im Umgang mit Tieren sollte zweigleisig erfolgen – zum einen durch Schulung und Verhalten der Menschen, zum anderen durch Gesundheitsfürsorge für das Tier« (ebd., 19). Zusammenfassend beschreibt Agsten (2020, 180) die wesentlichen Konsequenzen für das Mensch-Hund-Team und die Schülerinnen und Schüler (hier nochmal ausdifferenziert für den SGE):

- *Mensch-Hund-Team:* Kot einsammeln, Tollwutimpfung, regelmäßige Entwurmung/Kotproben ca. zwei bis viermal im Jahr, ggf. Wunddesinfektion, sterilisiertes Fertigfutter, Hunde von Sandkästen fernhalten.
- *Schülerinnen und Schüler:* Hände waschen vor und nach dem Kontakt. Noch mehr als im Regelschulbereich müssen die Kinder und Jugendlichen mit intellektueller Beeinträchtigung darauf hingewiesen bzw. aufgefordert werden; empfehlenswert aus der Praxis heraus sind feste Rituale ggf. auch mit bildgestütztem Material, das ja aus der Zeit seit COVID-19 zu Verfügung steht (differenzierte Hinweise hierzu auch in Pitsch & Thümmel 2023, 126).

Weiterführende Literatur

Beetz, A. (2021c): Tiergestützte Pädagogik. In: Beetz, A., Riedel, M. & Wohlfarth, R. (Hrsg.): Tiergestützte Interventionen. Handbuch für die Aus- und Weiterbildung. München: Reinhardt. 238–241.

Biermann, K. P. (2021): Klinikhygiene. In: Beetz, A., Riedel, M. & Wohlfarth, R. (Hrsg.): Tiergestützte Interventionen. Handbuch für die Aus- und Weiterbildung. München: Reinhardt. 105–116.

Robert-Koch-Institut (RKI) (Hrsg.) (2003): Heimtierhaltung – Chancen und Risiken für die Gesundheit. Gesundheitsberichterstattung des Bundes Heft 19. Berlin: RKI. (https://www.gbe-bund.de/pdf/heft19.pdf)

> Wohlfarth, R. & Olbrich, E. (2014): Qualitätsentwicklung und Qualitätssicherung in der Praxis tiergestützter Interventionen. Wien und Zürich: ESAAT und ISAAT. (www.tier gestuetzte.org/fileadmin/Redaktion/Dokumente/Broschuere_zur_Qualitaetsiche rung.pdf) (hier: 10-18)

4.3 Tierschutz

Der Einsatz von Schulhunden ist seitens des Tierschutzgesetzes (§ 11 TierSchG) grundsätzlich gestattet und bedarf seitens des zuständigen Veterinäramtes keiner weiteren Genehmigung (die Behörde sollte jedoch über den Einsatz auf der Grundlage des Konzeptes informiert werden). Auch die Empfehlungen der Kultusministerkonferenz (KMK 2019) sehen in der Richtlinie zur Sicherheit im Unterricht (RiSU) den Umgang mit Tieren (64) und im Besonderen mit Hunden vor (ebd., 90), insofern die tierschutzrechtlichen Erfordernisse kontinuierliche Berücksichtigung finden. Damit ist es unabdingbar, dass diese Rahmenbedingungen wie

- Ruhephasen und Rückzug,
- Regelungen zum Umfang des Einsatzes,
- Regeln zum Umgang der Schülerinnen und Schüler mit dem Schulhund,
- Auslauf, Pausen und Trinken u.a.m. beachtet werden (vgl. hierzu sowie ausführlich Arnold & Beetz 2021, 85ff.; Klingenberg 2018, 54ff.).

Es empfiehlt sich zudem landesspezifische Regelungen zu beachten, wie bspw. in Schleswig-Holstein der § 3 Abs. 3 des Hundegesetzes (HundeG 2015) die Mitnahme von Hunden in Schulen grundsätzlich untersagt – zugleich kann die Schulleiterin gemäß § 33 Abs. 4 des Schulgesetzes Ausnahmen vom grundsätzlichen Verbot gemäß Hausrecht aussprechen (Schleswig-Holstein 2019, 4).

Praxis
Haftungsfragen
Es gibt in diesem Zusammenhang keine rechtlichen Ausnahmen für das sonderpädagogische Setting, auch wenn dies im schulpraktischen Feld immer noch festgestellt werden kann (bspw. mehrere Hunde ohne konkrete Absprachen; zu häufiger, täglicher Einsatz, fehlende Raumplanung usf.). Für die Schulhundarbeit gelten im SGE die allgemeinen Regelungen (insbe-

sondere ▶ Kap. 3.4 ff.) und mit Blick auf die besonderen Herausforderungen der sehr heterogenen Schülerschaft in diesem sonderpädagogischen Schwerpunkt ist die sorgsame Umsetzung sogar noch deutlicher zu unterstreichen. Letztendlich spielen diese Aspekte auch im Zusammenhang mit möglichen Verletzungen des Kindes eine Rolle (vom Kratzer bis zu Bissverletzungen), wenn die juristische Fragestellung nach der Fahrlässigkeit auftaucht und sich die Hundeführerin verantworten muss. Im Magazin der Ausgabe Lernen konkret Nr. 4 (2022) geht Wolfgang Cremer auf dahingehende Fragestellungen juristisch ein (Klingenberg 2018, 54 ff.).

Alle wesentlichen Aspekte des Tierschutzes finden sich aus tiermedizinischer Expertise außerdem im »Merkblatt zur Nutzung von Tieren im sozialen Einsatz – Merkblatt Nr. 131.4 Hunde« der Tierärztlichen Vereinigung für Tierschutz e.V. (TVT 2018) (siehe Infokasten oben) (Schönhofen & Schäfer 2020) (▶ Kap. 3.1).

Literatur (Gesetze und Empfehlungen)

Kultusministerkonferenz KMK (2019): Richtlinie zur Sicherheit im Unterricht (RiSU). Empfehlungen der Kultusministerkonferenz. Sicherheit und Gesundheitsschutz im Unterricht. (www.kmk.org/fileadmin/veroeffentlichungen_beschluesse/1994/1994_09_09-Sicherheit-im-Unterricht.pdf)
Tierschutzgesetz (TierSchG) (www.gesetze-im-internet.de/tierschg/__11.html)

Literatur (weiterführend)

Cremer, W. (2022): Haften Lehrkräfte bei einem Unfall mit dem Schulhund? In: Lernen konkret 4 (41) 38–39.
Klingenberg, K. (2018): Tierhaltung und Tiereinsatz in Kindergarten und Schule: Rechtliche Rahmenbedingungen im Überblick. In: Strunz, I. A. & Waschulewski, U. (Hrsg.): Tiergestützte Pädagogik. Eckpfeiler didaktischen Handelns. Ein theoriebasiertes und praxisorientiertes Arbeitsbuch. Hohengehren: Schneider. 54–69.
Wohlfarth, R. & Riedel, M. (2021): Rechtliche Grundlagen. In: Beetz, A., Riedel, M. & Wohlfarth, R. (Hrsg.): Tiergestützte Interventionen. Handbuch für die Aus- und Weiterbildung. München: Reinhardt. 67–73.

Einige spezifische Aspekte sollen für den Unterricht im SGE in den folgenden Abschnitten differenzierter beschrieben werden (▶ Kap. 4.3.1 bis ▶ Kap. 4.3.4).

4.3.1 Ganztagsschule

In den meisten Bundesländern sind die Schulen mit dem sonderpädagogischen Schwerpunkt Geistige Entwicklung in der Organisationsform des sogenannten Gebundenen Ganztags ausgestaltet (Ganztagsschule), womit im Dienstplan der Lehrerinnen und Lehrer mit voller Unterrichtsverpflichtung nicht selten mehrere volle Unterrichtstage zu finden sind (bspw. 08.30 Uhr bis 15.30 Uhr). Damit sind die möglichen Einsatzzeiten des Hundes (und Optionen der Hundeführerin) noch genauer in den Blick zu nehmen (günstiger Weise im Vorfeld mit der Schulleitung abzustimmen), um zu lange Warte- und zu häufige Einsatzzeiten vermeiden zu können (Kuntze 2006; Beetz 2021c). Mit Bezug auf die Empfehlungen der TVT (2018) nennen Schönhofen & Schäfer (2020) für den wöchentlichen Einsatz folgende Orientierungspunkte:

- »maximal zwei- bis dreimal pro Woche (abhängig von der Einsatzform) (und)
- maximal ein Einsatz am Tag für maximal drei bis vier Stunden (zuzüglich Fahrtzeiten sowie die örtliche und räumliche Akklimatisierung) (Klassenkontext beachten: Lautstärke, Unruhe usf.)« (ebd., 17; Heyer & Kloke 2011).

Über den Dienstplan der Woche hinweg sind bei einem vollen Stundendeputat (i. d. R. 27 Unterrichtsstunden) üblicherweise zwei Unterrichtstage ganztägig, sodass sich an drei Wochentagen Optionen ergeben können, die o. g. Rahmenbedingungen berücksichtigen zu können (bspw. nur vormittags oder erst nachmittags im Unterricht). Durch die personellen Ausstattungsmerkmale im SGE (häufige Doppel- oder Mehrfachbesetzungen zur Differenzierung) lässt sich damit im Ganztag über die Unterrichtswoche hinweg eine Unterrichtsstruktur entwickeln, die sowohl dem Bildungsangebot für die Schülerinnen und Schüler mit intellektueller Beeinträchtigung als auch den o. g. tierschutzrechtlichen Gesichtspunkten gerecht werden kann.

Ein zusätzlicher Kommunikations- bzw. auch ggf. Abstimmungsbedarf kann dadurch entstehen, wenn (wie im SGE nicht selten zu beobachten) mehrere Hunde an einer Schule zum Einsatz kommen. Einerseits muss dies grundsätzlich und im Vorfeld durch die Schulleitung im Genehmigungsverfahren mitgedacht werden (bspw. in welcher Schulstufe sind die Kolleginnen und Kollegen eingesetzt? Voll- oder Teilzeit? Ggf. verschiedene Abteilungen bzw. Gebäudeabschnitte?), andererseits bedeutet dies zu jedem Schuljahr wieder einen Aspekt mehr, der in der komplexen Planungsarbeit und Klassengestaltung in den Blick zu nehmen ist. In diesem Zusammenhang bietet die Schulstruktur im SGE geeignete Lösungsoptionen durch die Gliederung in

Primarstufe (Grundschulstufe), Sekundarstufe I (Hauptschulstufe) und Sekundarstufe II (Berufsschulstufe) in Verbindung mit dann ggf. Veränderungen der Hundeführerinnen und -führer (Klassen- bzw. Stufenwechsel). Selbstredend kann es sich hier nicht um kurzfristige Lösungen handeln, vielmehr muss die Schulleitung gemeinsam mit den Kolleginnen und Kollegen geeignete Wege (stets perspektivisch) finden.

Um darüber hinaus noch günstige Bedingungen für den Ganztagsbetrieb zu schaffen, kann das Profil der Schule in Bezug auf den Schulhund im Zuge des Austauschs mit dem Schulträger bspw. bei Stellenbesetzungen in der Verwaltung ausgewiesen werden. Nicht selten kann dann die hundefreundliche Sekretärin (dies gilt auch für den Hausmeister) die schultäglichen Abläufe erleichtern, die doch oft sehr eng getaktet sind und unvorhergesehene Ereignisse wie bspw. ein epileptischer Anfall mit sich bringen. Auch diese Dinge entwickeln sich nicht von heute auf morgen, sondern benötigen Zeit und Kontaktpflege im Hause.

4.3.2 Nahrungsgabe (Leckerchen im schulischen Einsatz)

Tiergestützte Interventionen beruhen in der Regel auf der Grundlage der Konditionierung, bei gehorsamer Arbeit bekommt der Hund ein Leckerchen (Verstärkung). Im SGE erfordern viele Interventionen häufige Übungsphasen und kleinschrittige Wiederholungen, die jedoch im Rahmen der Schulhundarbeit nicht zu einer ebenfalls wiederholenden und in keinem Fall zu einer unbegrenzten Nahrungsgabe führen dürfen. In diesem Zusammenhang weist die TVT (2018) darauf hin, dass »die Berücksichtigung der im Training und im Einsatz angebotenen Futterbelohnungen bei der Gesamtration (...) Übergewicht und gesundheitliche Schäden« verhindert (ebd., 6).

Heyer & Beetz (2014) beschreiben alternativ Beispiele, in denen sozusagen assoziativ der bekannte Hund durch einen Stoffhund oder durch Bildmaterial ersetzt wird. Damit können auch ohne unmittelbaren Hundeeinsatz die motivationalen Effekte im Rahmen von Wiederholungen genutzt werden, ohne zugleich die Einsatzzeiten des Hundes erhöhen und damit stetig Leckerchen reichen zu müssen (vgl. weitere Beispiele hierzu in Schönhofen & Schäfer 2020, 50 und auch für den Elementarbereich Markgraf & Grünig 2018) (vgl. hierzu auch ▸ Kap. 5.1 bis 5.3).

4.3.3 Schülerinnen und Schüler im SGE

Schließlich können auch seitens der Schülerinnen und Schüler im SGE (ungewollte) Gefährdungen für den Hund möglich sein, bspw. infolge einer unangemessenen (auch motorisch ungesteuerten) Kontaktaufnahme bei Lernenden mit Autismus-Spektrum-Störungen:

- Gemeint ist vom Kind: das *Begrüßen* – was aber möglicherweise dann zu einem »Schlagen nach dem Hund« werden kann.
- Gemeint ist vom Kind: das *Streicheln* – was aber zu einem »Reißen am Fell« werden kann.
- Gemeint ist vom Kind: die leichte *Umarmung* – was aber zu einem »Bedrängen« bis hin zu einem »Sich auf den Hund legen« werden kann (u.v.m.).

Ein solches Gefährdungspotential darf seitens der Schülerinnen und Schüler mit intellektueller Beeinträchtigung jedoch nicht als intentional (also als beabsichtigt) verstanden werden, »dennoch gilt es, gerade bei Lernenden mit fehlender Impulskontrolle und taktil-kinästhetischen Wahrnehmungsstörungen besonders darauf zu achten, dass der Hund nicht am Fell gezogen und beim Streicheln nicht über die Maße gedrückt oder gar gezwickt wird« (Schönhofen & Schäfer 2020, 18).

> **Praxis**
> **Interventionen im Eins-zu-Eins-Setting**
> Gerade im Primarbereich bieten sich in diesem Zusammenhang noch kleinere Lerngruppen bis hin zur Einzelsituation an (Lehrkraft – Hund – Kind), um die Kinder an den sensiblen Umgang mit dem Hund heranzuführen (► Kap. 4.6.1). Hier kann auch das Ziel der Intervention zunächst das Streicheln und das ruhige Zugehen auf den Hund sein. Sogar das ruhige Sitzen (mit dann gesteigerten Zeiteinheiten) des Kindes neben dem Hund kann ein möglicher Zugang sein. Übungen, die auch der Hundeführerin viel Geduld abverlangen und nicht umgehend Erfolge erkennen lassen. Im Laufe der Zeit (Wochen und Monate) werden jedoch kleinere Fortschritte erkennbar sein, die immer wieder reflektiert und gefestigt werden müssen.
> Tipp: Hier bieten sich auch videografische Formen der Dokumentation an, die dann über den Verlauf der Intervention hinweg Entwicklungen erkennen lassen – auch für die Zusammenarbeit mit den Eltern ein probates Mittel.

In grenzwertigen Situationen (also Interventionen, in denen auch Gefährdungen auftreten können) empfiehlt es sich immer zu zweit zu sein: so kann die Hundeführerin auf den Hund reagieren (sein Verhalten lesen, interpretieren und reagieren), und die Kollegin ist für das Kind da und kann intervenierend eingreifen. Sollte man sich auf eine solche Intervention einlassen, ist dies für den Beginn eine wichtige Voraussetzung und kann dann bei erkennbaren Fortschritten sukzessive reduziert werden.

> **Praxis**
> **Intensivpädagogisches Setting**
> Es ist dringend zu empfehlen, solche Interventionen in einem intensivpädagogischen Setting (bspw. bei Schülerinnen und Schülern mit psychischen Störungen und Verhaltensauffälligkeiten; vgl. Schäfer & Mohr 2018) im Sinne einer Gefährdungsprophylaxe (Kind, Hund, Lehrkräfte) grundsätzlich
>
> - didaktisch und methodisch sorgsam zu planen, zu strukturieren und vorzubereiten,
> - mit dem Klassenteam (sowie in externer Beratung) zu kommunizieren
> - sowie kontinuierlich (kritisch; ggf. Abbruch!) zu reflektieren (Wohlfarth, Olbrich & Baumeister 2014.

4.3.4 Erste Hilfe beim Hund

Das wichtige Thema »Erste Hilfe beim Hund« (mit dem Fokus auf den Einsatz in sozialen Einrichtungen bzw. Schulen) findet in den einschlägigen Publikationen zum Schulhund bisher noch unzureichende Berücksichtigung (mit Ausnahme in Menke, Huck & Hagencord 2018, 65–93), weshalb es (gerade durch den Einsatz im SGE mit besonderen Herausforderungen durch eine sehr heterogene Zusammensetzung der Schülerinnen und Schüler) an dieser Stelle etwas breiter ausgearbeitet werden soll.

Grundsätzlich ist im Rahmen der Schulhund-Ausbildung ein entsprechendes Modul »Erste Hilfe beim Hund« verbindlicher Bestandteil der theoretischen und praktischen Inhaltsvermittlung mit und über den Hund. Den oben genannten Grundlagen der interdisziplinären Aus- und Weiterbildung folgend wird dieser Baustein von einem Tierarzt oder einer Person vergleichbarer Qualifikation durchgeführt; zeitlich sollte mindestens eine Tagesveranstaltung von sechs bis acht Unterrichtseinheiten vorgesehen sein (▶ Kap. 2).

Dahingehende Kompetenzen der Hunde führenden Person werden in regelmäßigen Abständen weitergebildet.

Für die schultägliche Praxis können sich die Kolleginnen und Kollegen mit der Abkürzung TAPS die wichtigen Eckpunkte der Ersten Hilfe beim Hund verinnerlichen (Überprüfung der Vitalwerte), um auch in einer solchen Ausnahme- und Stresssituation handlungsfähig zu bleiben (▶ Exkurs TAPS). Anmerkung: Die Orientierung am TAPS-Schema kann jedoch nur dann wirksam sein, wenn die entsprechenden Grundlagen in der Ausbildung erfahren, geübt und in Weiterbildungen gepflegt werden.

> **Exkurs**
> **TAPS-Schema**
> Die Abkürzung TAPS soll an die wichtigsten Vitalwerte des Hundes erinnern und zwar: **T**emperatur, **A**tmung, **P**uls/Herzschlag und **S**chleimhäute. Durch die Teilnahme am Modul »Erste-Hilfe beim Hund« beherrscht die Hunde führende Person grundsätzlich die entsprechenden Maßnahmen wie bspw. die rektale Messung der Temperatur und die Betrachtung bzw. Einschätzung des Aussehens der Schleimhäute. Durch die Abkürzung TAPS kann sie in einer Stresssituation die vier zentralen Punkte leicht abrufen. Zusätzlich können für den Einsatz im Klassenzimmer die Ausdrucke der Notfallkarten der unten genannten Homepage hilfreich sein (bspw. bei Bissverletzungen, Hitzeschock bzw. Unterkühlung, Darmverschluss, Wiederbelebung bei Herzstillstand usf.).

Für den schulischen Kontext im SGE sind insbesondere die beiden folgenden Situationen zu nennen, zu denen die Hunde führende Person Hilfestrategien kennen und vorhalten muss:

- *Verschlucken von Kleinteilen* (bspw. Materialien aus der Freiarbeit oder Zubehör aus Lernspielen wie kleine Würfel usf.)
- *Quetschungen und Prellungen* (ohne Absicht werden Türen geschlossen und die Pfote ist noch dazwischen oder bei mangelnder Impulskontrolle bekommt das Tier einen Schlag an den Körper).

Diese Situationen entstehen weder beabsichtigt durch den Unterricht oder die Schule noch durch die Kinder (also nicht vorsätzlich) (Beetz 2021a, 46 ff.), sie sind jedoch durch die Eigenarten und unterschiedlichen Verhaltensmerkmale der Beeinträchtigungen nicht gänzlich auszuschließen (bspw. motorische Unruhe und unkontrollierte Bewegungsmuster sowie im Kontext adaptiver

4.3 Tierschutz

Kompetenzen ein fehlendes Gefahrenbewusstsein für sich und die Personen der Umwelt). Insofern ist die fundierte Vorbereitung für solche Notfallsituationen einschließlich der kontinuierlichen Weiterbildung zwingend zu beachten und wesentlicher Baustein einer professionellen Ausgestaltung der Schulhundarbeit.

Exkurs
Erste-Hilfe Material
Wesentliche Überlegungen und Hinweise zum Materialbestand im Kontext »Erste Hilfe beim Hund« sollen hier zusammenfassend genannt werden (hier: www.erste-hilfe-beim-hund.de):

- *Erste-Hilfe Notfall-Koffer* (u.a. bspw. mit Aktivkohle im Falle von Vergiftungen)
- *Erste-Hilfe Verbandsmaterial* (u.a. Wundauflagen, Mullbinden, Papiertücher, lange Binden zum Umwickeln, Verbandspäckchen für einen Druckverband, Heftpflaster usf.)
- *Pharmazeutische Mittel* (Rücksprache Tierarzt, Desinfektionsmittel, Wundsalbe desinfizierend, Aktivkohle, Reisetabletten, Elektrolyt-Tabletten bei Durchfall)
- *Diverse Hilfsmittel* (bspw. Zeckenentferner, Fieberthermometer, Pinzette, Verbandsschere, Handschuhe usf.)
- *Spezielle Rettungsmittel* (bspw. Sofort-Kältekompressen bei Schwellung nach Insektenstichen oder drohendem Hitzschlag)
- *Material zur Sicherung des Hundes* (bspw. Thermofolie zum Schutz vor Auskühlungen)
- *Material zur Sicherung des Menschen* (Maulkorb – positiv auf trainiert; Maulschlaufe)
- *Pflege- und Pflegehilfsmittel* (bspw. Krallenzange, Wattestäbchen, Floh-Kamm, Melkfett)
- *Kommunikation und Kontakte* (Kontakt Tierarzt, Klinik, Chip-Kennung)

Quellen und Hinweise Internet
Eine gute und strukturierte Übersicht zur ersten Hilfe beim Hund (auch als Ausdruck für das Klassenzimmer im PDF-Format) findet sich auf der Homepage der veterinärmedizinischen Universität Wien (www.vetmeduni.ac.at/) einschließlich Abbildungen und Symptomatik. (www.vetmeduni.ac.at/fileadmin/v/z/tierspital/20201013_TippsFuersTier_Erste_Hilfe_Hunde_Vetmeduni_Vienna.pdf)

> Auf der Internetseite »Erste Hilfe beim Hunde« finden sich zu zahlreichen Kategorien (Lebensbedrohliche Notfälle, akute Notfälle, weitere Notfälle) entsprechende Maßnahmen (auch gut gegliederte Notfallkarten für das Klassenzimmer) sowie Hinweise zur Diagnostik. Zudem gibt es im Überblick Hinweise zu Ersten Hilfe und eine Notfall-Checkliste »Erste-Hilfe-Material« und »Hunde-Apotheke«. (www.erste-hilfe-beim-hund.de)

Weiterführende Literatur

Menke, M., Huck, G. & Hagencord, R. (2013): Mensch und Tier im Team. Therapiebegleitung mit Hunden. Stuttgart: Kohlhammer. (hier: 65–93)

4.4 Raumfragen und Ruhezonen

Die räumlichen Gegebenheiten in den Schulen mit dem SGE sind nur bedingt vergleichbar mit der Raumstruktur der regelhaften Grundschule oder der weiterführenden Schulen. Im Wesentlichen unterscheiden sie sich wie folgt:

- Infolge der kleineren Klassenstärken (mit 7 bis 9 Schülerinnen und Schülern im Primar- und SEK-I-Bereich bzw. auch schon einmal 10 Jugendlichen in der Berufsschulstufe) sind auch die Klassenräume gemäß den oft überalterten Schulbaurichtlinien der Länder in der Fläche kleiner bemessen
- und haben in Verbindung mit den bereits oben beschriebenen Küchenzeilen meist eine zusätzliche hauswirtschaftliche Infrastruktur.
- Hinzu kommen die üblichen Aufbewahrungsregale (bspw. Freiarbeit) und Schränke für die Unterrichtsmaterialien usf.
- Zudem befinden sich je nach (motorischer) Beeinträchtigung der Schülerinnen und Schüler auch Ruhe- und Liegemöglichkeiten und weitere Therapie- und Hilfsmittel (bspw. Rollstuhl, Stehständer o. ä.) im Klassenraum.

Diese räumlichen Rahmenbedingungen sind nun zu berücksichtigen, wenn es darum geht, wo die Ruhedecke oder die Box (siehe hierzu nochmal die TierSchHuV 2021) und das Wasser für den Hund liegen bzw. stehen kann. Im Optimalfall sollte für die Hundedecke bzw. -box ein Platz mit folgenden Kriterien gefunden werden:

- Unbelassen des Klassengeschehens sollte der Platz möglichst viel Ruhe bieten (also etwas abseits vom eigentlichen Geschehen gewählt werden), damit der Hund auch das Gefühl des weitestgehend ungestörten Ruhens haben kann – wohlwissend, dass das Tier nie so zur Ruhe kommen kann wie im gewohnten Umfeld zu Hause.
- Zudem sollte der Platz nicht in bzw. an Durchgangsbereichen liegen (hier wichtig: entsprechenden Raum für einen Rollstuhl oder vergleichbare Hilfsmittel berücksichtigen; Laufwege).
- Ggf. verfügt der Klassenraum über einen weiteren angrenzenden oder im Flur gegenüberliegenden Differenzierungsraum, der genutzt werden kann (Eintragungen in den Raumplänen sowie das Wesen des Hundes beachten: Bleibt er dort alleine?).
- Schließlich sind zu kalte (auch feuchte, luftige) und zu heiße Räume auszuschließen (Sonneneinstrahlung im Sommer vermieden; für frische Luft und Wassernapf sorgen) (vgl. hierzu TVT 2018).

Grundsätzlich sind diese Raum- und Organisationsfragen mit der Schulleitung abzustimmen und die Kolleginnen und Kollegen des Klassenteams (ebenso wie die Teams der angrenzenden Klassen in die Überlegungen einzubeziehen). Zudem ist zu bedenken, dass mit dem Alter des Hundes (▶ Kap. 6) sowie im Zuge von Veränderungen innerhalb der Klassenkonstellation (bspw. Lehrende und Lernende; ▶ Kap. 4.5) Lösungen überdacht und Absprachen verändert werden müssen. Dies kann bspw. der Fall sein, wenn in der Klasse mehr Schülerinnen und Schüler als bisher sind, eine Schülerin eine Schulbegleitung hat, ein Schüler mit Rollstuhl in die Klasse kommt, der Hund ggf. nicht mehr so lange vor Ort sein kann oder auf die bisher gewohnte Lautstärke gestresst reagiert.

4.5 Stundenplan- und Unterrichtsgestaltung

Die mittlerweile zahlreichen Publikationen für die Schulhundarbeit adressieren in der Regel an Tiergestützte Interventionen im Kontext der regelhaften Grundschule oder weiterführenden Schule und gehen von allgemeinen Entwicklungsverläufen der Kinder und Jugendlichen sowie damit verbundener unterrichtlicher und schulischer Rahmenbedingungen aus.

Die Stundenplan- und Unterrichtsgestaltung an der Schule mit dem sonderpädagogischen Schwerpunkt Geistige Entwicklung unterscheidet sich jedoch hiervon deutlich insbesondere durch den individualpädagogischen Zuschnitt des Unterrichts und der Bildungsangebote sowie durch die tages- und schulstrukturellen Bedingungen (Personalisierung, Raumstrukturen, Stundenplan) (Fischer 2008). Die Bildungspläne der Länder gehen von einer heterogenen Zusammensetzung der Klassen und damit verbundenen Notwendigkeit der inneren und äußeren Differenzierung aus, in denen auch die Schülerinnen und Schüler mit schwerster Beeinträchtigung selbstverständlich am Unterricht im Rahmen ihrer Möglichkeiten sowie spezifischen Bedürfnisse teilnehmen (Schäfer 2017).

Durch die Personalstruktur im SGE können nun in der Gestaltung des Wochenstundenplans auch solche Einheiten berücksichtigt werden, in denen Einzelunterrichts- (EU-Phasen) oder Kleingruppenphasen in äußerer Differenzierung stattfinden (Pitsch & Thümmel 2023). Schönhofen & Schäfer (2020) nennen damit verbunden für den Einsatz des Schulhundes folgende Optionen:

- *Klassenunterricht:* Die Hundeführerin arbeitet mit dem Hund mit der ganzen Klasse unterstützt von den Kolleginnen des Teams in der großen Runde und ggf. weiteren Gruppenphasen (fachbezogene Inhalte sowie Lernfelder bspw. Kooperation o. ä.).
- *Lerngruppe:* In Form der äußeren Differenzierung arbeiten die Hundeführerin und der Hund mit einer Lerngruppe von zwei bis drei Schülerinnen und Schülern im Differenzierungsraum oder auch bei gutem Wetter im Außenbereich der Schule.
- *Einzelunterricht (EU):* Hier beschäftigen sich die Hundeführerin und der Hund intensiv mit einem Kind und können besonders auf spezifische Aspekte der Bildungsplanung eingehen – dies sowohl aus fachbezogener Perspektive (bspw. Zählübungen in der Mathematik) als auch im Zusammenhang mit lernfeldbezogenen Themen wie bspw. Kommunikation oder Selbstversorgung.

Gerade die beiden letzten Optionen (Lerngruppe und Einzelunterricht) können durch die besonderen personellen Ausstattungsmerkmale im SGE genutzt werden und stellen damit ein wesentliches Unterscheidungsmerkmal zu anderen Schulformen dar. Im gemeinsamen Planungsprozess des Unterrichts über das Schuljahr hinweg (vertiefend hierzu Schäfer 2019b) sollte wohl überlegt werden, welche Schwerpunkte im Wochenverlauf gesetzt und welche Themen akzentuiert werden: Die Rahmenbedingungen können sich von Schuljahr zu Schuljahr (Stufenwechsel), aber auch innerhalb eines Halbjahres ändern (Zuzug von Kindern), so dass die Planungen flexibel den Gegebenheiten angepasst werden müssen. Insofern sind die in ▶ Abb. 4.3 genannten

4.5 Stundenplan- und Unterrichtsgestaltung

Faktoren (Schülerinnen und Schüler, Klasse, Schule und Hund) in den Planungsprozess mit den genannten Aspekten sorgsam einzubeziehen.

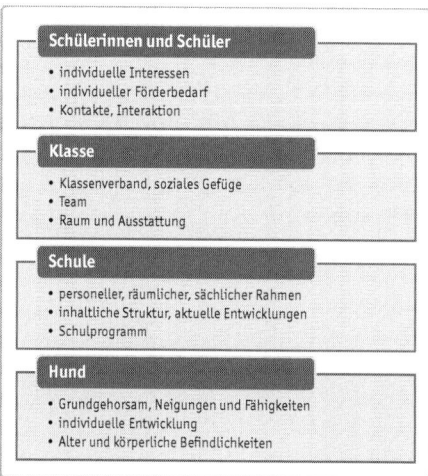

Abb. 4.3: Zusammenspiel von Schülerinnen und Schülern, Klasse, Schule und Hund (nach Schäfer, Schönhofen & Beetz 2022, 8) (eigene Darstellung)

Die Unterpunkte der Kategorien nennen nur erste Anhaltspunkte, die je nach Schule und der handelnden Personen spezifisch zu erweitern sein werden (Schäfer, Schönhofen & Beetz 2022):

- *Die Schülerinnen und Schüler:* Im Mittelpunkt stehen zunächst die Schülerinnen und Schüler mit intellektueller Beeinträchtigung mit ihren individuellen Interessen und Vorlieben sowie den spezifischen Förderbedarfen und Beeinträchtigungen und Kontakten zu Mitschülerinnen und Mitschülern und damit verbundener Interaktion in der Klasse. Damit einher geht selbstredend die Kommunikation mit den Eltern und Erziehungsberechtigten (▶ Kap. 4.1).
- *Die Klasse:* Durch die meist altersgemischten Klassen im SGE ändert sich (anders als bspw. in den vier Jahren der Grundschulzeit) nicht selten zum neuen Schuljahr die Zusammensetzung der Klasse und damit auch die Lern- und Arbeitsdynamik sowie damit bedingt das soziale Miteinander. Ebenso können sich die Konstellation des Teams (bspw. Elternzeit) sowie die räumlichen Bedingungen verändern (bspw. ein anderer Differenzierungsraum), so dass zum neuen Schuljahr insgesamt einige Dinge neu zu ordnen sein werden – im Besonderen eben auch für den Hund und die Hundeführerin (vgl. hierzu ausführlicher Beetz, Schönhofen & Heyer 2019, 382 ff.).

- *Die Schule:* Auch die Schule als Einrichtung kann sich in ihren personellen, räumlichen und sächlichen Rahmenbedingungen (bspw. Umbau, Sanierung) sowie der inhaltlichen Schwerpunktsetzungen (bspw. BNE-Schule oder ein weiterer Förderschwerpunkt kommt hinzu) und aktuellen Entwicklungen verändern (bspw. veränderte Schülerschaft), so dass die Schulhundarbeit dahingehend angepasst und verändert werden muss.
- *Der Hund:* Schließlich gilt es kontinuierlich den Hund in seiner Entwicklung im Blick zu behalten (sein Gehorsam, seine Neigungen, seine Fähigkeiten), die nicht als so gegeben verstanden werden darf, sondern erfahrungs- und altersbedingten Veränderungen unterliegt (bspw. die körperliche Verfassung oder ein höheres Stressempfinden im Alter) (hierzu ausführlich ▶ Kap. 6).

Praxis
Kommunikation im Team – Geduld in der Sache
Im Sinne guter Lösungen bewährt sich hier die regelmäßige und offene Kommunikation im Team, um die oben genannten Faktoren je aufeinander abstimmen zu können. Finden sich Lösungen nicht sofort, kann auch die Reduktion der Schulhundarbeit oder der spätere Beginn (bspw. erst in der dritten Schulwoche des Schuljahres) ein Ansatz sein, bis die Situation für alle überblickt werden kann.

4.6 Methodische Überlegungen

Das Kapitel 4 schließt mit methodischen Hinweisen und spezifischen Fragestellungen im SGE: Regeln zum Umgang mit dem Schulhund (▶ Kap. 4.6.1), Materialentwicklung und Adaption (▶ Kap. 4.6.2), Basale Zugänge (▶ Kap. 4.6.3) sowie Unterstützte Kommunikation und Leichte Sprache (▶ Kap. 4.6.4).

4.6.1 Regeln zum Umgang mit dem Schulhund

Trotz der Bezeichnung *Schulhund* ist der Hund natürlich durch die unmittelbare Anbindung an die Hundeführerin im Schwerpunkt an eine spezifische Klasse gebunden und steht nicht per se der ganzen Schule einfach zur Verfügung. Darüber hinaus können natürlich auch vorbereitete und regelmäßige Besuche des Mensch-Hund-Teams in anderen Klassen oder die Zusammenarbeit mit einzelnen Lerngruppen Einsatzgebiete sein (bspw. Schwarz 2022, 24 f.), weshalb es nicht nur für die Schülerinnen und Schüler der Schulhund-Klasse, sondern auch für die Schulgemeinschaft (Lehrerinnen, Therapeuten, Jugendliche im Praktikum und Ausbildung, Gäste oder auch die Schulbegleitung usf.) wichtig ist, die Regeln im Umgang mit dem Hund zu kennen.

Es bewährt sich, diese im Schulhaus an zentralen Stellen vorzuhalten, um die Schülerinnen und Schüler mit intellektueller Beeinträchtigung darauf erinnernd hinzuweisen oder einen spezifischen Punkt (bspw. den Hund von unten streicheln) auch in einer entsprechenden Situation besprechen und zeigen zu können. Auch für die Kolleginnen und Kollegen kann dies noch einmal etwas an Sicherheit bieten, weil man sozusagen im Regelwerk nachschauen kann. Schönhofen & Schäfer (2020) haben in ihrem Praxisbuch auf der Grundlage der vergriffenen Publikation von Heyer & Kloke (2011) deren Vorlagen hinsichtlich Komplexität und Menge für die Lernenden mit intellektueller Beeinträchtigung unter folgenden Gesichtspunkten reduziert und modifiziert (ebd. 22):

- Reduktion der Gebote und Verbote auf sechs positiv formulierte Regeln.
- Die Regeln sind sprachlich einfach und in einer günstigen Satzstruktur formuliert.
- Sie sind als Kopiervorlage in einer klaren Darstellung auf DIN A4 gestaltet (in der Praxis auf DIN A3 vergrößern).
- Das Poster bietet Platz für ein schönes Foto des Hundes, so können die Schülerinnen und Schüler einen unmittelbaren Bezug herstellen.
- Der Name des Hundes kann von den Schülerinnen und Schülern in jeder Bildunterschrift selber nachgetragen werden.

Zu den Regeln bietet der Band auch ein Memory-Spiel an (ebd., 25 und 26), mit dem dann die Regeln im Rahmen der Einführung des Regelwerks, aber auch als Wiederholung geübt werden können (sowohl mit als auch ohne Hund möglich) (▶ Abb. 4.4). Größer kopiert (DIN A6 oder DIN A5) dienen die Abbildungen auch als Impulskarten, wenn bspw. die Regeln im Einzelnen geübt werden. Weitere Hinweise zu den einzelnen Regeln finden sich in Heyer & Kloke (2011, 34–51).

Alternativ können die Regeln natürlich auch in einer grafischen Kombination mit dem eigenen Hund hergestellt werden, was sicherlich für die Identifikation sehr geeignet sein wird (Situation mit Kind und Hund in der jeweiligen Regel fotografieren). Hierbei ist zu bedenken, dass das Fotomaterial

4 Methodik und Organisation

Abb. 4.4: Josefine schaut zu und wartet ab – Spielmöglichkeit zu konkreten Verdeutlichung der Regeln und kontinuierlichen Auseinandersetzung mit ihnen (eigene Darstellung)

eindeutig sein muss und nicht durch ungeeignetes Bildmaterial für die Schülerinnen und Schüler mit intellektueller Beeinträchtigung infolge bspw. visueller Wahrnehmungsbeeinträchtigungen zusätzliche Komplikationen mit sich bringt. Für die eigene Herstellung finden sich nachstehend die Regeln im Überblick (Gebote und Verbote):

Tab. 4.1: Regeln mit Geboten und Verboten (nach Schönhofen & Schäfer 2020 in Anlehnung an Heyer & Kloke 2011) (eigene Darstellung)

Regeln zum Umgang mit dem Schulhund			
Regel	Gebot	Verbot	Anmerkung
1	Ich bin leise.	Ich schreie nicht.	Günstig: ruhige Klassenatmosphäre
2	Ich bin zu ___ lieb.	Ich darf ___ nicht schlagen.	Behutsames Miteinander
3	___ bleibt auf dem Boden.	Ich darf ___ nicht hochheben.	Besonders bei kleineren Hunden zu beachten
4	Ich streichle ___ von unten.	Ich streichle ___ nicht von oben.	Nicht über Kopf und Augen streicheln
5	___ kommt zu mir.	Ich laufe nicht hinter ___ her.	Kein Eindruck des Verfolgens

Tab. 4.1: Regeln mit Geboten und Verboten (nach Schönhofen & Schäfer 2020 in Anlehnung an Heyer & Kloke 2011) (eigene Darstellung) – Fortsetzung

Regeln zum Umgang mit dem Schulhund		
6	_____ darf gehen. Ich halte _____ nicht fest.	Hund darf nicht in Bedrängnis geraten

Abschließend sei darauf hingewiesen, dass im Falle einer Regelverletzung auch die möglichen Konsequenzen bedacht sein müssen: wie gehe ich also damit um, wenn ein Kind bspw. den Hund von oben streichelt, weil es vielleicht emotional überfordert war oder den Hund ungesteuert ganz fest drückt wie das eigene Stofftier – ihn bedrängt, ihm womöglich schon wehtut? Gerade in der Primarstufe (aber auch bei älteren Schülerinnen und Schülern bspw. auch in der Kombination mit Autismus-Spektrum-Störungen oder Syndromspezifischen Verhaltensmustern) sind solche Situationen im SGE immer wieder eine große Herausforderung. Es erfordert viel Geduld und Reflexion (auch im Team), um diese Situationen im Sinne des Schutzes des Hundes einschätzen und adäquat reagieren zu können (Wohlfarth & Olbrich 2014, 23 f.).

Es bleibt in gewisser Weise ein Balanceakt, und diese Situationen sind immer wieder individuell zu bewerten: sind positive Entwicklungen zu identifizieren, wird die Intervention fortgeführt; weiß die Hunde führende Person um die fehlende Impulskontrolle des Kindes – bleibt sie zunächst auf Distanz. Stellt die Intervention eine Belastung für den Hund dar, wird das Setting beendet – auch dies sollte aus der Tierschutzperspektive mitgedacht werden (Arnold & Beetz 2021).

4.6.2 Adaption und Materialentwicklung

Viele Medien und Materialien, die im Zusammenhang mit tiergestützten Interventionen und im Besonderen für die Tätigkeiten mit dem Schulhund entwickelt und angeboten werden, sind aus dem regelhaften Grundschulbereich (oder weiterführend) und meist hinsichtlich Anspruch und Komplexität nicht für alle Kinder und Jugendlichen im SGE geeignet (weiterführend Mombeck 2022, 133 f.). Diese Einschätzung bezieht sich sowohl auf sachunterrichtliche Themenfelder (bspw. Dreher 2018a oder 2018b) als auch Unterrichtsvorschläge zu Deutsch und Mathematik (Wieckenberg 2021) sowie weitere Kommunikations- oder Kooperationsübungen. Die Adaptionsaufgabe

4 Methodik und Organisation

für die Hundeführerin besteht nun (auf der Grundlage ihrer fachlichen pädagogischen Expertise ▶ Kap. 2) darin,

- die vorliegenden Materialien in Bezug auf die Möglichkeiten der Schülerinnen und Schüler im SGE anzupassen (ggf. auch hinsichtlich der angebotenen Menge und der Darstellungsformen der Aufgaben bspw. in Bezug auf Schrift und Eindeutigkeit der Aufgabenstellungen),
- die Planungs- und Durchführungsschritte noch differenzierter zu gliedern (kleinste Schritte; Abstraktionsebenen beachten; konkretes Material zur Handhabung anbieten)
- sowie Übungs- und Wiederholungsphasen zur Festigung im Wochenverlauf einzubeziehen.

Neben der Adaption von vorhandenen Materialien als einer Form der Veränderung und Individualisierung für den tiergestützten Unterricht im SGE stellt die Materialentwicklung ein weiteres Aufgabenfeld dar, denn für viele Bereiche bietet der Lehr- und Lernmittelmarkt keine geeigneten Angebote. Hier spielen der Ideenreichtum und die fachliche Expertise der Hundeführerin und des Teams eine wesentliche Rolle, um für die Schülerinnen und Schüler mit intellektueller Beeinträchtigung unterrichtswirksame Angebote im Kontext bedeutsamer unterrichtlicher Lernziele in Verbindung mit einer hundgestützten Intervention vorhalten zu können. Zu beachten ist in diesem Zusammenhang der altersangemessene Zuschnitt der entwickelten Materialien (weiterführend Lamers 2017).

Es wird deutlich: eine anspruchsvolle didaktisch-methodische sowie kreative und handwerkliche (auch mediale) Aufgabenstellung,

- die sowohl fundierte unterrichtspraktische Erfahrungen im SGE (die Entwicklungen des Lernmaterials müssen fachlich stimmig und bezogen auf die Lerngruppe altersangemessen sein)
- als auch souveränes Handeln mit dem (sowie Wissen um den) Hund erfordert (das Material muss auf die Fähigkeiten, Neigungen und das Wesen des Hundes abgestimmt sein) (▶ Abb. 4.5 und ▶ Kap. 2.3).

Als Beispiel für den Bereich der Selbstversorgung sei hier die Übung »Unter Verschluss« genannt (Schönhofen & Schäfer 2020, 74), die das Öffnen und Schließen verschiedener Verschlussformen zum Ziel hat. Hierbei spielen außerdem die Förderung der Auge-Hand-Koordination, der Raum-Lage-Wahrnehmung (Schleife binden) sowie das beidhändige Greifen und Drücken eine wesentliche Rolle. Im gezeigten Beispiel übt Sofia mit Ausdauer das Öffnen

4.6 Methodische Überlegungen

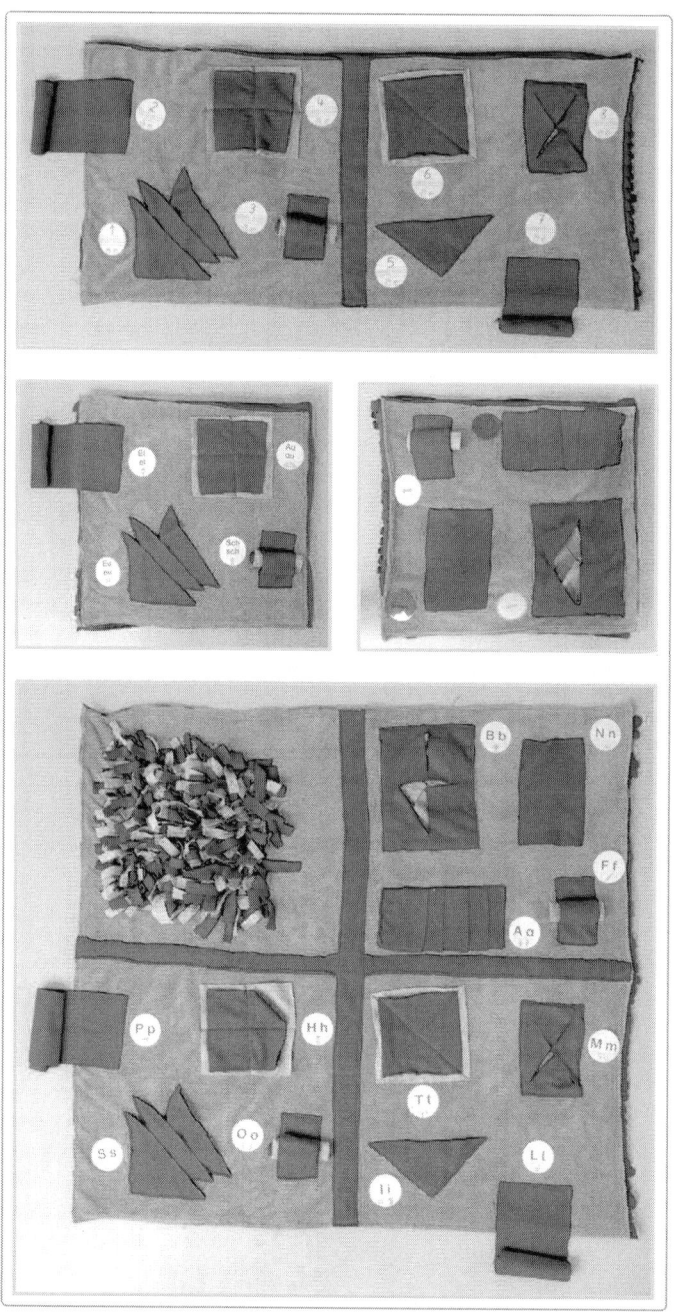

Abb. 4.5: Die Schnuffeldecke in den nutzbaren Größen und Aufgabenformaten (nach Schönhofen & Schäfer 2022, 13) (eigene Darstellung)

und Schließen des Reißverschlusses, damit sie Josefine zur Belohnung ein Leckerchen geben kann (▶ Abb. 4.6).

Abb. 4.6: »Unter Verschluss« – selbst hergestelltes Material zur Übung im Kontext Selbstversorgung (Öffnen und Schließen mit und von verschiedenen Verschlüssen) (Schönhofen & Schäfer 2020, 74) (eigene Darstellung)

4.6.3 Basale Zugänge

Kinder und Jugendliche mit schwerster Beeinträchtigung gehören heute selbstverständlich zur Schülerschaft in den Schulen mit dem SGE (Mohr 2019), seltener werden sie aufgrund der komplexen Herausforderungen (fachlich und strukturell) in inklusiven Settings unterrichtet. Diese Schülerinnen und Schüler profitieren in besonderem Maße von ganzheitlichen und basalen Unterrichtsangeboten, von einem unmittelbaren Kontakt und personaler Nähe und Zuwendung (Fröhlich 2015).

Wichtig: Auch der Personenkreis der Schülerinnen und Schüler mit einer schwersten Beeinträchtigung ist in sich heterogen! Sowohl die Beeinträchtigung betreffend als auch hinsichtlich der Neigung zum Hund werden sich deutliche Unterschiede und Präferenzen finden lassen – manche Kinder lassen die Nähe zum Tier zu, andere zeigen kein sichtliches Interesse und wiederum andere Kinder und Jugendliche lehnen den Kontakt zu einem Tier ab.

Kann nun von einem positiven Zugang des Kindes zum Hund ausgegangen werden, sind es dann meist Situationen des Einzelunterrichts (s.o.), in denen die Schülerinnen und Schüler mit schwerster Beeinträchtigung das Spüren des Atems des Hundes oder die Berührungen des weichen Fells als ganz elementare Zugänge erleben und genießen können. Auch das Empfinden der wohltuenden Wärme des Tieres in einer entspannten und ruhigen Lernumgebung führt zur Entspannung, zur Ruhe und einem gelösten Muskeltonus.

> **Praxis**
> **Emotionale Akklimatisierung**
> Diese Form der Intervention benötigt Zeit und Ruhe, sie muss gut vorbereitet sein, damit die Interaktion zwischen Kind und Hund ungestört stattfinden kann. Hierbei gilt es zu bedenken, dass sich sowohl das Kind auf den Hund einlassen als auch der Hund die Situation kennenlernen muss. Ungewohnt können in einer solchen Interaktion bspw. der Rollstuhl oder andere Hilfsmittel sein, ggf. können Gegenstände zur Positionierung und zum Transfer erschreckend auf den Hund wirken (bspw. das Geräusch des mobilen Lifters o.ä.). Diese Dinge gilt es im Vorfeld zu prüfen, damit sich alle Beteiligten (Kind – Hund – Hundeführerin) entspannt auf die Intervention einlassen können. Schönhofen & Schäfer (2020) beschreiben diese Phase als einen Prozess der *emotionalen Akklimatisierung*, der dann im weiteren Verlauf auch inhaltlich angereichert werden kann bspw. durch gezielte Mobilitäts- und Bewegungsförderung.

Unterrichtspraktische Hinweise und Übungen zu den Lernfeldern finden sich in ▶ Kap. 5.3.

4.6.4 Unterstützte Kommunikation und Leichte Sprache

Schülerinnen und Schüler mit intellektueller Beeinträchtigung sind in einem nicht unerheblichen Maße zugleich von Beeinträchtigungen der Sprache und der Kommunikation betroffen (aktuell Baumann 2021, 100 ff.), wodurch die Interaktion mit dem Gegenüber in unterschiedlichen Formen gestört und zugleich soziale Teilhabe im schulischen wie auch außerschulischen Kontext erschwert werden können (Erdélyi & Thümmel 2019).

In diesem Sinne sind unterstützende (supportive) Maßnahmen der Sprach- und Kommunikationsförderung als Möglichkeiten des Einbezugs und der erheblichen Erweiterung von Teilhabe an sozialer Interaktion in Schule, Beruf und Gesellschaft zu verstehen. Kommunikations- und Sprachförderung muss im SGE verstanden werden als spezifisches Lernfeld sowie unterrichtsimmanente Querschnittsaufgabe über die Fächer hinweg. Maßnahmen der Unterstützten Kommunikation (UK) bieten in diesem Zusammenhang geeignete

Zugänge, expressive Sprache zu unterstützen und zu ersetzen, um damit für die Kommunikationspartnerinnen und -partner verständliche und eindeutige Kommunikationserlebnisse entstehen zu lassen (Damag & Haag 2019).

Kommunikationsformen
Hierbei können aus dem Methodenkoffer der UK folgende Optionen genutzt werden:

- *Körpereigene Kommunikationsformen* (bspw. Mimik und Gestik sowie gezielte Kommunikation durch sprachunterstützende oder sprachersetzende Gebärden)
- *Körperfremde Kommunikationsformen* (Differenzierung: *nicht-elektronische Formen* wie bspw. Symbolsammlungen oder konkretes Bildmaterial und *elektronische Formen* wie bspw. BIGmack, GoTalk oder IPad).

Den Angeboten geht eine spezifische UK-Diagnostik voraus (Erdélyi & Mischo 2021), um den fachlichen Zuschnitt der Intervention zu gewährleisten. Ein kombinatorisches Angebot der genannten Einsatzformen im Sinne einer multimodalen Kommunikationsförderung ist erforderlich (Erdélyi & Thümmel 2019).

Die beschriebenen Interventionen müssen dauerhaft angelegt und im Stundenplan (unterrichtsimmanent sowie als spezifische UK-Einheit) berücksichtigt sein, die positiven Effekte der Schulhundarbeit können unter zwei Gesichtspunkten einbezogen werden:

- In dem oben genannten multimodalen Verständnis der UK werden die Begrifflichkeiten der Schulhundarbeit in Wort und Bild sowie in den entsprechenden Gebärden berücksichtigt. Es existieren also Symbol- und Bildmaterial zu den bspw. Utensilien des Hundes (Hundeleine, Hundedecke, Hundefutter usf.), zu den Hundeberufen (Polizeihund, Rettungshund) oder zu den Hunderassen. Dieser Zugang kann als die *didaktische (inhaltliche) Ebene* beschrieben werden bspw. in Verbindung mit dem Sachunterricht.
- Zugleich können die positiven Effekte der hundgestützten Interventionen genutzt werden, um die Kinder, die auf die supportiven Maßnahmen der UK angewiesen sind, an die Nutzung der Möglichkeiten heranzuführen (bzw. diese auch ausprobieren zu können) sowie Lernschritte zu festigen. Die Intervention darf hier verstanden werden als *motivationaler Katalysator*: gewissermaßen nebenbei nutzen sie intentional bspw. eine sprachliche

4.6 Methodische Überlegungen

Abb. 4.7: Gebärdenkarten zu den Utensilien des Hundes (eigene Darstellung)

Unterstützung durch den BIGmack (»Ja«) oder Kommunikationskarten aus der Symbolsammlung (bspw. das »Ja« aus der METACOM-Sammlung), wenn Sie dem Hund ein Leckerchen geben möchten: Frage: »Möchtest du dem Hund ein Leckerchen geben?« – Antwort Kind: »Ja« (Kind drückt die Taste). In dieser Form nehmen Lernende mit Unterstützungsbedarf in Sprache und Kommunikation die unterschiedlichen Medien (Gebärdenkarten) und Hilfsmittel (Talker, iPad) in einem für sie ganz individuell positiv besetzten Kontext wahr, die mit etwas Gewöhnung (wichtig: Zeit geben) auch losgelöst von der Intervention in anderen Kommunikationszusammenhängen eingebracht werden können (bspw. in der Pflege, während der Nahrungsaufnahme usf.). Dieser Zugang kann als die *methodische Ebene* beschrieben werden (bspw. im Zusammenhang mit einzelunterrichtlichen Maßnahmen zur Anbahnung intentionaler Kommunikation).

5 Didaktische Perspektiven

In einem professionellen Verständnis der Schulhundarbeit sollte der Einsatz des Schulhundes mehr sein als nur der Hund einer Lehrerin, der mit zur Schule kommt und alleine schon infolge seiner tiergegebenen Eigenschaften positive Effekte beitragen kann (Liese-Evers & Heier 2021). Im Sinne einer professionellen und damit zielgerichteten Schulhundarbeit adressieren die Interventionen an die zentralen unterrichtlichen Themenfelder,

- zu denen nach einem kurzen Überblick über die curricularen Grundlagen und Rahmenbedingungen im SGE (▶ Kap. 5.1)
- konkrete Beispiele und Hinweise differenziert nach Fächern (▶ Kap. 5.2)
- und Lernfeldern (▶ Kap. 5.3) genannt werden.

Das Kapitel schließt mit Hinweisen zu Wandertagen und Klassenfahrten (▶ Kap. 5.4), die als schulische Veranstaltungen mit vermeintlichem Freizeitcharakter im Kontext Schulhund oft etwas legere verstanden werden (Stichwort: Fahrlässigkeit; vgl. hierzu Cremer 2022). Sie unterliegen aber denselben Vorgaben und bergen gerade durch außerschulische und so veränderte Strukturen (Zeit, Raum, Rückzug) zusätzliche Risiken, die es gerade im SGE gesondert zu betrachten gilt.

5.1 Curricularer Rahmen

Die curricularen Vorgaben für Erziehung und Unterricht im SGE zeichnen sich insbesondere durch ihren individualpädagogischen und offenen Charakter aus (KMK 2021). Sowohl in der Primarstufe als auch in den weiterführenden Schulstufen der Schule mit dem SGE lässt sich über die Bundesländer hinweg eine inhaltliche Offenheit der Richtlinien und Lehrpläne ausmachen (Schäfer 2017). Während bspw. die Bildungsstandards der Kultusministerkonferenz für den Grundschulbereich zu erwartende Kompetenzen für die Fächer Mathematik (KMK 2022a) und Deutsch (KMK 2022b) beschreiben, die die Schülerinnen und Schüler zum Ende des vierten Grundschuljahres erreichen sollen, liegt für den SGE je Bundesland ein offenes Curriculum (keine Outputorientierung) verbunden jedoch mit Hinweisen zum Input und fachlichen Prozessorientierung vor (Schäfer & Rittmeyer 2019).

> **Individualpädagogischer Zugang**
> Diese curriculare Offenheit in Bezug auf die Inhalte (sowie auch die organisationsstrukturellen Bedingungen von Schule und Unterricht) ist durch die Empfehlungen der Kultusministerkonferenz zur sonderpädagogischen Förderung von 1994 und spezifisch für den Förderschwerpunkt geistige Entwicklung (KMK 1998) und fortgeschrieben für den sonderpädagogischen Schwerpunkt Geistige Entwicklung (KMK 2021) festgehalten. Damit liegt ein Bildungsverständnis vor, dass ausgerichtet an den individuellen Bedarfen der Schülerinnen und Schülern deren spezifische Lernwege jenseits normativer Orientierungen beschreibt. Als Kriterien von Schulentwicklung werden input- und prozessorientierte Standards genannt (Schäfer 2017).

Weiterführende Literatur (Fachdidaktik)

Fischer, E. & Schäfer, H. (2019): Bildung. In: Schäfer, H. (Hrsg.): Handbuch Förderschwerpunkt geistige Entwicklung. Weinheim: Beltz. 74–84.
Musenberg, O., Riegert, J., Dworschak, W., Ratz, Ch., Terfloth, K. & Wagner, M. (2008): In Zukunft Standardbildung? Fragen im Hinblick auf den Förderschwerpunkt geistige Entwicklung. In: Sonderpädagogische Förderung heute 3 (53) 306–316.
Schäfer, H. (2019b): Zur Gestaltung von Unterricht im Förderschwerpunkt geistige Entwicklung. In: Schäfer, H. (Hrsg.): Handbuch Förderschwerpunkt geistige Entwicklung. Weinheim: Beltz. 92–98.

In diesem individualpädagogischen Verständnis liegen auch die bundeslandesspezifischen Lehrpläne für den SGE vor, die aktuellen Veröffentlichungen sollen hier zur weiterführenden Einsichtnahme im Überblick genannt werden:

- Baden-Württemberg (2022): Bildungsplan Förderschwerpunkt Geistige Entwicklung. ZSL. (www.bildungsplaene-bw.de/,Lde/10359547)
- Bayern (2019 bzw. 2022): LehrplanPLUS Förderschule für den Förderschwerpunkt geistige Entwicklung. ISB. (www.lehrplanplus.bayern.de)
- Nordrhein-Westfalen (2022): Unterrichtsvorgaben für den zieldifferenten Bildungsgang Geistige Entwicklung an allen Lernorten sowie die neuen Richtlinien für den Förderschwerpunkt Geistige Entwicklung. QUA-LiS NRW. (www.schulentwicklung.nrw.de/lehrplaene/vorgaben-zieldifferente-bildungsgaenge/index.html)

Dieser offene curriculare Zugang bietet nun für den Unterricht im SGE die notwendigen Handlungsräume, den individuellen Bedürfnissen der Kinder und Jugendlichen mit einer intellektuellen Beeinträchtigung didaktisch und methodisch entsprechen zu können. Zugleich erfordert ein solcher Zugang einen professionellen und verantwortungsvollen Umgang mit der Planung, Gestaltung und Reflexion von Unterricht und Schulentwicklung, der seinen Blick mehr denn je richten muss auf die fachwissenschaftlichen Grundlagen und anschlussfähigen Rahmenbedingungen (Fischer 2008; Musenberg 2019).

Aus einer bildungstheoretischen Perspektive heraus geht es hier um den Einbezug sowohl der Fächer (bspw. Deutsch und Mathematik) als auch der spezifischen Lernfelder im SGE (wie bspw. Kommunikation, Bewegung und Selbstversorgung), deren jeweilige Berücksichtigung sich auf einem didaktischen Kontinuum über die Schulbesuchsjahre hinweg etwas verändern wird: Während zu Beginn noch mehr die formalen, subjektiv geprägten Gegenstandsbereiche im Fokus der Unterrichtsgestaltung liegen, werden die materialen und objektiven Inhaltsbereiche später verstärkt in den Blick genommen werden können bis schließlich hin zu gezielten berufsorientierenden Maßnahmen (Fischer & Schäfer 2019; 2021; Lamers & Heinen 2006).

Wichtig: Diese zeitlichen Abläufe und damit verbundene Fortschritte sind bei den Schülerinnen und Schülern unterschiedlich und jeder Entwicklungsverlauf ist ganz individuell zu betrachten. Raum für Beobachtung, Planung und Kommunikation mit den Eltern und Erziehungsberechtigten bietet der Förderplan, in dem die Schwerpunkte beschrieben und Ziele zeitlich terminiert werden. Im Dialog aller Beteiligten werden schließlich die Lernwege konkret und perspektivisch beschrieben (Bundschuh & Schäfer 2019a; 2019b).

5.2 Fachorientierung

Der Diskurs zur Orientierung an den Fächern und einem auch damit verbundenen wichtigen Anschluss an die fachwissenschaftlichen Grundlagen ist ein neuer Weg und in positiver Verbindung zu sehen mit den inklusiven Entwicklungen. Während noch bis in die 1990er Jahre ein in erster Linie lebenspraktischer Blick die Gestaltung von Schule und Unterricht dominierte (und bildungstheoretisch verengte), werden »seit einigen Jahren die Orientierung an den Fächern und die Berücksichtigung fachdidaktischer Ansprüche im Diskurs der Pädagogik bei geistiger Behinderung zunehmend aufgegriffen und teilweise kritisch reflektiert« (Musenberg 2019, 450) (vgl. hierzu die weiterführenden Literaturhinweise).

Im kritischen Diskurs von Fachorientierung geht es also um eine anschlussfähige Ausrichtung des Unterrichts an den Erkenntnissen der Fachwissenschaften und deren spezifischer Didaktik (Terfloth & Bauersfeld 2019) im Kontext einer damit verbundenen schülerorientierten Annäherung und dem diagnosegeleiteten Wissen um die Beeinträchtigung und den spezifischen Unterstützungsbedarf (Schäfer 2019b).

> **Weiterführende Literatur** (Fachdidaktik)
>
> Musenberg, O. (2019): Fachdidaktik und Fachunterricht aus der Perspektive des Förderschwerpunkts geistige Entwicklung. In: Schäfer, H. (Hrsg.): Handbuch Förderschwerpunkt geistige Entwicklung. Weinheim: Beltz. 450–460.
> Musenberg, O. & Riegert, J. (2015): Inklusiver Fachunterricht als didaktische Herausforderung. In: Riegert, J. & Musenberg, O. (Hrsg.): Inklusiver Fachunterricht in der Sekundarstufe. Stuttgart: Kohlhammer. 13–18.
> Ratz, Ch. (Hrsg.) (2011): Unterricht im Förderschwerpunkt geistige Entwicklung. Oberhausen: Athena.

Dieser fachliche Zugang soll nun auch im Zusammenhang mit TGI nutzbar gemacht werden (Schönhofen 2015), wenn nämlich der Einsatz des Hundes (auch in inklusiven Settings) ausgerichtet ist bspw. an den fachdidaktischen Grundlagen der Fächer und sich somit die positiven und motivationalen Effekte der hundgestützten Intervention unterrichtswirksam entfalten können (bspw. Beetz & Heyer 2014). Im Sinne einer Auswahl sollen im Zusammenhang mit dem Schulhundeinsatz im SGE in den ▶ Kap. 5.2.1 bis ▶ Kap. 5.2.3 Beispiele zu den Fächern Deutsch, Mathematik und Sachunterricht beschrieben werden, die fachliche Anregungen für eigene Entwicklungen im eigenen Setting geben möchten.

5.2.1 Deutsch

Während in der regelhaften Grundschulpädagogik die Leseförderung mit dem Hund (Beetz & Heyer 2014; Heyer & Beetz 2021) meist auf motivationale, emotionale und soziale Aspekte ausgerichtet ist (die natürlich auch für den SGE reklamiert werden können), die das Üben des automatisierten und flüssigen Lesens unterstützen sollen, stehen für viele Schülerinnen und Schüler mit intellektueller Beeinträchtigung im grundlegenden Schriftspracherwerb mehr elementare Herausforderungen insbesondere mit dem Erschließen der Graphem-Phonem-Korrespondenzen (GPK) sowie der Analyse und Synthese des Wortmaterials im Vordergrund (Thümmel 2008, 527 ff.).

In diesem Anfangsunterricht können mehrsensorische Übungen mit Anlautbildern und Lautgebärden das Herstellen der GPK unterstützen (bspw. Schäfer & Leis 2007; 2008), zudem erweist sich der Einbezug des Silbenlesens als weitere methodische Hilfestellung (Koch & Euker 2019). Grundsätzlich gilt es in einem solchen langfristig angelegten Leselernprozess von Kindern und Jugendlichen mit intellektueller Beeinträchtigung kontinuierliche Übungsphasen zur unmittelbaren Auseinandersetzung mit Schrift anzubieten, die in einer Verbindung von gelenkten (instruktiven) und offenen Unterrichtssituationen stehen können (bspw. vertiefendes Üben im Wochenplan oder im Stationenlernen).

Innerhalb dieser im besten Falle täglichen Übungsphasen ist der Einbezug hundgestützter Intervention eine willkommene und abwechslungsreiche Unterstützung für Schülerinnen und Schüler jeden Alters. Beetz & Heyer (2014) nennen folgende Bereiche, die sich nachweislich auch bei Kindern und Jugendlichen mit intellektueller Beeinträchtigung verbessernd auf die Häufigkeit des Lesens an sich sowie auf die Menge des Gelesenen und die Motivation und Freude am Lesen auswirken:

- Soziale Interaktion und Kommunikation
- Vertrauen sowie Angst- und Stressreduktion
- Positive Stimmung und Aufmerksamkeit
- Konzentration sowie Motivation und Selbstwirksamkeit.

Jedoch nicht alleine die Anwesenheit des Hundes führt zu einer Verbesserung der Lesefähigkeit, »Lesen lernt man nur durch Lesen« (Beetz & Heyer 2014, 96), weshalb die Übungen grundsätzlich an den fachlichen Grundlagen didaktisch aufbereitet und der Unterricht kontinuierlich an den ganz individuellen Bedarfen der Kinder und Jugendlichen ausgerichtet sein muss (Schönhofen & Schäfer 2022).

Im Sinne einer anschlussfähigen Aufbereitung und Orientierung an den Fächern sowie den spezifischen Bedarfen der Schülerinnen und Schüler im SGE (den hier sogenannten Lebensfeldern) sind die Beispiele analog zum neuen Bildungsplan Baden-Württemberg (2022) für den SGE gegliedert (s. o. sowie Bremerich-Vos et al. 2020). Dieser spezifische und aktuelle Bildungsplan ist fachlich anschließend orientiert an den KMK-Bildungsstandards Deutsch für die Grundschule aus dem Jahre 2004, an dieser Stelle sei zugleich auf die aktuelle Fortschreibung aus dem Jahr 2022 verwiesen, die zum einen im

5.2 Fachorientierung

Kompetenzbereich Lesen etwas anders gliedert (hinsichtlich der domänenspezifischen Kompetenzbereiche) und zum anderen in der Ausdifferenzierung mehr konkret auf die zu erwartende Kompetenzentwicklung hinwirken möchte (KMK 2022b, 10 ff.):

> **Kompetenzen (Deutsch)** (Baden-Württemberg 2022 – Auszug)
> »Im Unterricht des Faches Deutsch kommen eine Vielzahl von inhalts- wie auch prozessbezogenen Kompetenzen zum Tragen, die eng miteinander in Verbindung stehen und in den einzelnen Themenfeldern des Faches Eingang finden. Sie können nicht getrennt voneinander betrachtet werden, sondern sollen vielmehr – eng miteinander verknüpft und individuell angepasst – ein tragfähiges Netz bilden, welches die Schülerinnen und Schüler in sprach- und kommunikationsbezogenen Zusammenhängen entsprechend ihren Möglichkeiten handlungsfähig macht. Für den Deutschunterricht sind folgende prozess- und inhaltsbezogenen Kompetenzen von Bedeutung:
>
> - *Sprechen und Zuhören/Kommunikation:* Die Schülerinnen und Schüler erlangen Kompetenzen im Bereich Kommunikation, die sie befähigen, soziale Kontakte zu anderen zu knüpfen, aufeinander einzugehen und einander zuzuhören. Dazu gehören die Weiterentwicklung der Lautsprache ebenso wie Formen der Unterstützten Kommunikation, die nicht verbal sprechende oder schwer verständlich sprechende Schülerinnen und Schüler in die Lage versetzen, ihre Wünsche und Bedürfnisse zu äußern und sich aktiv in die Kommunikation einzubringen.
> - *Schreiben und Texte verfassen:* Der erweiterte Schreibbegriff stellt den Ausgangspunkt für das Verfassen von Texten dar. Individuell angepasste Schreibanlässe, die alle grafischen Möglichkeiten (wie Kritzeln, Schmieren, Schemazeichen, Buchstabenschrift, Lautschrift) miteinbeziehen, eröffnen den Schülerinnen und Schülern Wege, sprachliche Kreativität zu entwickeln, sich mitzuteilen und Informationen festzuhalten. Ebenso geht es darum, Themen zu finden, Informationen dazu zu sammeln und zu strukturieren sowie den Text adressatenbezogen zu planen, zu formulieren und zu überarbeiten.
> - *Lesefähigkeit erwerben:* Lesen trägt wesentlich zur Persönlichkeitsentwicklung bei und eröffnet neue Vorstellungswelten. Die Schülerinnen und Schüler entfalten im Unterricht eigene Wege des Lesens, indem sie spielerisch und handelnd an das Wahrnehmen, Deuten und Verstehen von Zeichen und Symbolen herangeführt werden. Dabei werden alle

Strategien des Leselernprozesses im Sinne eines erweiterten Lesebegriffs als gleichwertige und eigenständige Optionen wahrgenommen und anerkannt. Hierzu zählen somit sowohl Arten des Lesens im engeren Sinn (zum Beispiel Silben, Wörter, Sätze) wie auch im Weiteren (zum Beispiel Verkehrsschilder, Toilettenbeschilderung).

- *Sprache untersuchen:* Die Schülerinnen und Schüler entdecken und erforschen Sprache in ihren unterschiedlichen Facetten (zum Beispiel Dialekte, Herkunftssprachen, Jugendsprache). Sie entwickeln erste Vorstellungen von Wortbildung, Satzstrukturen und grundlegenden Rechtschreibregeln und kommen mit der Vielfalt von Ausdrucksmöglichkeiten (mündlich, schriftlich, nonverbal, elektronisch) in Berührung.
- *Literatur und Medien:* Der Deutschunterricht bietet den Schülerinnen und Schülern die unterschiedlichsten Literaturbegegnungen (zum Beispiel in Form von Büchereibesuchen, Hörbüchern, Theaterbesuchen oder Leseprojekten). Die Schule schafft Möglichkeiten, Einblicke in den kulturellen Reichtum der Literatur zu gewinnen. Die Schülerinnen und Schüler partizipieren in individueller Art und Weise an Inhalt, Form und Wirkung von Literatur im weitesten Sinn und erhalten somit Zugang zu anderen Welten, Einsichten, Erkenntnissen und Erfahrungen. Des Weiteren trägt der Unterricht dazu bei, die Medienkompetenz der Schülerinnen und Schüler zu entwickeln.«

Sprechen und Zuhören / Kommunikation

- »Die Schülerinnen und Schüler variieren und modulieren den Klang der Stimme in Lautstärke und Tonhöhe« (2.1.1.1 *Elementare Dialogformen*): Diese Kompetenz kann bspw. dadurch entwickelt und gefördert werden, dass die Kinder und Jugendlichen in begleiteter Intervention mit dem Hund mit den Signalen »Sitz!«, »Platz!« und »Fuß!« arbeiten und im Verlauf dieser Übungen feststellen können, wie sie mit gezielter Modulation des Klanges bzw. der Lautstärke der Stimme die gerichtete Aufmerksamkeit des Hundes auf sich ziehen können (▶ Abb. 5.1).

Neben der Modulation des Klanges der Stimme ist nicht selten der positive Effekt wahrzunehmen, dass die Schülerinnen und Schüler sehr bemüht sind, verständlich und deutlich zu sprechen: So spricht Sofia in der Intervention (s. u.) nicht nur in einer angemessenen Lautstärke, sondern es gelingt ihr, die beiden Silben /fi/ und /ne/ als Bestandteil des Namens Josefine zu artikulieren. Auch wenn diese Entwicklung ein halbes Schuljahr dauerte, darf es als ein enormer Fortschritt für das Kind angesehen werden

5.2 Fachorientierung

und wirkt wiederum motivierend in anderen kommunikativen Kontexten. Die Übung ist auch mit Tricks denkbar (bspw. »Gib 5«, »Feine Dame«, »Verbeugen« oder »High Five« – je nach den Fähigkeiten des Hundes) (vgl. im fachlichen Überblick Behrens & Eriksson 2020).

Das im Bildungsplan außerdem genannte Beispiel »Gemeinsamer Atemrhythmus« kann in der TGI dahingehend Eingang finden, dass die Schülerinnen und Schüler im Körperkontakt (1-zu-1) mit dem Hund dessen Atem und dessen Herzschlag empfinden können, diesen also in einem gemeinsamen sensorischen Dialog wahrnehmen können. Diese Wahrnehmungsübungen bieten sich auch für Schülerinnen und Schüler mit schwerster Beeinträchtigung an.

Abb. 5.1: »Sitz!« – Sofia spricht laut und deutlich zu Josefine (und nutzt die Geste) (eigene Darstellung)

- »Die Schülerinnen und Schüler ordnen Zeichen einer Handlung oder einer Unterrichtsstunde zu« (2.1.1.3 *Symbolische Äußerungen*): Innerhalb des Kompetenzspektrums der symbolischen Äußerungen können hier die Übungen zur Erschließung und Festigung der Schulhundregeln einfließen (▶ Kap. 4.6.1). In diesem Zusammenhang können nahezu alle der genannten Kompetenzen in einem unterschiedlichen Grad an Komplexität und altersangemessener Ausgestaltung (bspw. Berücksichtigung der Hunderassen, Agility-Übungen) abgerufen werden wie bspw.:
  - »Die Schülerinnen und Schüler zeigen, dass sie ein Zeichen verstanden haben und das damit verbundene Ereignis erwarten« (bspw. die Hunderegel »Der Hund kommt zu mir«).

5 Didaktische Perspektiven

- »(...) (Sie) erkennen auf Bildern Dinge, Personen und Sachverhalte und nutzen diese in Printform oder digital zur Kommunikation« (bspw. das Memory-Spiel zu den Hunderegeln oder das Zuordnen von Symbolen der Hundeutensilien auf dem iPad).
- »(...) (Sie) erkennen die Bedeutung von Gesten und produzieren diese unter Ausgestaltung einer eigenen motorischen Aktivität« (bspw. werden die Gesten für die verschiedenen Signale auf dem iPad vorgestellt (▶ Abb. 5.2) und anschließend durch das Kind selber ausgeführt).

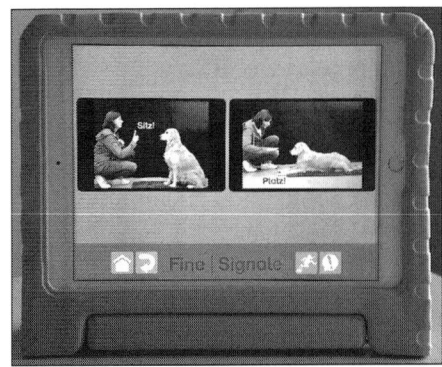

Abb. 5.2: Signale für den Hund auf dem iPad mit der Software GoTalk Now – hier: »Sitz!« und »Platz!« mit Sprachausgabe beim Drücken des jeweiligen Feldes (eigene Darstellung)

- »Die Schülerinnen und Schüler werden mit subjektiven Wörtern wirksam und beziehen sich dabei mit ihren Wörtern, Gebärden und Symbolen auf Gegenstände und Sachverhalte« (2.1.1.5 *Lautsprache entwickeln – Wörter erkennen*): In diesem Kompetenzfeld machen sich die oben beschriebenen motivationalen Impulse der Schulhundarbeit sehr deutlich bemerkbar, wenn in der unmittelbaren hundgestützten Intervention
  - bspw. das Abrufen der Gebärden (auch das Zuordnen von Symbolen) zu Lebensmitteln (auch zur Kleidung, zum Stundenplan, zum Sachunterricht)
  - oder die deutliche Artikulation von Wörtern geübt wird (losgelöst also von den Gegenstandsbereichen der TGI).

  Als spielerische Variation können bspw. Symbol- oder Gebärdenbilder (bspw. Primarstufe) oder Wortkarten mit Nomen, Verben oder Artikeln (für die älteren Schülerinnen und Schüler) in Fotodosen gerollt werden, die der Hund aus einer Schüssel nimmt und damit die Aufgaben sozusagen vorgibt.

- »Die Schülerinnen und Schüler nutzen Laute, Silben und Wortteile als Bezeichnung für Gegenstände, Situationen und Wünsche« (2.1.1.6 *Lautsprache entwickeln – mit Wörtern Sätze bilden*): hier bieten sich gezielte Übungen an zu den Utensilien des Schulhundes wie bspw. Hundeleine, Hundedecke usf. (Gegenstände) oder auch zu mehr abstrakten Situationen wie bspw. differenzierte adverbiale Bestimmungen des Ortes (Präpositionenspiel in Schönhofen & Schäfer 2020) (▶ Abb. 5.3).

Abb. 5.3: Präpositionen-Würfel in unterschiedlichen Größen (eigene Darstellung)

- »Die Schülerinnen und Schüler kombinieren Sprechelemente mit Zeigegesten, Gebärden, Symbolen und unterstützend mit digitalen Sprachausgabegeräten. (...). (Sie) erleben sich als kommunikativ wirksam« (2.1.1.8 *Unterstützt kommunizieren*): Zu diesem Unterpunkt sei auf die Erstellung sogenannter Projektbücher verwiesen (▶ Abb. 4.1 in ▶ Kap. 4.1), die losgelöst vom Alter sowie dem Grad der Beeinträchtigung der Schülerinnen und Schüler eine wunderbare Kombination aus den genutzten Gebärden und Symbolen mit den Fotos aus der hundgestützten Intervention sein können.

Gemeinsam mit den Schülerinnen und Schülern können die Kategorien des Projektbuches zusammengestellt werden, das dann in der finalen Zusammensetzung bspw. in der Schulversammlung auf der großen Leinwand mit der Dokumentenkamera vorgestellt werden kann. Je nach Alter und Kompetenzen der Lerngruppen können die Projektbücher auch am PC erstellt und ausgedruckt werden (auch die Fotobuchbestellung ist denkbar und für die Schülerinnen und Schüler eine spannende Erfahrung).

5 Didaktische Perspektiven

Schreiben und Texte verfassen

- »Die Schülerinnen und Schüler halten Start- und Stopppunkte ein« (2.1.2.1 *Graphomotorische Grundlagen entwickeln*): Eine für Kinder mit intellektueller Beeinträchtigung geeignete Übung zur Entwicklung graphomotorischer Fertigkeiten ist das Anbieten von Pfotenstempeln für je ausgeführte Durchführung (in erster Linie Primarstufe). Die Schülerinnen und Schüler spuren mit verschiedenfarbigen Holzstiften passend zu den farbigen Stempeln vorgegebene Linien, Muster oder Grapheme (auch Ziffern) nach. Nach jeder Ausführung stempelt das Kind die entsprechende Farbe auf der Seite des Blattes ab. Diese Übung kann mit verschiedenen Schwierigkeitsgraden und ohne Hund (oder mit Präsenzhund) ausgeführt werden.

    Ein alternativer, angemessener Zugang für ältere Schülerinnen und Schüler kann die Bereitstellung von Stempelkarten oder Coupons sein, die sie nach graphomotorischen Übungen in unterschiedlichen Schwierigkeitsgraden im Gegenzug für Tricks mit dem Hund oder auch einem gemeinsamen begleiteten Spaziergang in der Pause einlösen können.

- »Die Schülerinnen und Schüler erleben Schreiben als kommunikative Handlung« und (sie) »entwickeln Freude am Schreiben« (2.1.2.4 *Logographemisches Schreiben*): Hier bieten sich vielfältige Möglichkeiten an (bsph. Baurmann & Pohl 2020), sowohl für jüngere Schülerinnen und Schüler, die bspw. eine Geburtstagskarte schreiben (und gestalten) (▸ Abb. 5.4), als auch für die älteren Schülerinnen und Schüler, die bspw. einen Beitrag zum Schulhund für die Schülerzeitung verfassen oder dem Schulhund (auch der Hundeführerin) einfach einen netten Brief schreiben.

Lesefähigkeit erwerben

- »Die Schülerinnen und Schüler lesen lautgetreue Wörter« (2.1.3.3 *Alphabetisches Lesen*): Diese Kompetenzstufe erfordert zahlreiche Übungsphasen, die für die Schülerinnen und Schüler methodisch abwechslungsreich zu gestalten sind, um über die Jahre hinweg die Motivation in einem erschwerten Leselernprozess im SGE aufrecht zu erhalten. Einen schönen und vielfach modifizierbaren Zugang bieten hier sogenannte Leseleinen: An Leseleinen (ca. 5 bis 10 cm lang) befindet sich auf der einen Seite das Wortmaterial (laminiert), auf der anderen Seite eine angemessen große Holzkugel (je abhängig auch von der Größe/dem Maul des Hundes; auch Stoffsäckchen sind denkbar). Aus der Auswahl an angebotenen Leseleinen (die Anzahl kann gesteigert werden) bringt der Hund (mit der Kugel bzw. dem Säckchen im Maul) eine Aufgabe zu den Schülerinnen und Schülern,

Abb. 5.4: Selbstgeschriebene Geburtstagskarte von Lukas für Schulhündin Lotte (Primarstufe)

die zu erlesen ist (▶ Abb. 5.5). Als Differenzierungsmöglichkeit in einer heterogenen Lerngruppe bietet sich die farbige Gestaltung der Kugeln bzw. Säckchen an, die auf verschiedene Schwierigkeitsgrade des Wortmaterials hindeuten. Natürlich kann dieser methodische Zugang auch für andere Lernanlässe (bspw. Rechenaufgaben) genutzt werden.

- »Die Schülerinnen und Schüler synthetisieren Wörter in Einzellaute oder Silben« (2.1.3.4 *Orthographisches und integrativ-automatisiertes Lesen*): Eine Übung, die ohne oder mit Hund angeboten werden kann (Präsenzhund), ist das Zusammenschleifen von Silben zu einem Wortganzen mit Hilfe der Lese-Lotte (namensgebend war Schulhündin Lotte; methodisch angelehnt an das Lesekrokodil bspw. bei www.betzold.de) (▶ Abb. 5.6). Das Wortmaterial kann variiert werden, sodass Differenzierungsmöglichkeiten für die Primarstufe sowie auch ältere Schülerinnen und Schüler angeboten werden können (bspw. Sätze) (im Überblick Köster & Rosebrock 2020).
- »Die Schülerinnen und Schüler lesen sinnentnehmend« (2.1.3.5 *Über Leseerfahrung verfügen*) und (sie) »lesen einfache kurze Text sinnerfassend« (2.1.3.6 *Texte erschließen*): An dieser Stelle sei auf die umfänglichen Arbeiten zur Leseförderung mit dem Hund von Heyer & Beetz (2014; 2021) und Beetz & Heyer (2014) verwiesen, die in Verbindung mit dem Professionswissen der Kolleginnen und Kollegen im SGE auch für die Gestaltung dahingehender Interventionen für Schülerinnen und Schüler mit intellektueller Beeinträchtigung nutzbar gemacht werden können. Bsph. ist zu nennen (Heyer & Beetz 2021, 254 ff.):
  - *Wiederholendes Lesen*: Die Schülerinnen und Schüler haben große Freude am gegenseitigen lauten Vorlesen in Begleitung des Hundes. Sogenannte Stolperwörter werden ermittelt, notiert und weiterhin geübt. Durch Notation der Lesezeiten erkennen die Schülerinnen und Schüler ihre Fortschritte im Lesen bzw. auch an der eigenen Lesegeschwindigkeit.

5 Didaktische Perspektiven

Abb. 5.5: Leseleinen mit Wortmaterial (hier an Säckchen) (eigene Darstellung)

Abb. 5.6: Lese-Lotte. Die fertige Kopiervorlage steht in Schönhofen & Schäfer (2020) zur Verfügung (eigene Darstellung)

– *Lesestrategietraining:* In Lese-Dosen, an Aufgabenleinen oder ähnlichen methodischen Zugängen bringt der Hund Aufgabenkarten, die von den Schülerinnen und Schülern unter Anwendung vorgestellter und geübter Strategien bearbeitet werden.
– *Blitzwörtertraining:* Hier geht es um die Festigung sogenannter Blitzwörter – auch Sichtwort wird als Begriff genutzt – die in Texten häufig vorkommen wie bspw. Artikel, Pronomen, Präpositionen. In drei Activity-Boxen mit leicht für den Hund zu öffnendem Deckel befinden sich die Wortkarten (bspw. in Dosen) und werden gemäß dem Lernkarteiprinzip

nach und nach abgearbeitet und dadurch in einen Prozess der Festigung überführt.

Sprache untersuchen

- »Die Schülerinnen und Schüler nehmen Wörter (...) unterschiedlicher Sprachen auf und vergleichen sie« (2.1.4.1 *Gemeinsamkeiten und Unterschiede von Sprachen entdecken*): Gerade für die älteren Schülerinnen und Schüler kann diese Erweiterung des Curriculums mit dem Einbezug einer Fremdsprache (Englisch; je nach regionalem Bezug, Bundesland auch Französisch, Polnisch, Italienisch usf.) ein sehr positiver Zugang sein, im Kontext Hund über Sprachen in einem übergeordneten Sinne zu sprechen (weiterführend Oomen-Welk & Kühn 2020).

    Themenfelder können hier die Körperteile des Hundes sein ebenso wie die Utensilien des Hundes oder die Übersetzung von Tricks in andere Sprachen. Während diese Wortschatzarbeit in Verbindung mit einer Fremdsprache für die jüngeren Schülerinnen und Schüler einen mehr hinführenden Charakter haben wird, kann dies für die Jugendlichen mit intellektueller Beeinträchtigung ein interessanter Baustein im Fremdsprachenunterricht im SGE sein (vgl. hierzu aus fachlicher Perspektive die Englisch-Beiträge in Riegert & Musenberg 2015, 335 ff.). Ein geeignetes Buch für den Einstieg mit über 6.000 Begriffen zum Hund wird mit ▶ Abb. 5.7 vorgestellt (Dogtionary; Schneider 2004; www.animal-learn.de).

Abb. 5.7: Wortschatz für den Hundefreund (Schneider 2004)

- »Die Schülerinnen und Schüler achten auf den Zusammenhang von Sprache und Körpersprache« (2.1.4.2 *Unterschiedliche Ausdrucksmöglichkeiten entdecken*): Diese komplexe Aufgabenstellung kann sowohl für jüngere (nicht gerade Eingangsklassen) als auch ältere Schülerinnen und Schüler im SGE im Umgang mit konkreten Anweisungen (»Sitz!«, »Platz!« usf.) geübt werden. Mit Hilfe videografischer Dokumentation können den Lernenden das eigene körperliche Agieren in Verbindung mit dem sprachlichen Ausdruck veranschaulicht werden. Die gemeinsame Reflexion dient der Analyse sowie daraus wiederum hervorgehender Aufgabenstellungen (bspw. etwas lauter sprechen, in der Gestik klarer werden, den Hund anschauen, ruhige Bewegungsabläufe usf.).

- »Die Schülerinnen und Schüler stellen die Fähigkeit zur Identifikation und Distanzfähigkeit her« (2.1.5.1 *Literatur*): Der Umgang mit Literatur und die Auseinandersetzung mit einem Buch kann auch für Kinder mit intellektueller Beeinträchtigung ein positiver Zugang zur Schriftsprache sein: Sie können im Buch blättern, sich die Seiten nacheinander anschauen und an schönen Illustrationen verweilen – sie können sich aber auch je nach Lesekompetenz in die Geschichten vertiefen und mit den Erzählungen auseinandersetzen oder sie hören gespannt dem Vorlesen zu, während sie dazu den Hund streicheln können (weiterführend Cichlinski & Granzer 2020).

  Gerade für jüngere Kinder im Primarstufenalter finden sich im Buchhandel viele Bücher mit Hundegeschichten oder in denen Hunde eine Rolle spielen (bspw. in TKKG mit dem Cocker-Spaniel *Oskar* oder bei den Fünf Freunden mit dem Australien-Shepherd-Rüden *Timmy*), die zum Schmökern einladen und durch den Themenbezug Hund motivierend wirken:
  - Der Hund mit dem gelben Herzen (Richter 2000)
  - Mondgeschichten mit Luna Labrador (Fontenay 2020)
  - Ziemlich beste Hunde (Neundorfer 2022)
  - Ein Hund mit Flügeln: Erfundenes und Erlebtes (Maar 2022)
  - Sechs Pfoten auf Verbrecherjagd (Walden 2020)
  - Bellt ein Hund in der Weihnachtsnacht (Maar 2023)
  - Kommissar Pfote (Reihe mit vier Büchern) (Reider & Henning 2020)
  - Die Schlucht der freien Hunde (Sergienko 2018)
  - P.F.O.T.E. (Reihe mit drei Büchern) (Obrecht & Scholz 2017).

- »Die Schülerinnen und Schüler gehen mit Medieninhalten kritisch um, erkennen und benennen problematische Inhalte, Formen und Absichten« (2.1.5.2 *Medien*): Ein Unterrichtsbaustein gerade für die älteren Schülerinnen und Schüler kann hier die Recherche im Internet sein zu Themen rund um den Hund wie bspw. Ernährung, Hunderassen, Kosten und Haltung auch um möglicherweise falsche Vorstellungen zu korrigieren und seriöse Quellen vorzustellen.

5.2.2 Mathematik

Analog zum Fach Deutsch werden auch in den neuen Bildungsplänen für das Fach Mathematik die Bildungsstandards der KMK für die Grundschule von 2004 als orientierungsgebend zu Grunde gelegt (vgl. hierzu Schäfer 2020 und im Überblick Schäfer, Peter-Koop & Wollring 2019).

Die Neuauflage der Bildungsstandards Mathematik Grundschule von 2022 stellt zwar eine umfängliche Überarbeitung dar insbesondere mit einer deutlich höheren stufenübergreifenden Konsistenz. Jedoch dient die gleichbleibende Struktur mit inhalts- und prozessbezogenen mathematischen Kompetenzen als Grundlage, weshalb die Ausführungen in diesem Kapitel Mathematik sich orientieren sollen am bayerischen LehrplanPLUS (Förderschwerpunkt geistige Entwicklung) (ISB 2019 und 2022), der noch mit Bezug zu den Standards aus 2004 veröffentlicht wurde. Dieser Lehrplan bezieht (vergleichbar mit dem o. g. Bildungsplan Baden-Württemberg) neben den inhalts- und prozessbezogenen Kompetenzen der Bildungsstandards die vier individuellen Entwicklungsbereiche (1) Motorik und Wahrnehmung, (2) Denken und Lernstrategien, (3) Kommunikation und Sprache sowie (4) Emotionen und soziales Handeln ein, um den Schülerinnen und Schülern mit intellektueller Beeinträchtigung auf fachlicher Ebene entwicklungsbezogen begegnen zu können.

Die folgenden Beispiele adressieren zuvorderst die inhaltsbezogenen Kompetenzbereiche (bspw. Zahlen und Operationen), beziehen aber die gerade o. g. Entwicklungsbereiche (bspw. Motorik und Wahrnehmung) mit ein. Die prozessbezogenen Kompetenzen (bspw. Argumentieren) sollen als Querschnittsaufgaben verstanden werden, die in den inhaltsbezogenen Aneignungsprozessen stets zu berücksichtigen sind (Walther, Selter & Neubrand 2012, 16 ff.).

Lernbereich 1: Muster und Strukturen

- »Die Schülerinnen und Schüler nehmen körpereigene Muster und Strukturen wahr (...)« (1.1 *Muster und Strukturen in der Umwelt*): Mit Hilfe bildlicher Darstellungsformen (Spiegel, Fotos, Zeichnungen, Video) nehmen die Schülerinnen und Schüler bspw. die Paarigkeit von Körperteilen wahr und übertragen dies auch auf den Körperbau des Hundes. Als basale Übung können hier bspw. Leckerchen auf den Körperteilen der Lernenden verteilt werden, die der Hund dann langsam wieder *einsammeln* darf. Dieses *Einsammeln* wird dann sprachlich begleitet (linker Arm und rechter Arm bzw. linkes Bein und rechtes Bein) (▶ Kap. 5.3.2). Wichtig: Diese Übungen müssen

die Kinder und Jugendlichen natürlich auch zulassen, nicht jedes Kind hat zunächst den Mut, im Liegen den Hund über sich dulden zu können.
- »Die Schülerinnen und Schüler erkennen und gestalten optische Muster und Strukturen in ihrer Lebensumwelt (...)« (1.1 *Muster und Strukturen in der Umwelt*): Eine schöne Übung im gestalterischen Kontext sind Pfotenabdücke mit dem Hund in Verbindung mit Handbildern der Kinder (auch beliebt bei den älteren Schülerinnen und Schülern im SGE). Um den Hund nicht zu überfordern, werden die Abdrücke nur jeweils einmal (auch mit unterschiedlichen Farben) gedruckt und dann digitalisiert. Damit bieten sich zwei Möglichkeiten:
  – Für die jüngeren Kinder können die Pfotenbilder nun ausgedruckt und nach Umriss ausgeschnitten werden. So können sie die Muster selber in Kombination mit ihren Handabdrücken oder Fußabdrücken (auch Finger) auf großen Papieren gestalten (bspw. Kreis- oder Sternenbilder oder Bilderrahmen mit Pfotenabdrücken als Geschenk für Mutter-/Vatertage).
  – Die älteren Schülerinnen und Schüler (bspw. in der SEK I oder II) arbeiten mit dem digitalen Material am Computer und gestalten hier Legebilder, Collagen oder Mandalas am Bildschirm bzw. auch am Smartboard (mehr hierzu auch in Wittmann & Müller 2012, 42 ff.).
- »Die Schülerinnen und Schüler fassen Objekte zu Gruppen zusammen (...)« (1.2 *Vergleich und Gruppenbildung – Klassifikation*): Die Schülerinnen und Schüler können hier mit verschiedenen Leckerchen arbeiten und sortieren diese nach Formen (ggf. Gewicht) und/oder Farbtönen. Eine Differenzierungsform für die älteren Schülerinnen und Schüler kann es in diesem Kompetenzbereich sein, Hunderassen nach Aussehen, durchschnittlichen Größen und Gewichtsklassen zur ordnen: Hier entsteht nun deutlich die Verbindung zum prozessbezogenen Bereich des *Darstellens* (bspw. in Tabellenform) sowie des *Argumentierens* (warum ordnen wie nach welchen Kriterien).
- »Die Schülerinnen und Schüler bilden Reihen von Objekten (...)« (1.3 *Reihenbildung – Seriation*): Die oben beschriebenen Pfotenabdrücke können hier wiederum genutzt werden, um nach Vorlagen Aufgabenstellungen zur Fortführung leichter sowie schwieriger Reihenfolgen zu entwickeln (bspw. durch Hinzunahme unterschiedlicher Farben bzw. auch unterschiedlicher Hand- und Fußabdrücke (bspw. auch der Lehrerin) (▶ Abb. 5.8). Weiter kombiniert werden kann dies auch, wenn im familiären Umfeld der Schülerinnen und Schüler ein weiterer Pfotenabdruck gewonnen werden kann, der in die Arbeiten einbezogen wird.

Die Übungen zur Reihenbildung (auch ohne Hund) können ebenso mit den unterschiedlichen Leckerchen geübt werden. Zur Differenzierung kann

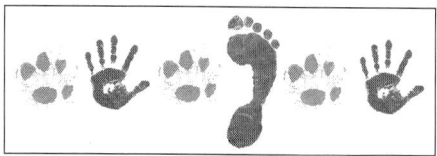

Abb. 5.8: Beispiel Seriation mit Pfoten-, Hand- und Fußabdrücken (eigene Darstellung)

die Menge bzw. auch die Auswahl reduziert werden, von denen dann der Hund auch am nächsten Tag noch etwas zum Frühstück bekommen kann (▶ Abb. 5.9).

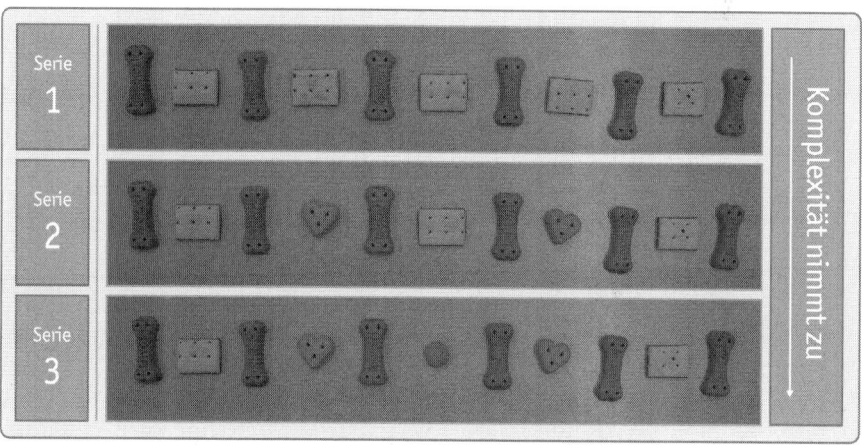

Abb. 5.9: Beispiel Seriation mit Leckerchen in drei Differenzierungsformen – Serie 1 bis 3 mit zunehmendem Komplexitätsgrad (eigene Darstellung)

Lernbereich 2: Zahlen und Operationen

Die Darstellungen zum Lernbereich 2 *Zahlen und Operationen* sind nach der Übung 2.1 (Zahlen in der Umwelt entdecken und deuten) aufgebaut nach den *Zahlenräumen* (bis 10, bis 20, bis 100, bis 1000 und darüber hinaus) einschließlich der *Operationen* beginnend mit Addition und Subtraktion und anschließend Multiplikation und Division (vgl. aus fachdidaktischer Perspektive Rasch & Schütte 2012).

Viele Übungen im Kontext Tiergestützter Interventionen (Rechnen mit Leckerchen) lassen sich in analogen Aufbauten auf diese Zahlenräume und

5 Didaktische Perspektiven

operativen Handlungen übertragen, weshalb in diesem Kapitel der Fokus mehr gerichtet sein soll auf die Grundlagen und Lernumgebungen, »die die Voraussetzungen für das Rechnenlernen günstig beeinflussen: Entwicklung der *Zählkompetenzen, strukturierte Zahlerfassung* und die *Einsicht in die Zerlegbarkeit von Zahlen*« (Schönhofen & Schäfer 2022, 13).

- »Die Schülerinnen und Schüler bilden und bestimmen Mengen im Zahlenraum bis 10 (...)« (*2.2.1 Zahlen strukturiert darstellen und Zahlbeziehungen formulieren im Zahlenraum bis 10*): Idealerweise können sich die Schülerinnen und Schüler am sogenannten Leckerchen-Block (▶ Abb. 5.10) im Aufsagen der Zahlwortreihe üben (hören, mitsprechen, auswendig aufsagen, unflexibel oder teilweise bis ganz flexibel aufsagen mit unterschiedlichen Startpunkten). Durch das motivierende Material (mit und ohne Hund zu nutzen) werden die anstrengenden Übungen des Zählens erheblich aufgelockert. Zudem können die Übungen in kleine Geschichten eingebunden werden wie bspw.: »Wir zählen einmal das Frühstück für Josefine ab.« Weitere Übungsmöglichkeiten sind das Lesen der Ziffern an den Leckerchenstangen, das Bestimmen der Ordnungszahlen, das Vergleichen von Mengen oder das Unterscheiden von geraden und ungeraden Zahlen im Zahlenraum bis 10.

Abb. 5.10: Josefine beobachtet geduldig das Zählen der Leckerchen – bestimmt fällt auch für sie eins ab (eigene Darstellung)

- »Die Schülerinnen und Schüler erkennen die 10er-Struktur des dekadischen Systems und bestimmen und strukturieren Mengen im Zahlenraum bis 20, indem sie unstrukturiertes Material (...) in Zehnerbündel und Einzelne abzählen« (*2.3.1 Zahlen strukturiert darstellen und Zahlbeziehungen formulieren im Zahlenraum bis 20*): Gerade das wiederholte Bündeln in 10er-Einheiten, aber auch in anderen Systemen wie bspw. dem 2er- oder dem 5er-System (Kraft der 5) eignet sich in besonderer Weise, den Schülerinnen und Schülern mit intellektueller Beeinträchtigung einen anschaulichen Zugang zum Stellenwertsystem zu eröffnen (▶ Abb. 5.11). Während häufig diese Übungen mit Holzsteinchen und -stangen oder auch mit den Münzen geübt werden, können im Kontext Schulhund die Leckerchen in Zehnersäckchen oder Fünferschüsseln gepackt werden.

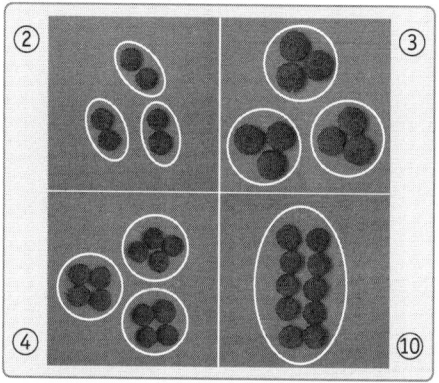

Abb. 5.11: Übungen zum Bündeln in verschiedenen Systemen (2er-, 3er-, 4er- und 10er-System) (eigene Darstellung)

- »Die Schülerinnen und Schüler beschreiben arithmetische Muster und setzen diese folgerichtig fort« (*2.2.2 Additions- und Subtraktionsaufgaben im Zahlenraum bis 20 lösen und Strukturen nutzen*): Die Struktur des Leckerchenhauses in Form der Hundehütte ist so gewählt, dass neben der Zielzahl (Summe) im Dach der Hütte insgesamt 20 Leckerchen zu je 10 Stück auf beiden Seiten gelegt werden können und die Schülerinnen und Schüler darin auch den Aspekt der Zahlzerlegung (8 = 5 + 3) sowie des dekadischen Systems erkennen können (▶ Abb. 5.12). Geeignete Kopiervorlagen (die mit und ohne Hund angeboten werden können) finden sich im Beitrag von Schönhofen & Schäfer (2022).
- »Die Schülerinnen und Schüler addieren einen einstelligen und einen zweistelligen Summanden (z.B. 34+5) bzw. subtrahieren einstellige Subtrahenden von zweistelligen Minuenden (z.B. 47–5) jeweils ohne Zehnerübergang, indem sie die Aufgaben auf ikonischer (bildhafter) und symbo-

5 Didaktische Perspektiven

Abb. 5.12: Übungen zum Leckerchenhaus (Schönhofen & Schäfer 2022, 13)

lischer (Zahlen) Ebene lösen« (*2.4.3 Additions- und Subtraktionsaufgaben im Zahlenraum bis 100 lösen und Strukturen nutzen*): In diesem Zahlenraum können wieder die Dosen zum Einsatz kommen, die schon in ▶ Kap. 5.2.1 für das Lesen beschrieben worden sind. Im genannten Beispiel befinden sich Rechenaufgaben mit bildhafter Unterstützung der Operation in den Fotodosen, die nach dem Auswählen und Bringen durch den Hund von den Schülerinnen und Schülern gelöst werden. Unterschiedliche Farben der Dosen deuten auf unterschiedliche Schwierigkeitsgrade hin, wodurch differenziert auch leistungsheterogene Lerngruppen gemeinsam an den Übungen arbeiten können (Fotodosen in unterschiedlichen Farben sind erhältlich bei www.montessori-material.de).

Lernbereich 3: Raum und Form

- »Die Schülerinnen und Schüler vergleichen, beschreiben und benennen Kreis, Dreieck und Viereck, indem sie die jeweilige Flächenform erkennen und mit dem entsprechenden Begriff bezeichnen« (*3.2 Geometrische Flächen*): Hier kann die Übung »Geometrie zum Anbeißen« aus dem Band von Schönhofen & Schäfer (2020) bsph. genannt werden, die mit Ausstechformen aus Dreiecken, Kreisen, Vierecken und Quadraten geeignete Gesprächsanlässe zum genannten Kompetenzfeld beim Backen (sowie beim späteren Füttern) der Hundekekse bietet. Je nach Fähigkeiten der Schülerinnen und Schüler können auch Experimente mit den Formen anregend sein wie bspw. das Ausstechen von Kreisformen aus quadratischen Flächen (vgl. hierzu auch die Hinweise zur Leckerchen-Bäckerei im Lernbereich 4

»Größen und Messen« sowie außerdem zur Mathematikdidaktik Wollring & Rinkens 2012, 118 ff.).

- »Die Schülerinnen und Schüler vergleichen, beschreiben und benennen die Körperformen Würfel, Quader (...) indem sie die Eigenschaften der Körperformen (z. B. rollen, kippen) handelnd erkunden (...)« (*3.3 Geometrische Körper*): Für diese Übungen bieten sich die Aufgabenwürfel aus anderen Kontexten an (bspw. Deutsch), die der Hund mit den Pfoten (auch durch Anstoßen mit der Schnauze) würfeln kann. Die Seiten werden wie bei einem herkömmlichen Würfel mit Zahlen (alternativ auch mit Farben) bestückt und die Schülerinnen und Schüler benennen jeweils die Lage des Würfels (»der Würfel liegt auf der Seite 1«, »Die Ecke befindet sich zwischen den Seiten 2, 4 und 6 oder 1, 2 und 3 (bei Farben können die Seitenfarben genannt werden)« oder »Diese Kante ist zwischen den Seiten 6 und 4«). Weitergehend können die Würfelseiten selber mit unterschiedlichen geometrischen Formen bebildert werden (Würfel, Quader, Kugel, Prisma, Zylinder, Kegel), die die Schüler nach dem Würfeln durch den Hund benennen (▶ Abb. 5.13) (unterschiedlich große Blankowürfel mit Einstecktaschen sind erhältlich bei www.timetex.de).

Lernbereich 4: Größen und Messen

- »Die Schülerinnen und Schüler bestimmen das Gewicht von Gegenständen im Gramm- oder Kilogrammbereich, indem sie die gängigen Gewichtseinheiten Gramm und Kilogramm und deren Abkürzungen (...) verwenden« (*4.4.2 Gewicht bestimmen*): In Verbindung mit dem o. g. »Geometrie zum Anbeißen« (Lernbereich 3) können die Schülerinnen und Schüler im Lernbereich »Größen und Messen« die Maßzahlen Gramm und Kilogramm kennenlernen. Sie setzen sich (je nach Alter selbstständig oder mit Unterstützung) mit Rezepten auseinander und bestimmen die Mengen durch das Lesen der Zutaten. Ebenso bedienen sie die digitalen oder analogen Waagen, um die vorgegebenen Mengen abzumessen und freuen sich beim Arbeiten darüber, für den Hund Leckerchen herstellen zu können. Im Beitrag von Schönhofen & Schäfer (2022) findet sich ein einfaches Rezept für Leberwurstringe (auch online sind viele Variationen zu finden) (vgl. zur Mathematikdidaktik Peter-Koop & Nührenbörger 2012, 89 ff.).
- »Die Schülerinnen und Schüler bestimmen das Gewicht von Gegenständen im Gramm- und Kilogrammbereich, indem sie mit Hilfe einer digitalen Waage das Gewicht von Personen, Gegenständen oder Mengen (...) bestimmen (...)« (*4.4.2 Gewicht bestimmen*): Hier bieten sich folgende Übungen an:

5 Didaktische Perspektiven

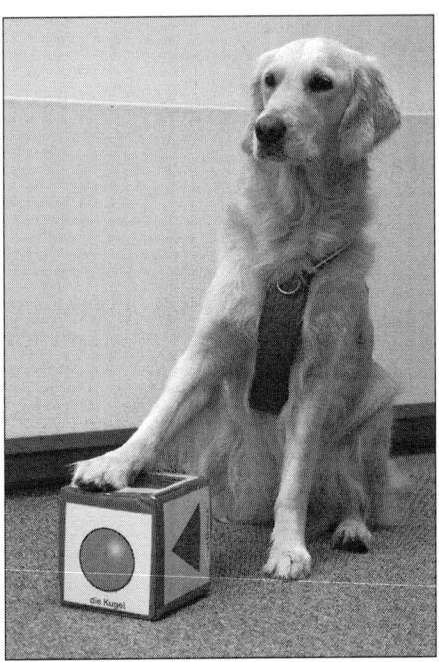

Abb. 5.13: Josefine würfelt mit dem GEO-Würfel die Aufgaben für die Schülerinnen und Schüler (eigene Darstellung)

- Die Hundeführerin wiegt mit den Schülerinnen und Schüler (unter Berücksichtigung einer tierschutzgerechten Umsetzung) den Hund und ordnet das Gewicht in Vergleichstabellen ein (bspw. *Golden Retriever*: Gewicht 27 bis 37 Kg, Schulterhöhe 51 bis 61 cm, Halsumfang 45 bis 53 cm und Rückenlänge 55 bis 65 cm).
- Ebenso kann die Tiernahrung aus mathematischer Perspektive betrachtet werden (Fressen und Wasser): »Wieviel Gramm frisst der Hund am Tag und wieviel Kilogramm in der Woche und im Monat?« und »Wieviel Wasser benötigt der Hund am Tag?« (dies auch in Verbindung zu den Hohlmaßen im Unterpunkt 4.5 des Lehrplans).
• »Die Schülerinnen und Schüler lösen Sachsituationen mit Geld (...)« (*4.1.4 Mit Geld in Sachsituationen umgehen und Größenvorstellungen nutzen*): Diese Erhebungen zum Fressverhalten des Hundes können auch in Bezug zu den Unterhaltskosten gesetzt werden: »Wieviel kosten 100 Gramm Hundefutter?«, »Ist Trockenfutter günstiger als sogenanntes Nassfutter?« und »Wie unterscheiden sich preislich unterschiedliche Qualitäten?« bis hin zur Frage, wieviel der Unterhalt des Hundes insgesamt kostet (Anschaffung, Fressen, Tierarzt, Steuern und Versicherungen und Ausbildung usf.).

Lernbereich 5: Daten und Zufall

- »Die Schülerinnen und Schüler sammeln Daten aus ihrer unmittelbaren Lebenswirklichkeit und vergleichen diese, indem sie Personengruppen in ihrer unmittelbaren Umgebung mithilfe konkreter Fragestellungen befragen und die Ergebnisse notieren« (*5.1 Daten erfassen und strukturiert darstellen*): In diesem meist wenig im SGE beachteten Inhaltsbereich (Schäfer 2020) können die Schülerinnen und Schüler bspw. Daten erheben wie: »Wie viele Kinder und Jugendliche der Klasse, der Stufe, der Schule haben in der Familie ein Haustier?« und »Wie häufig wird bei den Antworten ein Hund genannt?«. Die Ergebnisse können dann je nach Fähigkeiten der Schülerinnen und Schüler in verschiedenen Tabellenformaten vorgestellt werden. Ebenso können auch die in Punkt 4 (Größen und Messen) ermittelten Daten verwendet werden (Gewicht, Größe, Fressverhalten usf.).
- »Die Schülerinnen und Schüler führen einfache Zufallsexperimente (...) durch und beschreiben ihre Gewinnchancen, indem sie die Begriffe »sicher«, »unmöglich«, »wahrscheinlich« und »unwahrscheinlich« zu Beschreibung der Gewinnchancen nutzen« (*5.2 Durchführung von Zufallsexperimenten und Beschreibung von Wahrscheinlichkeiten*): Die von Schönhofen & Schäfer (2022) beschriebenen Aufgaben am Glücksrad im sachunterrichtlichen Kontext (Benennen der Hundeutensilien) können analog für die Zufallsexperimente genutzt werden, indem auf die inneren Scheiben des Rades Zahlen geheftet werden (▶ Abb. 5.14), deren Häufigkeit die Schülerinnen und Schüler nach dem Drehen des Hunds in eine Tabelle übertragen (vgl. hierzu auch Hasemann, Mirwald & Hofmann 2012, 141 ff.) (Alternativ können für diese Übungen auch die o.g. Würfel mit Einstecktaschen genutzt werden).

5.2.3 Sachunterricht

Der Sachunterricht ist aufgrund seiner vielfältigen, handlungsbezogenen Themenfelder eines der beliebten Fächer der Grundschule und möchte für den Primarstufenbereich in einer wissenschaftspropädeutischen Ausrichtung eine zunächst inhaltlich reduzierte Auseinandersetzung mit den Fächern Biologie, Physik und Chemie (naturwissenschaftlicher Bereich) sowie Erdkunde, Sozialkunde und Geschichte (sozialwissenschaftlicher Bereich) anstoßen (GDSU 2013). Im Gegensatz zur Umsetzung in der regelhaften Grundschule erstreckt sich die Aufarbeitung der Inhalte des Sachunterrichts im SGE im Kontext der komplexen kognitiven Beeinträchtigungen der Schülerinnen und Schüler

5 Didaktische Perspektiven

Abb. 5.14: Josefine dreht am Glücksrad – an den Zifferntafeln werden jeweils die Häufigkeiten mit Kastanien notiert (eigene Darstellung)

weiter über die Primarstufe hinaus über die gesamte Schulzeit (Blaseio & Westphal 2019, 498 ff.). Von besonderer Bedeutung bei der Unterrichtsgestaltung sind gerade in diesem Zusammenhang bei Kindern und Jugendlichen mit intellektueller Beeinträchtigung die beiden folgenden Gesichtspunkte:

1. Die Inhalte sind didaktisch so auszuwählen (gegenwärtig und zukünftig) sowie methodisch so aufzubereiten (handlungsbezogen), dass sie den Lernenden in ihrem Entwicklungsverlauf auch im Jugend- und Erwachsenenalter helfen können, die unmittelbaren Lebenszusammenhänge zu erschließen und zu bewältigen (bspw. im Kontext Mobilität, Berufsorientierung, Sexualität, Wohnen) sowie darüber hinaus exemplarisch Einblicke in übergeordnete (ggf. zukünftige) Themenfelder (bspw. Politik) zu ermöglichen (Fischer & Schäfer 2019).
2. Als eine Herausforderung erweist sich mit zunehmendem Alter der Schülerinnen und Schüler und steigender Komplexität der Beeinträchtigung der disziplinäre Anspruch der altersangemessenen Unterrichtsgestaltung (Lamers 2017).

Im Sinne eines anschlussfähigen Unterrichts, der zudem die genannten Punkte berücksichtigt, sollen in diesem Band dahingehende Umsetzungsmöglichkeiten beispielhaft in Verbindung mit dem Schulhundeinsatz (mit und ohne Hund) ausgerichtet werden an den fünf Kompetenzfeldern des Perspektivrahmens Sachunterricht der Gesellschaft für Didaktik des Sachunterrichts (GDSU 2013):

- die sozialwissenschaftliche Perspektive (Politik, Wirtschaft, Soziales)
- die naturwissenschaftliche Perspektive (belebte und unbelebte Natur)
- die geographische Perspektive (Räume, Naturgrundlagen, Lebenssituationen)
- die historische Perspektive (Zeit, Wandel)
- die technische Perspektive (Technik, Arbeit).

Die sozialwissenschaftliche Perspektive (Politik, Wirtschaft, Soziales)

Im Feld der sozialwissenschaftliche Perspektive bieten sich die folgenden Umsetzungsmöglichkeiten an, die diesmal mehr an die älteren Schülerinnen und Schüler mit entsprechenden Lern- und Lebenserfahrungen adressieren:

- *Gesetze und Verordnungen:* Aus einer politischen Blickrichtung heraus beschäftigen sich die Schülerinnen und Schüler im Themenbereich der politischen Ordnung mit dem Rechtsstaat (Götzmann & Weißeno 2015) und setzen sich mit den Regelungen und Vorgaben des Tierschutzgesetzes (TierSchG) und der Tierschutz-Hundeverordnung auseinander (TierSchHuV): Haltung, Zucht, Fütterung, Pflege, Ordnungswidrigkeiten.
- *Institutionenkunde:* Im Sinne der Institutionenkunde als einem klassischen Gegenstandsbereich der politischen Bildung (Goll 2015, 31 ff.; für den SGE Jöhnck & Baumann 2022) wird das Thema der Hundesteuer mit einer konkreten Fragestellung beschrieben: historische Entwicklung (bspw. das »Hundekorn« um 1500 oder die »Luxussteuer« in Preußen 1810 bis 1814) und rechtlicher Hintergrund, kommunale Regelungen der Stadt bzw. der Gemeinde, Meldeverfahren und Kostenermittlung bzw. auch ggf. die Steuerbefreiung für bestimmte Einsatzhunde.
- *Öffentlichkeit und Privatsphäre:* Verbunden mit dem Zugang zu privaten und öffentlichen Räumen stellen sich die Jugendlichen auch im Zusammenhang mit der vielleicht späteren eigenen Hundehaltung folgende Fragen: »Wohin darf ich mit meinem Hund gehen und wohin nicht?«, »Gibt es hierzu Regelungen und woran erkenne ich diese?« oder »Worauf muss ich als Hundehalterin in meiner Nachbarschaft oder in einem Mietverhältnis achten?« (Richter 2015, 65 ff.).

> **Quellen und Hinweise Internet**
> Tierschutz-Gesetz TierSchG (www.gesetze-im-internet.de/tierschg/TierSchG.pdf)
> Tierschutz-Hundeverordnung TierSchHuV (2021) (www.gesetze-im-internet.de/tierschhuv/BJNR083800001.html)
> Glossar Hundesteuer (www.bundesfinanzministerium.de/Content/DE/Glossareintraege/H/Hundesteuer.html?view=renderHelp)

Die naturwissenschaftliche Perspektive (belebte und unbelebte Natur)

Diese Perspektive ist eigentlich einer der naheliegenden Bezugspunkte im Zusammenhang mit dem Schulhund (Mühlbauer 2017) und wird in den Praxisbeiträgen zu TGI vielfältig bedient (Liese-Evers & Heier 2021). Für die sachunterrichtliche Beschäftigung im SGE nennen Schönhofen & Schäfer (2020) u. a. folgende Beispiele:

- *Körperbau:* In Analogie zur sachunterrichtlichen Auseinandersetzung mit dem menschlichen Körper beschäftigen sich die Schülerinnen und Schüler zunächst mit den Körperteilen des Hundes (Primarstufe), beschäftigen sich dann mit den Sinnen des Hundes (Geruchssinn!) und schauen sich daran anschließend das Skelett an auch mit dem Spezialgebiss des Hundes – der Hund bietet sich als mitarbeitendes »Anschauungsobjekt« wunderbar an (bspw. »Gib bitte die Pfote!«). Bei der Betrachtung des Gebisses können auch Verbindungen zur Tiernahrung hergestellt werden sowie auch zur Unterscheidung in Pflanzen-, Alles- und Fleischfresser (Besonderheiten der Gebisse). Ein vielfältiges und geeignetes Material zum Thema wird vom IVH (2016) für einen geringen Kostenbeitrag zur Verfügung gestellt (aktuell 15 Euro zuzüglich Versandkosten) (▶ Abb. 5.15).
- *Hunderassen:* Neben der Betrachtung des Schulhunds selber setzen sich die Schülerinnen und Schüler mit den verschiedenen Hunderassen auseinander. Die Jugendlichen in der Sekundarstufe recherchieren hierzu bspw. in der Schulbibliothek und im Internet und dokumentieren ihre Ergebnisse tabellarisch in Wort und Bild während sich die jüngeren Schülerinnen und Schüler bspw. mit einem Memoryspiel mit der Fragestellung der Hunderassen auseinandersetzen. Auch in einem vorgegebenen Themen-Suchsel können die Hunderassen versteckt und von den Lernenden gefunden werden (bspw. www.Suchsel.net).
- *Die Sprache des Hundes:* Das Verhalten des Hundes richtig verstehen zu können, wird im Ausbildungskontext als eine der zentralen Aufgabenstel-

5.2 Fachorientierung

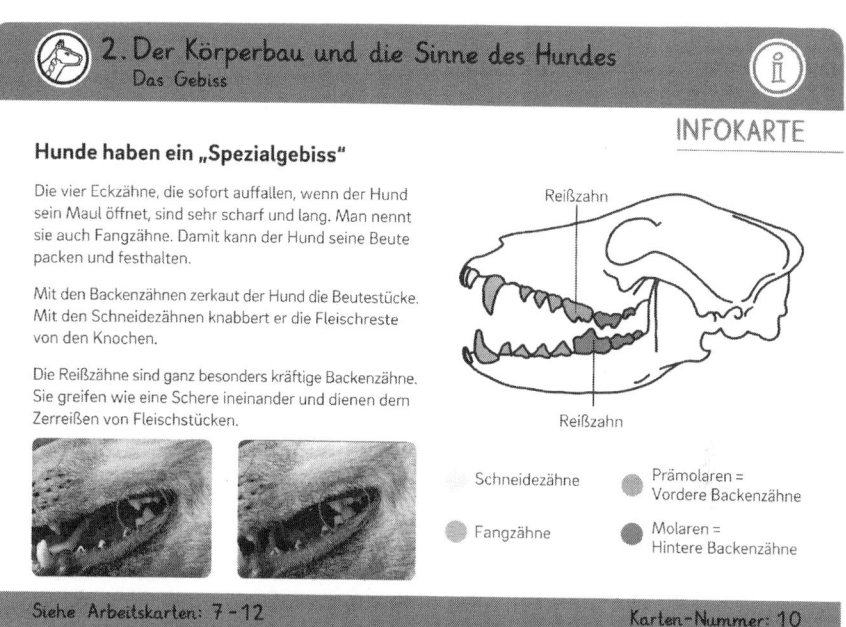

Abb. 5.15: Infokarte 10 (Körperbau und Sinne) (IVH 2016)

lungen für die Hundeführerin genannt. Auch für den schulischen Kontext ist die Sprache des Hundes (also sein Verhalten) ein wichtiges Thema, damit die Kinder und Jugendlichen die Reaktionen des Hundes deuten können (Schwanzwedeln, Beschwichtigungssignale, Rückzug, Bellen). Als ein kindgerechter Zugang schon für die Primarstufe kann das Büchlein »Muty und die Mutmurmel« genannt werden (Bergmann & Rausch 2014), in dem die Verhaltensweisen liebevoll illustriert dargestellt werden. Im Kontext Biss-Prophylaxe ist außerdem die Publikation »Der Blaue Hund« als Präventionsprojekt der Deutschen Veterinärmedizinischen Gesellschaft DVG mit Begleitmaterial zu empfehlen (siehe Infokasten).

- *Vom Wolf zum Hund:* Gerade durch die mediale Beachtung des Wolfes in der Presse kann dies auch für die Schülerinnen und Schüler ein spannender sachunterrichtlicher Zugang sein u. a. mit den Schwerpunkten *Wolfsrudel* (Rangordnung, Jagdverhalten, soziale Strukturen des Rudels) und *Rückkehr des Wolfes* (Ausrottung, Wiederansiedelung in Zahlen, Lebensräume) (LUPUS Institut für Wolfsmonitoring) (auch in Verbindung zur geographischen sowie historischen Perspektive) (IVH 2016, 25 ff.).

5 Didaktische Perspektiven

> **Weiterführende Literatur** (Praxismaterialien)
>
> Deutsche Veterinärmedizinische Gesellschaft DVG (Hrsg.) (2012): Der Blaue Hund. So spielen Kleinkinder sicher mit dem Familienhund. (www.dvg.net/ueber-uns/download/der-blaue-hund/)
> Deutsche Veterinärmedizinische Gesellschaft DVG (Hrsg.) (2019): Der Blaue Hund. So spielen Kinder sicher mit dem Familienhund. Leitfaden für Erzieher/innen und Lehrer/innen. (www.dvg.net/fileadmin/Bilder/DVG/PDF/Blauer-Hund/21-07-21-Blauer_Hund_Handout_GESAMT_12.8.19_-_mit_neuer_Adresse-1.pdf)
> Industrieverband Heimtierbedarf (IVH) (2016): Faszination Schulhund. Arbeitsmaterialien für den Sachunterricht in der Grundschule. Düsseldorf: IVH. (www.ivh-online.de/schulmaterial/hund.html)

Die geographische Perspektive (Räume, Naturgrundlagen, Lebenssituationen)

Mögliche Inhalte der geographischen Perspektive adressieren aus Gründen der thematischen Komplexität mehr an die Schülerinnen und Schüler in der Sekundarstufe I und II und greifen Querschnittsthemen auf wie bspw. Tierschutz im Ländervergleich und dahingehende Sitten und Bräuche (auch dortige Lebensbedingungen von Tieren) sowie das Themenfeld Bildung für nachhaltige Entwicklung (BNE).

- *Andere Länder - andere Sitten:* In diesem Themenfeld beschäftigen sich die Jugendlichen bspw. mit den Gepflogenheiten der Hundehaltung in anderen Regionen und Ländern der Welt, mit der Verbreitung von Hunderassen oder auch mit der Stellung des Hundes im sozialen Kontext (bspw. Familienhund).
- *Lebensbedingungen:* In der Betrachtung geeigneter Lebensbedingungen für den Hund können ländliche und städtische Gegebenheiten miteinander verglichen werden (Auslauf, Lautstärke usf.) und natürlich auch in Beziehung gesetzt werden mit den Bedingungen für den Menschen. Dies kann auch im Zusammenhang mit dem Themenfeld Wohnen gerade für die Schülerinnen und Schüler der Berufsschulstufe eine interessante Fragestellung sein, sogar auch in der weiteren Dimension der späteren eigenen Hundehaltung.
- *Bildung für nachhaltige Entwicklung (BNE):* Wenn BNE als grundlegendes Konzept geographischen Lernens verstanden wird (Hemmer & Hemmer 2016), kann schließlich auch die nachhaltige Ausstattung (Geschirr) und Haltung des Hundes in den Blick genommen werden, was sich insbesondere auf das Futter beziehen wird (Haltung, regional, BIO). Auch in diesem Zu-

sammenhang sollten tierethische Fragestellungen (Wohlfarth & Beetz 2021) im SGE bei entsprechender Aufbereitung kein Tabu sein.

Die historische Perspektive (Zeit, Wandel)

Hundehaltung früher und heute: Bei dieser Fragestellung kann man unterscheiden (auch mit Blick auf das Alter und die geschichtsbezogenen Kompetenzen der Lernenden im SGE) zwischen

- tatsächlich welthistorischen Perspektiven (bspw. »Hunde im alten Ägypten« ▶ Abb. 5.16 oder »Hunde im alten Rom«) (www.worldhistory.org auch als Hörfassung verfügbar und www.kinderzeitmaschine.de – jeweils mit Suchbegriff Hund)
- und dem Blick in die jüngere Vergangenheit unter Verwendung des methodischen Zugangs der Befragung von Zeitzeugen (Großeltern und Eltern) oder Experten (Kooperation Zoo oder Tierheim bzw. auch Tierarzt).

Die Dokumentation kann in beiden Fällen über Plakate erfolgen, die auch für die Schülerzeitung oder die Präsentation in den Fluren genutzt werden können (mehr hierzu in Becher, Gläser & Pleitner 2016).

Abb. 5.16: Hündin mit Welpen im alten Ägypten (https://www.kinderzeitmaschine.de/filead min/_processed_/7/9/csm_haustier_bodsworth_5079794608.jpg)

Die technische Perspektive (Technik, Arbeit)

Innerhalb der technischen Perspektive des Perspektivrahmens Sachunterricht findet auch die Berufsorientierung Berücksichtigung, die sich im Zusammenhang mit dem Schulhund aus dem Blickwinkel der Hundetätigkeiten (»Hundeberufe«) betrachten lassen kann. Auch hier haben die unterschiedlichen Berufsbilder des Hundes unterschiedliche Voraussetzungen, die wieder in tabellarischer Form für die Mitschülerinnen und -schüler der Berufsschulstufe verfügbar gemacht werden können (IVH 2016, 62; Möller, Tenberge & Bohrmann 2021).

5.3 Lernfelder

Neben der Orientierung an den Fächern spielen weitere Lernfelder im SGE eine bedeutende (ergänzende) Rolle, mit denen sich Kinder und Jugendliche mit intellektueller Beeinträchtigung im Laufe der Schulzeit (sowie nicht selten in der nachschulischen Zeit) auseinandersetzen müssen (Schäfer 2019d). Nachfolgend sollen bsph. die Bereiche Kommunikation und Kooperation (▶ Kap. 5.3.1), Wahrnehmung und Selbstversorgung (▶ Kap. 5.3.2) sowie Psychomotorik, Sport und Bewegung (▶ Kap. 5.3.3) in Verbindung mit den Möglichkeiten hundgestützter Interventionen vorgestellt werden.

5.3.1 Kommunikation und Kooperation

Kinder und Jugendliche mit intellektueller Beeinträchtigung sind zumeist zusätzlich im sprachlichen und kommunikativen Handeln beeinträchtigt, weshalb Sprach- und Kommunikationsförderung im SGE als unterrichtsimmanentes Prinzip verstanden werden kann (Damag & Haag 2019; Erdélyi & Thümmel 2019). Damit in unmittelbarer Verbindung stehen auch Strategien zur Kooperation (bspw. im Bereich Arbeit) und gemeinsamer Interaktion (bspw. im gemeinsamen Spiel), auf die in den nachstehenden Beispielen ebenso eingegangen werden soll.

Unterstützte Kommunikation (UK)

Im Bereich der UK können die Möglichkeiten hundgestützter Interventionen in zweierlei Hinsicht Eingang finden:

- Auf einer mehr inhaltlichen Ebene werden die im Handlungsfeld Sachunterricht geschilderten Themenfelder (▶ Kap. 5.2.3) mit den methodischen (hier symbolischen und technischen) Möglichkeiten der UK vermittelt (▶ Abb. 5.17 und ▶ Abb. 5.18): Gebärden für die Körperteile des Hundes, METACOM-Symbole für die Utensilien der Hundehaltung (bspw. Hundeleine, Futternapf usf.) oder Bildmaterial zu den Hunderassen komplettieren die sachunterrichtlichen Materialien. Somit ist ein kontinuierlicher Einbezug der unterstützt kommunizierenden Schülerinnen und Schüler auch im Rahmen der TGI gewährleistet (vgl. außerdem ▶ Abb. 3.9 und ▶ Abb. 4.7).

- Im Zuge des oft schwierigen Prozesses der Anbahnung unterstützter Kommunikationsformen können die motivationalen Möglichkeiten der hundgestützten Interventionen genutzt werden, um die Kinder leichter und in spielerischer Hinsicht an die Nutzung heranzuführen: In der Interaktion mit dem Hund nutzen sie gewissermaßen nebenbei die Karten aus der METACOM-Symbolsammlung (auch ggf. Boardmaker), den GoTalk, den BIGmack oder das iPad und können nach dem Antworten dem Hund ein Leckerchen geben oder bekommen eine Gutschein- oder Trick-Karte (s. o.). Die Kinder nehmen dadurch die unterstützenden Kommunikationsformen nicht als Training oder Therapieform, sondern in einem für sie positiv besetzten Kontext wahr und übertragen entwickelte Kommunikationskompetenzen in der Regel auf andere Zusammenhänge wie bspw. Situationen des Essens und Trinkens oder der Pflege (▶ Kap. 1.3).

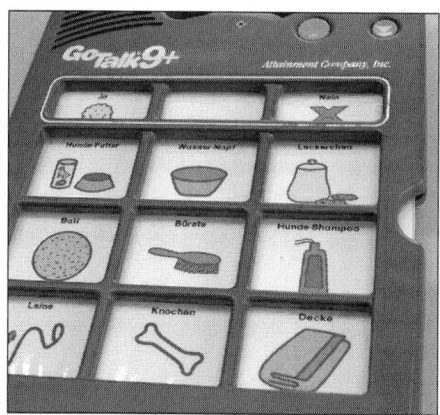

Abb. 5.17: Kommunikationstafeln mit den Inhalten der TGI (GoTalk 9+ mit Boardmaker-Symbolen) (eigene Darstellung)

5 Didaktische Perspektiven

Abb. 5.18: Das iPad mit den Inhalten der TGI (GoTalk Now mit METACOM-Symbolen) (eigene Darstellung)

Weiterführende Literatur

Gesellschaft für Unterstützte Kommunikation (Hrsg.) (2021): Tiergestützte UK. Themenheft der Fachzeitschrift Unterstützte Kommunikation. Von Loeper. (www.verlag vonloeper.ariadne.de)

Boenisch, J. & Sachse, St. K. (Hrsg.) (2019): Kompendium Unterstützte Kommunikation. Stuttgart: Kohlhammer.

Kooperation und Interaktion

Durch die Beeinträchtigungen in den Bereichen der Kommunikation und Sprache (aber auch durch sozial unzureichend ausgebildete Handlungsmuster und Verhaltensstrategien) fallen Kindern und Jugendlichen mit intellektueller Beeinträchtigung Kooperations- und Interaktionsformen im Spiel sowie im schulischen Lernen und Arbeiten schwer. In der Praxis lassen sich in hundgestützten Interaktionsformen nun immer wieder Situationen beobachten, in denen die Kinder für den (bzw. auch mit dem) Hund bereit sind, in Interaktion mit dem Gegenüber (mit der Gruppe) zu treten, der Mitschülerin im Spiel Geduld entgegenzubringen oder an einem gemeinsamen Aufgabenbereich zu arbeiten. Nachfolgende Auswahl zeigt Praxisbeispiele mit zahlreichen, spielerischen Variationsmöglichkeiten (Schönhofen & Schäfer 2020, 63 ff.).

- *Löffelspiel:* Bei diesem Kooperationsspiel geht es darum, gemeinsam in einer Reihe ein »verzaubertes« Leckerchen nur durch das Nutzen eines Suppenlöffels weiterzugeben (es darf nicht auf den Boden fallen, um den »besonderen Lieblingsgeschmack« des Hundes nicht zu verlieren), bis das letzte Kind der Reihe dies dem Hund geben kann. Nach der erfolgreichen Weitergabe wechselt das Kind an den Anfang der Reihe, so dass alle Kinder der Reihe nach zum Hund gelangen. Als Variationsformen können größere und kleinere Löffel genutzt werden, oder bei motorischen Schwierigkeiten bekommt ein Kind einen Becher zur Weitergabe. Außerdem können je nach Alter der Schülerinnen und Schüler in der Kette Hindernisse (bspw. über eine Bank balancieren, über einen Stuhl steigen) oder Aufgaben (Kopfrechnen, Lautgebärden, Englisch-Vokabeln) eingebunden werden.

- *Napf-Caching:* In Anlehnung an das Suchen des Geo-Cachings beschreiben Baumgartner et al. (2021) mit dem Napf-Caching (früher Topfklopfen) ein Suchspiel, bei dem einem Kind (freiwillig) die Augen verbunden werden (auch Schlafmaske) und die anderen Schülerinnen und Schüler in einem weiten Kreis um das Kind sitzen. Im Kreis wird ein Leckerchen unter einem Blechnapf versteckt. Das suchende Kind wird in den Kreis geführt und die Mitschülerinnen und Mitschüler navigieren es kooperativ zum Napf. Wird der Napf gefunden, bekommt der Hund das Leckerchen.

  Variation 1: Die Navigationshinweise gehen nacheinander im Kreis rechts- oder linksherum. *Variation 2:* In der Turnhalle werden noch kleine Hindernisse genutzt, die nicht verrückt werden dürfen (Bank, Ball, Stuhl). *Variation 3:* Lernende mit motorischen Beeinträchtigungen und/oder im Rollstuhl absolvieren die Aufgabe in Partnerarbeit.

- *Hunde-Würfelspiel:* Bei diesem Spiel (Kopiervorlage in Schönhofen & Schäfer 2020, 66–67) geht es nach dem klassischen Würfelspielprinzip darum, gemeinsam mit zwei bis vier Spielerinnen und Spielern vom Start bis zum Ziel möglichst zügig zu gelangen und dabei die Aufgaben auf den Aktionsfeldern zu bestehen. Im Gegensatz zum Spiel »Mensch ärgere dich nicht« ist der Weg hier mit spezifischen Aufgaben zum Schulhund bestückt, die für die Kinder motivierend sind und die Aufmerksamkeitsspanne erhöhen. Die Aktionsfelder können zusätzlich mit Kooperationsübungen bestückt werden, je nach den Kompetenzen der Schülerinnen und Schüler (ebd., 37 ff.).

- *Schwertransport:* Schülerinnen und Schüler befördern gemeinsam auf einem Brett (quadratisch oder im Längsformat) ein Leckerchen von einem Startpunkt zu einem Ziel im Raum. Das Leckerchen darf nicht herunterfallen und darf am Ziel an den Hund verfüttert werden (Baumgartner et al. 2021).

  Variation 1: Tuch oder Decke statt Brett. *Variation 2:* Auf dem Brett liegen neben dem Leckerchen noch ein Ball (mehrere Bälle), die Leine oder eine Bürste und nichts darf herunterfallen. *Variation 3:* Beim Erreichen legt die Gruppe ein Signal für den Hund fest (»Sitz!« oder »Platz!«). *Variation 4:* Statt Start und Ziel muss das Brett gemeinsam eine bestimmte Zeit im Raum getragen werden (Musik als Zeitfenster). *Variation 5:* Die Übung kann auch im Wald mit Unebenheiten und in Hanglage sowie mit Hindernissen

5 Didaktische Perspektiven

durchgeführt werden; hier kann die Platte durch einige Äste (Floß-Bauweise) ersetzt werden.
- *Reflexionsrunden:* Im Zuge von Reflexionsrunden dienen häufig Sticker im Wochenheft oder Stempelkarten als Übersichtsmöglichkeit für die jüngeren Schülerinnen und Schüler, mit denen sie sich dann am Ende des Tages oder der Woche etwas bspw. aus einer Schatzkiste oder dem Bonbon-Glas aussuchen dürfen. Mit Gutscheinen (bspw. mit Hundepfote) können in dieser Phase Akzente in Verbindung mit dem Schulhund gesetzt werden: Nach einer guten Reflexionsrunde oder einer vollen Wochen-Sticker-Karte bekommt das Kind einen Gutschein, den es dann beim Schulhund-Team einlösen kann. Durch diese mittelbare Strategie können die Gutscheine auch vergeben werden, wenn der Hund nicht da ist.

Literatur (Praxis)

Gilsdorf, R. & Kistner, G. (2022, 2000, 2013): Kooperative Abenteuerspiele 1, 2 und 3. Eine Praxishilfe für Schule, Jugendarbeit und Erwachsenenbildung. Hannover: Kallmeyer.
Baumgartner, M., Koch, P., Reiter S. & Thielen, S. (2021): Spielekartei Hund. Für die tiergestützte pädagogische Praxis. München: Reinhardt.

5.3.2   Wahrnehmung und Selbstversorgung

Die Förderung sensorischer Wahrnehmungstätigkeiten (bspw. bewusstes Fühlen und Erfassen, gezieltes Hören und Erkennen) sowie der Selbstversorgung (bspw. Ankleiden, Mobilität, Hygiene) sind im SGE gerade im Primarstufenbereich klassische Themenfelder, denen in einem spielerischen Rahmen im Zusammenhang mit tiergestützten Interventionen geeignet begegnet werden kann. Von großer Bedeutung ist hier ein mehrsensorischer ganzheitlicher Zugang, wenn es bspw. um die Diskrimination von Geräuschen im Klassenverband oder von visuellen Eindrücken im Zusammenhang von Kleidung und Verschlüssen geht (bspw. Knopf und Knopfloch oder das Binden von Schleifen).

Die Wahrnehmungstätigkeiten stehen wiederum in einem unmittelbaren Zusammenhang mit motorisch-koordinativen Bewegungsabläufen und der Körpererfahrung, »sodass auch das ganzheitliche Empfinden des Körpers und dessen Bewegungsabläufe zueinander sowie die Orientierung im Raum (und in der Zeit) in dieses Lernfeld hineinspielen (Körperschema)« (Schönhofen & Schäfer 2020, 70).

Die nachfolgenden Übungsvorschläge sind in erster Linie verbunden mit einem spielerischen Charakter und damit mehr im Primarstufenbereich zu verordnen. Zugleich können sie mit etwas pädagogischem Geschick und Phantasie auch in tiergestützten Interventionen mit älteren Schülerinnen und Schülern genutzt werden. Hier sollte dann auf eine altersangemessene Umsetzung geachtet werden.

Wahrnehmung

- *Schnitzeljagd:* Für dieses Spiel werden Fotos des Hundes an markanten Plätzen in der Schule (oder auch um die Schule herum) erstellt (bspw. am Klettergerüst, Kicker, Schulbus), die für die Schülerinnen und Schüler als Suchkarten dienen. Wurde die erste Stelle gefunden, dürfen die Kinder dem Hund ein Leckerchen geben und bekommen die zweite Suchaufgabe usf. Um die Suche mit dem Hund gemeinsam und ruhig zu gestalten, sollte dieses Spiel nicht auf Zeit gespielt werden, sondern nach Anzahl der Such- und Aktionskarten sowie nach Schwierigkeitsgraden (bspw. kleineren Gegenständen) (Baumgartner et al. 2021).
  Variation 1: Die Schülerinnen und Schüler erstellen mit der Digitalkamera für die Klasse eigene Suchkarten. *Variation 2:* An den Suchpunkten warten noch Aktionskarten auf die Schülerinnen und Schüler (Sachfragen, Rechenaufgaben usf.). *Variation 3:* Im Laufe der Zeit kommen neue Suchaufgaben hinzu und die Wege der Schnitzeljagd können variiert werden. *Variation 4:* Für Schülerinnen und Schüler mit schwerster Beeinträchtigung können die Aufgabenstellungen sensorisch untermalt werden (Goudarzi 2015).
- *Mutprobe:* Bei der Mutprobe legt ein Spieler A seinem Partner B (der auf dem Rücken liegt) nach Ansage Leckerchen auf den Körper. Nach einem Signal darf der Hund die Leckerchen auf den bspw. Armen, Beinen oder dem Bauch einsammeln. Nach dem Durchgang wird gewechselt (Baumgartner et al. 2021).
  Variation 1: Die Mutprobe kann auch im Sitzen oder auf dem Bauch liegend durchgeführt werden. So wirkt der Hund zunächst nicht so groß für das Kind auf dem Boden. *Variation 2:* Partner B wählt den Platz der Leckerchen selber und der Spieler A muss beim Schnuffeln des Hundes den Platz der Leckerchen nennen bzw. erraten.
- *Hundesalat:* Bei dieser Variation eines klassischen KIM-Spieles sitzen die Kinder mit den Lehrerinnen im Kreis um den Hund herum und können die verteilten Hundeutensilien im Kreis sehen. Nun verlässt ein Kind den Raum und ein Gegenstand wird versteckt, ergänzt oder etwas am Hund verändert

(bspw. Halsband an bzw. aus, andere Farbe des Halsbandes oder Sitz statt Platz). Das Kind kommt nun wieder in die Klasse und muss die Veränderung erkennen (Baumgartner et al. 2021) (vgl. hierzu auch die Variation mit Naturmaterialien im Wald in Schönhofen & Schäfer 2020).
- *Leckerschmecker:* Alle Kinder sitzen im Kreis gemeinsam mit dem Hund (Flaschendrehen). Das Kind, auf das die Flasche zeigt, darf am eigenen Körper einen Körperteil aussuchen und benennen (nur Fuß, Arm, Hand, Unterschenkel), auf den Vitaminpaste für den Hund aufgetragen wird. Der Hund leckt auf Kommando die Vitaminpaste ab. Auch bei dieser Übung muss sich das Kind auf die Nähe des Hundes einlassen können. *Variation:* Rechts und Links bei den Körperteilen ergänzen.
- *Alles im Griff – kleine Spiele zur Wahrnehmungsförderung* (ebd., 73):
  – Gezielt nach Leckerchen greifen und durch ein Rohr fallen lassen – der Hund freut sich beim Suchen auf dem Boden.
  – In einer Dose befinden sich Chiffon-Tücher, in die Leckerchen eingewickelt sind. Beim Greifen und Hochheben nach den Tüchern fallen die Leckerchen zum Hund auf den Boden.
  – Gezieltes Greifen nach Leckerchen und diese in einen Leckerchen-Ball stecken, den dann der Hund zum Ende bekommt.
  – In einer Fühlkiste sind unterschiedliche Materialien (bspw. im Herbst Kastanien, Eicheln usf.) und das Kind sucht unter diesen durch Fühlen die Leckerchen heraus (Ziel: Greifen mit den Fingern und Nutzen der Hand im Prozess der Anbahnung des Haltens der Gabel).
  – Geführtes Bürsten des Hundes (Greifen der Bürste/Halten der Bürste und ggf. mit etwas Druck selber Bürsten).
  – Spüren und Streicheln des Hundes als voraussetzungslose Möglichkeit der Annäherung und Erleben des Hundes (ebd.).

Selbstversorgung

Gerade die Handhabung von Verschlüssen ist im Kontext Selbstversorgung (An- und Auskleiden) bei Kindern und auch Jugendlichen mit intellektueller Beeinträchtigung infolge motorischer und koordinativer Schwierigkeiten immer wieder eine große Herausforderung (Bühler & Manser 2019). Die Übung »Unter Verschluss« (Schönhofen & Schäfer 2020, 74) nimmt daher die zentralen Verschlussarten Reißverschluss, Druckknopf, Lochknopf und das Binden der Schleife in den Blick, mit denen jeweils ein Säckchen mit Leckerchen verschlossen werden kann (▶ Abb. 5.19). Mit den selbstgenähten Säckchen (variierbar in Größe, Farbe und Form) sind verschiedene Übungen denkbar:

- Öffnet das Kind den Verschluss des Säckchens selbstständig bzw. auch mit händiger Unterstützung (beginnend mit einem leichten Verschluss wie bspw. dem Reißverschluss), kann es dem Hund ein Leckerchen geben.
- Das Kind kann aber auch zu Beginn ein Leckerchen einpacken (gezielt etwas hineinstecken), dann das Säckchen bspw. mit dem Druckknopf verschließen und werfen. Nach dem Apportieren bekommt der Hund ein Leckerchen aus dem Säckchen (die Hundeführerin öffnet das Säckchen oder das Kind selber; natürlich sind hier auch kooperative Formen denkbar).
- Zur Motivation kann auch zunächst nur das Säckchen geworfen werden und das Kind hilft beim Öffnen bspw. des Reißverschlusses, um auch eine erste, eigene Vorstellung von der Aufgabenstellung zu bekommen.

Abb. 5.19: Taschen mit verschiedenen Verschlussarten (eigene Darstellung)

5.3.3 Psychomotorik, Sport und Spiel

Bewegungsförderung spielt im schulischen Kontext im SGE eine bedeutsame Rolle, insbesondere aus der Perspektive der *Gesundheitsprophylaxe* bei Schülerinnen und Schülern mit intellektueller Beeinträchtigung, die infolge genetischer bzw. individueller Disposition sowie nicht selten unzureichender Zugänge zum allgemeinen Gesundheitssystem überproportional häufig von Krankheit betroffen sind (Klamp-Gretschel 2019). In Ergänzung zum klassischen Sportunterricht finden sich im Unterricht im SGE auch bedingt durch die unterschiedlichen Bedürfnisse und Ausgangslagen einer heterogenen Schülerschaft (neben den physiotherapeutischen Angeboten) zudem Elemente der Psychomotorik und des Spiels, um damit für alle Schülerinnen und Schüler über alle Altersgruppen hinweg individuelle und angemessene Bewegungsangebote vorhalten zu können (Reuter 2019; Zimmer 2019).

Die nachfolgenden Übungen sind sowohl in der Turnhalle (ggf. in großen Klassenräumen) als auch draußen (Schulhof, ggf. im Wald) umsetzbar und können altersangemessen und mit Blick auf die Eignung für die Schülergruppe modifiziert werden (analog zu ▶ Kap. 5.3.2). Die Fähigkeiten des Hundes sind auch hier wieder gesondert in den Blick zu nehmen bspw. in Bezug auf den Turnhallenboden (Rutschen) und Geräte (Kasten, Matten, Bänke, Bälle) sowie den Zubehör der einzelnen Agility-Übungen (Wippe, Tunnel, Stangen usf.).

- *Elefantenspiel:* Dieses Spiel lässt sich in mehreren Schwierigkeitsgraden spielen, in der Version von Baumgartner et al. (2021) sortieren sich die Kinder nach Größe und stehen hintereinander. Dann steckt jedes Kind die rechte Hand durch die etwas gespreizten Beine nach hinten und ergreift die linke Hand des hinteren Spielers. Die danach stehenden Kinder verfahren analog. Den Rüssel bildet der freie Arm des vorderen Mitspielers. Nun bewegt sich dieser »Elefant« aus miteinander verbundenen Kindern langsam im Raum (gleichschrittig) und bringt die zuvor verteilten und nun eingesammelten Leckerchen nach und nach zum Hund. Der Hund wartet bei dieser Übung an einem festen Platz (auf einer Matte, einer Decke oder im Wald auf einem weichen Laub-Bett).
  Variation 1: Bei motorischen, koordinativen Schwierigkeiten können sich die Kinder zunächst nur an den Händen fassen und so als »Elefant« auf die Suche nach den Leckerchen gehen. *Variation 2:* Die Übung kann auch im Wald mit leichten Unebenheiten oder auf dem Schulhof mit Hindernissen (Bank, Stuhl) gespielt werden. *Variation 3:* Der Weg wird mit einer Geschichte begleitet.
- *Transportband:* Die Kinder liegen in der Turnhalle nebeneinander auf dem Boden (ggf. auf Matte zur Orientierung und Ordnung) und bilden gemeinsam eine Transportstrecke (Baumgartner et al. 2021). Die liegenden Kinder strecken ihre Arme (Handflächen nach oben) über ihrem Gesicht nach oben und transportieren so einen Karton mit einem leckeren Inhalt für den Hund, beginnend beim ersten Kind bis zum Ende des Transportbandes – also zum letzten Kind. Hier wartet der Hund (mit der Hundeführerin) und freut sich auf das Leckerchen.
  Variation 1: Die Anzahl der teilnehmenden Kinder im Transportband kann variiert werden. *Variation 2:* Der Transportgegenstand kann verändert werden mit besonderen oder »verzauberten« Gegenständen (die bspw. besonders vorsichtig oder schwierig befördert werden müssen). *Variation 3:*

Das Kind am Beginn legt sich nach Weitergabe an das Ende der Strecke, sodass das Transportband sogar eine größere Distanz zurücklegen kann.

- *Kofferpacken:* Hier wird das bekannte Spiel *Kofferpacken* auf das Einpacken von Hundeutensilien übertragen (»Wir gehen auf Hundewanderung«) und eignet sich gut für die älteren Schülerinnen und Schüler als Gedächtnisübung (Baumgartner et al. 2021). Jeder Schüler bzw. jede Schülerin bekommt drei Leckerchen. Die erste Spielerin beginnt mit dem Satz: »Ich packe meinen Koffer für eine Hundewanderung und nehme ein *Halsband* mit.« Der zweite Spieler wiederholt den Satz und fügt einen weiteren Gegenstand hinzu (bspw. die *Hundeleine*). Wird ein Wort ausgelassen, muss ein Leckerchen in den Napf gelegt werden. Wer keine Leckerchen mehr hat, scheidet aus. Gewonnen hat, wer am Ende noch Leckerchen besitzt bzw. die meisten Leckerchen übrighat.

    Variation: Schülerinnen und Schüler mit sprachlich-kommunikativen Beeinträchtigungen können mit Bildkarten unterstützt werden, die sie durch Zeigen in der richtigen Reihenfolge nutzen.

- *Zauberlandschaften:* In der Turnhalle wird ein Parcours mit (Lang-)Bänken, einem großen und weiteren kleinen Kasten, ggf. einem Rollbrett usf. sowie Matten und einem Platz mit dem Leckerchenball vorbereitet (Schönhofen & Schäfer 2020, 76 f.). Die Aufgabe (Sprachförderung zu Präpositionen) ist eingebettet in die Geschichte von einem verzauberten Leckerchen, das mit dem Durchlaufen des Parcours entzaubert werden kann. Die Schülerinnen und Schüler durchlaufen nacheinander den Parcours und verbalisieren ihr Handeln (bspw. »Ich gehe *auf der Bank*«, »Ich bin *in der Kiste*« oder »Ich bin *unter der Matte*«) (Feedback und sprachliche Begleitung durch die Lehrerinnen und Lehrer). Nach der letzten Station ist das Leckerchen entzaubert und wird in den Leckerchenball gesteckt. Nach einigen Durchläufen (je nach den Möglichkeiten und Ausdauer der Kinder) treffen sich alle an der Matte des Hundes, wo auch der Leckerchenball auf einem Kasten liegt und besprechen die Übungen (bspw. was war schwierig, was funktionierte gut, war machte Spaß und wie hat sich der Hund beim Abwarten verhalten).

    Variation 1: Länge bzw. Dauer und Schwierigkeiten des Parcours können verändert werden. *Variation 2:* Je nach den Möglichkeiten der Schülerinnen und Schüler können andere Geräte verwendet werden (»Ich bin *auf dem Trampolin*« oder »Ich gehe *über die Wippe*«). *Variation 3:* Statt der sprachlichen Aufgaben können an den Stationen auch Aufgaben aus dem Sachunterricht oder zur Mathematik gestellt werden, deren Lösung dann zusätzlich das Leckerchen entzaubert (oder bei Jugendlichen das Einstecken in den Ball legitimiert).

- *Agility-Parcours:* In der Turnhalle werden mit den Materialien aus dem Agility-Fundus (bspw. Wippe, Tunnel, Hindernisse) Übungen vorbereitet, die die Schülerinnen und Schüler (nach dem Vorstellen des Parcours durch das Schulhundteam) selber durchlaufen (mehrmals; auch analoge methodische Umsetzung wie bei den Zauberlandschaften mit Leckerchenball möglich) (Schönhofen & Schäfer 2020, 78). Zum Abschluss dürfen alle mit dem Schulhundteam ihre persönliche Lieblingsübung zeigen.
  Variation: Alleine die Wippe aus dem Agility-Sortiment bietet zahlreiche Ausführungsoptionen (Gewicht der Kinder beachten!):
  – das Überqueren mit Handführung auf einer Seite (auf beiden Seiten)
  – krabbelnd auf den Knien
  – oder alleine (ohne Handführung)
  – als Akrobat mit Ball, Stab in einer Hand (mit Dingen in beiden Händen).
- *Agility mit Schülerinnen und Schülern:* Besonders attraktiv ist es, diese Übungen anschließend mit körpereigenen Mitteln umzusetzen. Zu beachten sind hier die Neigungen der Kinder (also ggf. Ängste in dieser ungewohnten Situation) sowie auch die motorischen Möglichkeiten bzw. ggf. Einschränkungen im SGE in den Blick zu nehmen. Das Nachstellen des Agility-Materials muss gut erklärt werden (Lehrerinnen machen vor), damit die Schülerinnen und Schüler es motorisch-koordinativ umsetzen können (ggf. auch mit vorbereitetem Bildmaterial). Schönhofen & Schäfer (2020) nennen einige mögliche Übungen:
  – *Tunnel:* a) Ein Kind steht mit gespreizten Beinen. b) Langer Tunnel durch mehrere Schülerinnen und Schüler, die mit gespreizten Beinen hintereinanderstehen. c) Zwei Kinder knien gegenüber voneinander und halten sich mit ausgestreckten Armen an beiden Händen. d) Ein Kind bzw. mehrere Kinder hintereinander bilden einen Tunnel durch eine umgekehrte Brücke.
  – *Hindernis:* a) Ein Schüler bzw. mehrere Schülerinnen und Schüler liegen nebeneinander (je nach Mut mit dem Gesicht nach oben auf dem Rücken oder mit dem Gesicht nach unten auf dem Bauch liegend). b) Zwei Schülerinnen und Schüler halten sich kniend an den Händen (mit je beiden Händen oder nur mit einer Hand).
  – *Reifen:* a) Zwei Schülerinnen und Schüler halten sich stehend an beiden Händen und bilden so den Reifen nach, durch den der Hund springen soll. b) Analoge Übung im Knien (ggf. auch im Sitzen, je nach den Möglichkeiten der Kinder und Jugendlichen im SGE).

5.4 Wandertage und Klassenfahrten

Der Einbezug bzw. die Mitnahme von Schulhunden auf Wandertagen und Klassenfahrten ist ein bisher selten benanntes Themen- und Problemfeld und soll gerade im Kontext intellektuelle Beeinträchtigung nachstehend mit einigen Hinweisen Berücksichtigung finden. Sowohl Wandertage (also das Wandern bzw. der Ausflug im klassischen Sinne) als auch mehrtägige Klassenfahrten stellen für Kinder und Jugendliche mit intellektueller Beeinträchtigung eine nicht zu unterschätzende Herausforderung dar, weil sie sich mit neuen Umgebungen und unbekannten Strukturen auseinandersetzen müssen (Zeiten, Orten und Räumen sowie auditiven, visuellen und weiteren Wahrnehmungseindrücken).

Diesen Veränderungen sind nun auch der Hund und die Hundeführerin ausgesetzt – letztere zudem in einer komplexen Doppelrolle als Verantwortliche für Klasse und Hund. Hinsichtlich der erheblichen Belastung des Hundes bei Klassenfahrten über einen Zeitraum von drei bis fünf Tagen mit vermutlich unzureichenden Ruhe- und Rückzugsmöglichkeiten in Verbindung mit der pädagogischen und organisatorischen Verantwortung der Hundeführerin gegenüber den Kindern und Jugendlichen mit besonderen Bedürfnissen (bspw. zusätzliche Medikation am frühen Morgen oder am Abend, Pflege usf.) sollte grundsätzlich und im Handlungsfeld SGE insbesondere von mehrtägigen Klassefahrten mit dem Hund abgesehen werden.

Etwas anders kann unter bestimmten Bedingungen (a bis c) der gemeinsame Wandertag mit dem Hund im schulischen Umfeld bewertet werden:

a. *Wegeplanung:* Zum einen können hier die Wege und örtlichen Bedingungen vorab erkundet werden (oder sind ohnehin bekannt), sodass sowohl auf die Schülerinnen und Schüler als auch den Hund keine Überraschungen warten (bspw. bei Wanderwegen Leitern, Felsen oder Seilbrücken usf.).
b. *Dauer:* Zum anderen kann die Dauer der Wanderung geplant werden (Dauer des Schultages oder mit anschließendem Elternnachmittag), sodass für die Schülerinnen und Schüler sowie für das Schulhundteam (also Hund und Frauchen) ein klarer Rahmen gesteckt ist.
c. *Organisation:* Schließlich kann an diesem Tag auch über eine Umstrukturierung der Personaldichte nachgedacht werden (auch je abhängig von der Zusammensetzung der Klasse), damit die Hundeführerin mehr Raum für die Umsetzung der Schulhundarbeit hat und damit der Wandertag für die gesamte Klasse und den Hund ein entspanntes und damit schönes Erlebnis werden kann.

6 Abschied nehmen – Trauern können

Zum Ende des Bandes soll im Kontext TGI ein trauriges und zugleich wichtiges Themenfeld umrissen werden, mit dem sich Pädagoginnen und Pädagogen in einem emotionalen Spannungsfeld von Emotionalität und Professionalität zwangsläufig auseinandersetzen müssen: Das Abschiednehmen von einem liebgewonnenen Tier, einer guten »Freundin« und häufig einem wichtigen Mitglied der eigenen Familie sowie damit verbunden dem (persönlichen und gemeinsamen) Trauern im schulischen Feld (Effer 2021). Das Kapitel gibt hierzu nach einem kurzen Überblick zur Einsatzzeit von Schulhunden (▶ Kap. 6.1) unterrichtspraktische Hinweise zur Beobachtung und Reflexion der schulischen Arbeit im Kontext Alter und Belastung (▶ Kap. 6.2) sowie Beispiele zur Trauerarbeit in Klasse und Schule im SGE (▶ Kap. 6.3).

6.1 Endlichkeit und Trauer

Es finden sich bisher nur wenige Hinweise zu diesem Bereich des Abschiednehmens und der Trauerarbeit, unter anderem bedingt dadurch, dass viele Schulhundteams diese Erfahrungen erst in den vergangenen Jahren haben erleben müssen und nun mit dem meist zweiten Schulhund diese Phase mit einem gewissen Abstand erst reflektieren können (Markgraf & Grünig 2018; Agsten 2020; Schönhofen et al. 2022 sowie allgemein Steinhauser 2021).

Ohnehin dauert es bedingt durch die anspruchsvolle Ausbildungssituation des Schulhundteams in der Regel zwei bis drei Jahre bis junge Hunde nach Hundeschule, Schulhundausbildung und einer ersten Eingewöhnungsphase in einem regelmäßigen Schulhund-Dienst angekommen sind. Und auch in dieser Zeit des aktiven Arbeitens mit dem Schulhund kann es bedingt durch eine sich ändernde Klassenstruktur oder sonstige strukturelle Einflüsse (Stufenwechsel, bauliche Änderungen usf.) dauern, bis eine gewisse Routine im Unterrichtsgeschehen beim Schulhundteam einkehrt.

Mit Blick auf die Umrechnungstabelle nach Pouchelon (1998) aus dem Beitrag von Schönhofen et al. (2022) (▶ Abb. 6.1) lässt sich bspw. für mittelgroße Rassen, zu denen viele Schulhunde gezählt werden können (wie bspw. Labrador, Golden Retriever usf.), feststellen, dass sie sich im Hundealter von etwa 8 bis 9 Jahren (Senior) schon im analogen Ruhestandsalter des Menschen bewegen. Im Hundealter von 10 Jahren werden diese Rassen in der Veterinärmedizin als ein altes Tier verstanden (vgl. hierzu außerdem die neuen Studien aus den USA zur Berechnung des Alters mit folgender Formel: 16 x Logarithmus Hundealter + 31).

Mit dieser Sichtweise und bezogen auf mittelgroße Rassen lässt sich die tatsächliche und aktive Einsatzdauer des Schulhundes mit etwa fünf bis sechs Jahren beziffern, bis dann über eine Reduktion der Einsatzzeiten und ggf. eine Änderung bzw. Anpassung der Einsatzformen nachgedacht werden sollte (bspw. weniger Bewegung, längere Pausen und kürzere aktive Zeiten). Agsten (2020, 129) schildert in diesem Zusammenhang einen Erfahrungsbericht von Patricia Führing (o.J.), die sich, bewegt durch die eigene Situation mit ihrem achtjährigen Schulhund Kimba, zum Einsatz alternder Hunde in einem Schulhundweb-Beitrag äußerte und auf folgende Aspekte hinweist: Alternde Hunde »lieben es gemütlicher (und) bevorzugen einen geregelten Tagesablauf und vertraute Klassenräume und Schüler« (ebd.).

Durch die in der Regel sehr emotionale und körperbetonte Zuwendung der Schülerinnen und Schüler im SGE gegenüber dem Schulhund sind gerade der beschriebene erhöhte Bedarf nach *Ruhe* und die *Reduktion bzw. Vermeidung* körperlich anstrengender Einheiten zu beachten und im Klassenverband zu kommunizieren. Analog muss dies bei kleinen (bis 15 Kg) und bei großen Rassen (mehr als 45 Kg) bedacht werden (also längere bzw. kürzere Arbeitsphasen im Lebenszeitvergleich). Wichtig ist es in diesem Zusammenhang darauf hinzuweisen, dass jeder Hund anders ist bezogen auf die körperliche Fitness, auf das Wesen und sein Verhalten und seine Gesamtverfassung, weshalb auch die Daten der o.g. Tabelle (▶ Abb. 6.1) immer unter diesem relativen Aspekt und mit individuellem Blick auf den Hund zu bewerten sind.

Ebenso ist der Klassenkontext zu beachten, denn es ist ein wesentlicher Unterschied, ob der Schulhund im Bereich der Primarstufe eingesetzt ist, wo es bedingt durch die jungen Schülerinnen und Schüler schon einmal lauter, unruhiger und ungehalten zugehen kann oder in den Klassen der Berufsschulstufe. In diesem Setting gelingt es den Schülerinnen und Schülern im 10. bis 12. Schulbesuchsjahr schon wesentlich häufiger, über längere Phasen bewusst Rücksicht auf den Hund nehmen zu können, ihn nicht ständig zu berühren und altersbedingte Beeinträchtigungen des Tieres zu beachten.

6 Abschied nehmen – Trauern können

KV6 Alter Mensch – Hund

Umrechnung des Alters von Hund zu Mensch
(Nach J.-F. Pouchelon 1998 | École nationale vétérinaire d'Alfort, France)

Alter des Hundes	Entsprechendes Alter des Menschen in Jahren		
	Kleine Rassen (bis 15 kg)	Mittelgroße Rassen (15 bis 45 kg)	Große Rassen (mehr als 45 kg)
6 Monate	15	10	8
1 Jahr	20	18	14
1,5 Jahre	24	21	18
2 Jahre	28	27	22
3 Jahre	32	33	31
4 Jahre	36	39	40
5 Jahre	40	45	49
6 Jahre	44	51	58
7 Jahre	48	57	68
8 Jahre	52	63	76
9 Jahre	56	69	85
10 Jahre	60	75	94
11 Jahre	64	80	100
12 Jahre	68	85	
13 Jahre	72	90	
14 Jahre	76	95	
15 Jahre	80	100	
16 Jahre	84		
17 Jahre	88		
18 Jahre	92		
19 Jahre	96		
20 Jahre	100		

Legende: Gelb: junges Tier; helles Orange: ausgewachsenes Tier; dunkles Orange: Senior; Rot: altes Tier

Lernen konkret 1-2022

© Westermann Gruppe / Inhalt und Gestaltung: Karin Schönhofen, Silke Pook-Sesterhenn, Susanne Feuerer, Tobias Neuberger, Holger Schäfer; Foto: Holger Schäfer

Abb. 6.1: Umrechnungstabelle Mensch-Hund nach J.-F. Pouchelon (Download in Lernen konkret Ausgabe 2022, Nr. 1)

6.2 Beobachtung und Reflexion

Nun sind wiederum die unterrichtlichen Herausforderungen im SGE durch die enorme Heterogenität der Schülerinnen und Schüler und damit komplexen Aufgabenstellungen für die Lehrerinnen und Lehrer so vielfältig (auch nicht immer nach exaktem Stundenplan getaktet), dass ein solcher, individueller Blick auf die physiologische Befindlichkeit des Hundes trotz aller Bemühungen schon einmal zu kurz kommen kann und dahingehende Signale des Hundes (vielleicht auch nur kleine Veränderungen) nicht direkt (ggf. auch zu spät) wahrgenommen werden (möglicherweise auch wollen).

Aus einer präventiven Perspektive heraus ist es also aus tierethischen sowie auch aus Gründen von bspw. Bissprophylaxe bei Überforderung des Tieres von zentraler Bedeutung, diesen schleichenden Prozess des Älterwerdens des Hundes (im Kontext Schule und Unterricht) zu erfassen und unter Zuhilfenahme konkreter Merkmale verfolgen zu können. Eine für diese Aufgabe geeignete Hilfestellung kann der von Schönhofen et al. (2022) entwickelte Beobachtungs- und Reflexionsbogen sein (▶ Abb. 6.2), mit dem die Entwicklung des Hundes nach den folgenden Beobachtungs- und Reflexionskategorien strukturiert erfasst und in einem Notationsraster nach Häufigkeit und Intensität eingetragen werden kann.

1. *Verhalten & Wohlbefinden* (Stress, Ruhe, Schmerz, Calming Signals, aversive Reaktionen, unspezifische Abwehrreaktionen, Übersprunghandlungen)
2. *Körper & Fitness* (Bewegungsapparat, Sinne, Alterserscheinungen, Körperpflege, Blasenschwäche, Inkontinenz, Ausscheidung, Zahngesundheit)
3. *Physische Parameter* (Puls, Atmung, Temperatur, Fell)
4. *Individuelle Beobachtung* (Motivation während und nach der Arbeit, Jahrescheckup und tierärztliche Einschätzungen).

Mit einer kontinuierlichen Reflexion können so einerseits einer möglichen Überforderung des Hundes vorgebeugt und andererseits aus einem präventiven Blick heraus sich verändernde Verhaltensmuster und Wesensmerkmale frühzeitig bzw. überhaupt erkannt werden, die sich ggf. nachteilig oder sogar gefährlich in der Interaktion mit den Schülerinnen und Schülern auswirken könnten. Gerade die häufig fehlende Kontrolle von emotionalen Impulsen und unzureichender Steuerung körperlicher Interaktion von Schülerinnen und Schülern mit intellektueller Beeinträchtigung kann für den älteren Hund zu einer ungewohnten und viel größeren Belastung werden, auf die er wiederum anders und für die Hundehalterin sowie das Umfeld ungewohnt reagiert.

6 Abschied nehmen – Trauern können

COPY KV5	Beobachtungs- und ReflexionsBogen					
B|R|B Beobachtungs- und ReflexionsBogen		**Häufigkeit | Intensität**				
Tag | Woche | Zeit:		nie | gar nicht bzw. selten | wenig	← Notation →			immer | sehr viel bzw. häufig | viel
Beobachtungs- und Reflexionskategorien		①	②	③	④	⑤
① Verhalten & Wohlbefinden	Stressmuster (bspw. Stressgesicht, hecheln, unsicherer Gang, Verweigerung)					
	Bedürfnis nach Ruhe (nach Schlaf und längeren Ruhezeiten, auch Interessenslosigkeit)					
	Rückzug (häufiges bzw. wiederholtes Aufsuchen des Rückzugsortes im Tagesverlauf)					
	Erhöhte Schmerzempfindlichkeit (Hund lässt sich nicht mehr gern anfassen)					
	Calming Signals (Beschwichtigungssignale des Hundes)					
	Aversive Reaktion (bspw. ablehnend auf Arbeitsgeschirr, auf Räume, Umgebungen)					
	Unspezifische Abwehrreaktionen (nicht einzuordnen)					
	Übersprungshandlungen (überdrehte, auch ungewohnte, „neue" Verhaltensweisen)					
	✎					
② Körper & Fitness	Auffälligkeiten im Bewegungsapparat (bspw. beim Treppensteigen, beim Aufstehen)					
	Beeinträchtigungen der Sinne (Hören, Sehen, Riechen)					
	Alterserscheinungen (Kopfmuskulatur fällt ein/ Trübung Augenlinse/Fell ergraut, schuppig)					
	Verminderte Körperpflege (des Tieres selbst, bspw. schuppiges Fell)					
	Blasenschwäche/Inkontinenz					
	Veränderung Flüssigkeitsaufnahme (bspw. erhöhter Durst/gesteigerte Urinmenge)					
	Verminderte Leistungsfähigkeit (auch auf Wetter achten)					
	Auffälligkeiten Ausscheidungen (Beschaffenheit Urin und Kot)					
	Nachlassen der Zahngesundheit (Karies, Zahnstein usf.)					
	✎					
③ Physische Parameter	Puls (auffällig?)					
	Atmung (auffällig? bspw. Husten, Atemgeräusche, Atemtypus)					
	Temperatur (auffällig?)					
	Fell (auffällige, kahle Stellen? siehe auch Pflege oben)					
	✎					
④ Individuelle Beobachtung	Motivation während der Arbeit (Spaß an Übungen)					
	Motivation nach der Arbeit					
	Jahrescheckup | tierärztliche Einschätzung (mind. 1-mal jährlich, ab 7. Lebensjahr mind. 2-mal jährlich)					
	✎					

Lernen konkret 1-2022

© Westermann Gruppe / Inhalt und Gestaltung: Karin Schönhofen, Silke Pook-Sesterhenn, Susanne Feuerer, Tobias Neuberger, Holger Schäfer

Abb. 6.2: Beobachtungs- und Reflexionsbogen (Schönhofen et al. 2022) (Download in Lernen konkret Ausgabe 2022, Nr. 1)

Der Beobachtungs- und Reflexionsbogen kann somit genutzt werden, die Einsatzmöglichkeiten und -zeiten bei alternden und älteren Hunden besser einschätzen zu können und durch die gegebene Struktur sowohl terminliche (»Wann reflektiere ich?«) als auch inhaltliche Sicherheit (»Nach welchen Kategorien und Fragen reflektiere ich?«) im schnelllebigen Schulalltag zu finden. Durch die Ergänzungszeile pro Kategorie kann er zusätzlich auf die individuellen Eigenheiten des eigenen Hundes zugeschnitten werden (bspw. Rasse usf.).

Je nach dem Befinden des Hundes kann der Beobachtungs- und Reflexionsbogen einsatztäglich oder wöchentlich ausgefüllt werden. Die Beobachtungs- und Reflexionskategorien beziehen sich im Wesentlichen auf solche Dinge, die im wöchentlichen Schulbetrieb nicht augenscheinlich wahrgenommen werden wie bspw. das allmähliche Ergrauen des Fells, die Steifheit in den Gelenken, die Minderung der Seh- und Hörfähigkeit oder auch die schleichende Gewichtszunahme wegen weniger langer Spaziergänge (Alderton & Hall 2012). So erscheint im mittleren Lebensabschnitt des Hundes (vgl. hierzu die Ausführungen zur Rasse in ▶ Abb. 6.1) die Durchführung des Beobachtungs-und Reflexionsbogens in vierteljährlichem Rhythmus empfehlenswert (bspw. Golden Retriever 25 Kg im Alter von 3 bis 6 Jahren je nach Verfassung). Mit dann zunehmendem Alter sollten sich die Durchführungsintervalle gezielter Reflexion verringern (bspw. monatlich), und im Seniorenalter sollte über die Form der »Altersteilzeit« nachgedacht werden: Reduktion von Häufigkeit, Dauer und Belastung.

Das Eintragen ist bewusst einfach gehalten und kann entsprechend der Ziffern mit etwas Routine in einer halben Stunde bearbeitet werden (ökonomischer Aspekt). Durch die regelmäßige Reflexion und den Abgleich der Bögen über einen längeren Zeitraum entsteht ein guter Überblick und eine realistische Einschätzung der Entwicklungen ist möglich. Im SGE bietet sich zudem noch die Möglichkeit, gemeinsam mit den Kolleginnen und Kollegen, die durch das Team-Teaching auch in den Phasen der Intervention mitarbeiten, die Beobachtungs- und Reflexionskategorien zu besprechen. Unter Umständen entstehen durch den Blick von außen noch einmal ganz neue Perspektiven und Einschätzungen in Bezug auf das Tier bzw. auch die Interaktion mit den Schülerinnen und Schüler.

Weiterführende Literatur

Agsten, L. (2020): Schulbegleithunde im Einsatz. Dortmund: verlag modernes lernen. (hier: 129–132)

Alderton, D. & Hall, D. (2012): Ü7. Wenn Hunde älter werden. Nerdlen/Daun. Kynos-Verlag.

Effer, N. (2021): Wie trauern Menschen um Tiere. Erfahrungen aus der Tierarztpraxis. In: Leidfaden. Fachmagazin für Krisen, Leid. Trauer. Themenheft: Auf den Hund gekommen. Tiere in und bei Krisen, Leid und Trauer. 4 (10) 8-12.

Steinhauser, P. (2021): Beziehungen fürs Leben? Von der Trauer um ein geliebtes Tier. In: Leidfaden. Fachmagazin für Krisen, Leid. Trauer. Themenheft: Auf den Hund gekommen. Tiere in und bei Krisen, Leid und Trauer. 4 (10) 13-15.

Weiterführende Literatur (Praxis und Materialien Download)

Schönhofen, K., Pook-Sesterhenn, S., Feuerer, S., Neuberger, T. & Schäfer, H. (2022): Sie ist ganz friedlich eingeschlafen! Reflexion und Abschiednehmen in der Schulhundarbeit. In: Lernen konkret 1 (41) 20-23. (www.lernen-konkret.de)

6.3 Beispiele Trauerarbeit

Trauerarbeit im Zusammenhang mit dem Verlust eines geliebten Menschen in der Familie, im Freundeskreis oder im schulischen Umfeld ist in schulischen Kontexten ohnehin eine besondere Herausforderung, und nicht zuletzt durch die gesellschaftliche Tabuisierung des Themas liegen wenige Arbeiten hierzu vor. Im sonderpädagogischen Schwerpunkt Geistige Entwicklung ist dies zudem hinsichtlich der thematischen Komplexität sowie der intellektuellen Einschränkungen der Schülerinnen und Schüler eine besonders anspruchsvolle Aufgabe. Erste allgemeine Hilfestellungen (auch unter den Gesichtspunkten von Todesvorstellungen in den unterschiedlichen Altersgruppen) finden sich auf dem Bildungsserver (Suchbegriff *Trauerarbeit*) (www.bildungsserver.de) und in nachstehenden Broschüren:

Weiterführende Literatur (Allgemeine Pädagogik)

Ministerium für Kultus, Jugend und Sport Baden-Württemberg (2008): Vom Umgang mit Trauer in der Schule. Handreichung für Lehrkräfte und Erzieher/innen. Stuttgart. (km-bw.de/site/pbs-bw-new/get/documents/KULTUS.Dachmandant/KULTUS/kultusportal-bw/zzz_pdf/trauer_schule_2009.pdf)

Diakonisches Werk der Evangelischen Kirche in Deutschland e.V. (2010): Wie Kinder trauern. Kinder in ihrer Trauer begleiten. Berlin. (www.diakonie.de/fileadmin/user_upload/Diakonie/PDFs/Broschuere_PDF/kinder-trauern_2010.pdf)

Weiterführende Literatur (Sonderpädagogik)

Arenhövel, M. (1998): Kinder und Jugendliche mit geistiger Behinderung und ihr Umgang mit Sterben, Tod und Trauer – eine empirische Studie. In: Geistige Behinderung 1 (40) 51-58.

Jennessen, S. (2006): Schule, Tod und Rituale: Systemische Perspektiven im sonderpädagogischen Umgang mit Sterben, Tod und Trauer. Oldenburg. BIS-Verlag.

Lanzenberger, C. (2008): Die Bedeutung von Trauer im Kontext Schule. Sonderpädagogische Aspekte zum Umgang mit trauernden Schülerinnen und Schülern in der Schule für Geistigbehinderte. Pädagogische Hochschule Ludwigsburg (https://phbl-opus.phlb.de/frontdoor/deliver/index/docId/258/file/WiHa_Constanze_Lanzenberger.pdf)

Schönhofen et al. (2022) beschreiben nun in diesem Zusammenhang in einem ersten Überblick drei Beispiele für die Trauerarbeit in der Klasse aus dem grundschulpädagogischen Kontext sowie auch mit Bezug auf den SGE. Selbstredend sind diese und auch andere Beispiele immer auf das eigene persönliche Empfinden sowie auf die eigene Situation in der Klasse (bezogen auch auf die Schülerinnen und Schüler hinsichtlich Beeinträchtigung, aber auch Alter und Zugang zum Hund) und in der Schule (gibt es hier bspw. Rituale im Umgang mit Tod und Trauer) abzustimmen und ggf. eigene Wege zu entwerfen. Vorab in Stichpunkten drei Aspekte als kleine Checkliste:

1. *Eigener Standpunkt:* Als Hundeführerin bzw. -führer sollte man sich im Vorfeld schon einmal damit auseinandersetzen, wie ein solcher Ablöseprozess bzw. auch die eigene Trauer und die Trauerarbeit mit den Schülerinnen und Schülern ablaufen könnte.
2. *Kommunikation Team:* Hierbei kann es durch die Teamstrukturen im SGE hilfreich sein, dahingehende Optionen abzustimmen (sich gegenseitig zu unterstützen) und ggf. Bausteine und Materialien zu erarbeiten.
3. *Kommunikation Eltern und Schule:* Schließlich sollten die Optionen in der Kommunikation innerhalb der Schule und mit den Eltern der Klasse ausgelotet werden im Sinne bsph. folgender Fragen: »Möchte ich darüber sprechen?« oder »Schreibe ich im Kollegium und den Eltern einen Brief?«.

Die oben angeführten Beispiele (Schönhofen et al. 2022, 21) sollen nachstehend zusammengefasst werden:

- *Alan (Grundschule):* Unterstützt mit Bildern des schlafenden Labrador-Rüden Alan und der Geschichte »Tiere unter Regenbogen« (Franz Marc) wurde 2013 in einer Grundschulklasse der plötzliche Abschied (bedingt auch durch die Sommerferien) gestaltet. Im Klassengespräch begleiteten Tränen die Erinnerungen und die Bilder des liebgewonnenen Tieres.
- *Emma (Grundschule):* Zweithündin Emma kannte Alan noch – und auch sie wurde älter und verstarb im Dezember 2020. Zu Beginn der Woche wurden die Kinder und das Kollegium informiert (mit einem Aushang), und in den folgenden Tagen schauten sich die Schülerinnen und Schüler in der Klasse die Bilder des letzten Wochenendes zu Hause an und trauerten gemeinsam. Die Kinder konnten ihre Fragen zu den Fotos stellen, und die Tränen halfen beim gemeinsamen Trauern. Im Kunstunterricht gestalteten die Kinder in den folgenden Tagen Bilder zum bekannten Gedicht von der Regenbogenbrücke und verewigten auf ihren Bildern eigene Erinnerungen und gute Wünsche für Emma.
- *Lotte (SGE):* Lotte war viele Jahre in der Schule tätig (Primarstufe und Berufsschulstufe), und viele Schülerinnen und Schüler kannten sie von der Einschulung bis in die höheren Klassen. Durch die Schulbesuchszeit über zwölf Jahre hinweg (im Gegensatz zu den nur vier Jahren in der Grundschule) erleben die Kinder und Jugendlichen das Älterwerden natürlich über einen längeren Zeitraum. Sie ist nach etwas ruhigeren Vorruhestandsjahren friedlich an einem Wochenende eingeschlafen, was zunächst nur in der Klasse und im nahen Umfeld auf dem Schulflur erzählt wurde. Etwas später erst wurde auch für die Eltern eine Collage in der Schülerzeitung zusammengestellt mit Impressionen und schönen Erinnerungen aus den vergangenen Jahren (ebd., 20).

Entscheidend ist es, vorbereitet auf diese ohnehin schon schwere Zeit zu sein, letztendlich ist jedoch immer die eigene und individuelle Entscheidung und Umsetzung die Richtige.

Literatur

Agsten, L. (2020): Schulbegleithunde im Einsatz. Das multifaktorielle System der Hundegestützten Pädagogik in der Schule. (Neubearbeitung HuPäSch). Dortmund: verlag modernes lernen.

Alderton, D. & Hall, D. (2012): Ü7. Wenn Hunde älter werden. Nerdlen/Daun. Kynos-Verlag.

Anderslon, K. L. & Olson, M. R. (2006): The value of a dog in a classroom of children with severe emotional disorders. In: Anthrozoös 1 (19) 35-49.

Arenhövel, M. (1998): Kinder und Jugendliche mit geistiger Behinderung und ihr Umgang mit Sterben, Tod und Trauer – eine empirische Studie. In: Geistige Behinderung 1 (40) 51-58.

Arnold, M. (2020): Brain-based Learning and Teaching – Prinzipien und Erkenntnisse. In: Herrmann, U. (Hrsg.): Neurodidaktik. Weinheim: Beltz. 245-259.

Arnold, S. & Beetz, A. (2021): Tierschutz. In: Beetz, A., Riedel, M. & Wohlfarth, R. (Hrsg.): Tiergestützte Interventionen. Handbuch für die Aus- und Weiterbildung. München: Reinhardt. 85-95.

Baumann, D. (2021): Kommunikative Kompetenzen. In: Baumann, D., Dworschak, W., Kroschewski, M., Ratz, Ch., Selmayr, A. & Wagner, M. (Hrsg.): Schülerschaft mit dem Förderschwerpunkt geistige Entwicklung II (SFGE II). Oberhausen: Athena. 89-116.

Baumann, D., Dworschak, W., Kroschewski, M., Ratz, Ch., Selmayr, A. & Wagner, M. (Hrsg.) (2021): Schülerschaft mit dem Förderschwerpunkt geistige Entwicklung II (SFGE II). Oberhausen: Athena.

Baumgartner, M., Koch, P., Reiter S. & Thielen, S. (2021): Spielekartei Hund. Für die tiergestützte pädagogische Praxis. München: Reinhardt.

Baurmann, J. & Pohl, Th. (2020): Schreiben – Texte verfassen. In: Bremerisch-Vos, A., Granzer, D., Behrens, U. & Köller, O. (Hrsg.): Bildungsstandards für die Grundschule. Deutsch konkret. Berlin: Cornelsen. 75-103.

Becher, A., Gläser, E. & Pleitner, B. (Hrsg.) (2016): Die historische Perspektive konkret. Begleitband 2 zum Perspektivrahmen Sachunterricht. Bad Heilbrunn. Klinkhardt.

Beetz, A. (2021a): Hunde im Schulalltag. Grundlagen und Praxis. München: Reinhardt

Beetz, A. (2021b): Schulhunde. In: Beetz, A., Riedel, M. & Wohlfarth, R. (Hrsg.): Tiergestützte Interventionen. Handbuch für die Aus- und Weiterbildung. München: Reinhardt. 244-252.

Beetz, A. (2021c): Tiergestützte Pädagogik. In: Beetz, A., Riedel, M. & Wohlfarth, R. (Hrsg.): Tiergestützte Interventionen. Handbuch für die Aus- und Weiterbildung. München: Reinhardt. 238-241.

Beetz, A. (2021d): How can animal-assisted interventions support school drop-out recovery? Presentation in the workshop: Animal-Assisted Interventions – How they can improve wellbeing among children facing mental health difficulties at school. 2021 Uppsala Health Summit, Uppsala, Sweden (online-conference 19 October 2021).

Beetz, A. (2022): Tiergestützte Interventionen. Effekte, Mechanismen, Perspektiven. In: Lernen konkret 1 (41) 4-5.

Literatur

Beetz, A. & Bales, K. (2016): Affiliation and attachment in human-animal relationships. In: Freund, L., McCune, S., Mc Cardle, P., Esposito, L. & Gee, N. (Hrsg.): The Social Neuroscience of Human-Animal Interaction. Washington, DC: American Psychological Association. 107–126.

Beetz, A. & Heyer, M. (2014): Leseförderung mit dem Hund. Grundlagen und Praxis. München: Reinhardt.

Beetz, A. & Heyer, M. (2015): Leichter lesen lernen mit Hund. In: Lernen konkret 4 (34) 44–45.

Beetz, A., Kotrschal, K., Hediger, K., Turner, D., Uvnäs-Moberg, K. & Julius, H. (2011): The effect of a real dog, toy dog and friendly person on insecurely attached children during a stressful task: An exploratory study. In: Anthrozoös 4 (24) 349–368.

Beetz, A., Riedel, M. & Wohlfarth, R. (Hrsg.) (2021): Tiergestützte Interventionen. Handbuch für die Aus- und Weiterbildung. München: Reinhardt.

Beetz, A. & Saumweber, K. (2013): Argumente für die Integration von Hunden in sonderpädagogische Förderprogramme am Beispiel eines hundegestützten Konzentrationstrainings. In: Zeitschrift für Heilpädagogik 2 (64) 56–62.

Beetz, A., Schönhofen, K. & Heyer, M. (2019): Tiergestützte Pädagogik – Allgemeine Grundlagen und Möglichkeiten des Einsatzes des Schulhundes. In: Schäfer, H. (Hrsg.): Handbuch Förderschwerpunkt geistige Entwicklung. Grundlagen – Spezifika – Fachorientierung – Lernfelder. Weinheim: Beltz. 379–391.

Beetz, A., Turner, D. C. & Wohlfarth, R. (2021): Begrifflichkeiten und Definitionen. In: Beetz, A., Riedel, M. & Wohlfarth, R. (Hrsg.): Tiergestützte Interventionen. Handbuch für die Aus- und Weiterbildung. München: Reinhardt. 18–23.

Beetz, A., Uvnäs-Moberg, K., Julius, H. & Kotrschal, K. (2012): Psychosocial and psychophysiological effects of human-animal interactions: The possible role of oxytocin. In: Frontiers in Psychology/Psychology for Clinical Settings 3, 234 (doi:10.3389/fpsyg.2012.00234)

Beetz, A., Wohlfarth, R. & Kotrschal, K. (2021): Die Mensch-Tier-Beziehung und Wirkmechanismen. In: Beetz, A/Riedel, M./Wohlfarth, R. (Hrsg.): Tiergestützte Interventionen. Handbuch für die Aus- und Weiterbildung. München: Reinhardt. 24–43.

Behrens, U. & Eriksson, B. (2020): Sprechen und Zuhören. In: Bremerisch-Vos, A., Granzer, D., Behrens, U. & Köller, O. (Hrsg.): Bildungsstandards für die Grundschule. Deutsch konkret. Berlin: Cornelsen. 43–74.

Bergmann, M. & Rausch, K. (2014): Muty und die Mutmurmel. Mit Mut klappt's gut. Oldenburg: Schardt-Verlag.

Bidoli, E. M. Y., Firnks, A., Bartels, A., Erhard, M. & Döring, D. (2022): Dogs working in schools – safety awareness and animal welfare. In: Journal of Veterinary Behavior, Band 55, 35–48 (https://doi.org/10.1016/j.jveb.2022.09.004)

Biermann, K. P. (2021): Klinikhygiene. In: Beetz, A., Riedel, M. & Wohlfarth, R. (Hrsg.): Tiergestützte Interventionen. Handbuch für die Aus- und Weiterbildung. München: Reinhardt. 105–116.

Blaseio, B. & Westphal, I. (2019): Sachunterricht. In: Schäfer, H. (Hrsg.): Handbuch Förderschwerpunkt geistige Entwicklung. Grundlagen – Spezifika – Fachorientierung – Lernfelder. Weinheim: Beltz. 498–507.

Boenisch, J. & Sachse, St. K. (Hrsg.) (2019): Kompendium Unterstützte Kommunikation. Stuttgart: Kohlhammer.

Boenisch, J., Willke, M. & Sachse, St. K. (2020): Elektronische Kommunikationshilfen in der UK. In: Boenisch, J. & Sachse, St. K. (Hrsg.): Kompendium Unterstützte Kommunikation. Stuttgart: Kohlhammer. 250–258.

Breitenbach, E. (2006): Tiergestützte Pädagogik und Therapie aus empirischer Sicht. In: Lernen konkret 1 (25) S. 2–5.

Bremerisch-Vos, A., Granzer, D., Behrens, U. & Köller, O. (Hrsg.) (2020): Bildungsstandards für die Grundschule. Deutsch konkret. Berlin: Cornelsen.

Brunsting, M. (2020): Exekutive Funktionen, Selbstregulation und ihre Bedeutung für die Neuropsychologie des Lernens. In: Herrmann, U. (Hrsg.): Neurodidaktik. Weinheim: Beltz.188–203.

Bundesverband evangelische Behindertenhilfe BeB (2007): Schau doch meine Hände an. Reutlingen: Diakonie-Verlag.

Bühler, A. & Manser, R. (2019): Das Lernfeld Selbstversorgung unter der Perspektive von Befähigung. In: Schäfer, H. (Hrsg.): Handbuch Förderschwerpunkt geistige Entwicklung. Grundlagen – Spezifika – Fachorientierung – Lernfelder. Weinheim: Beltz. 600–613.

Bundesministerium für Bildung und Frauen (BMBF) (2014): Hunde in der Schule. Leitfaden für den sicheren und pädagogisch wertvollen Einsatz von Hunden in der Schule. (https://pubshop.bmbwf.gv.at/index.php?article_id=9&sort=title&search%5Btext%5D=hund&pub=782)

Bundschuh, K. & Schäfer, H. (2019a): Diagnostik I: Grundlagen. In: Schäfer, H. (Hrsg.): Handbuch Förderschwerpunkt geistige Entwicklung. Grundlagen – Spezifika – Fachorientierung – Lernfelder. Weinheim: Beltz. 143–152.

Bundschuh, K. & Schäfer, H. (2019b): Diagnostik II: Förderplanung. In: Schäfer, H. (Hrsg.): Handbuch Förderschwerpunkt geistige Entwicklung. Grundlagen – Spezifika – Fachorientierung – Lernfelder. Weinheim: Beltz. 153–166.

Cremer, W. (2022): Haften Lehrkräfte bei einem Unfall mit dem Schulhund? In: Lernen konkret 4 (41) 38–39.

Cichlinski, G. & Granzer, D. (2020): Bildungsstandards Deutsch – Lernen mit Medien. In: Bremerisch-Vos, A., Granzer, D., Behrens, U. & Köller, O. (Hrsg.): Bildungsstandards für die Grundschule. Deutsch konkret. Berlin: Cornelsen. 202–216.

Corson, S. A., & O'Leary Corson, M. S. E. (1978): Pets as mediators of therapy. Current Psychiatric Therapies 18, 195–205.

Damag, A. & Haag, K. (2019): Kommunikation I: Sprachförderung. In: Schäfer, H. (Hrsg.): Handbuch Förderschwerpunkt geistige Entwicklung. Grundlagen – Spezifika – Fachorientierung – Lernfelder. Weinheim: Beltz. 413–432.

DeLoache, J. S., Pickard, M. B. & LoBue, V. (2011): How very young children think about animals. In: McCune, S., Griffin, S.J.A. & Maholmes, V. (Hrsg.): How animals affect us: Examining the influences of human-animal interaction on child development and human health. Washinton DC: American Psychological Association. 85–99.

Diakonisches Werk der Evangelischen Kirche in Deutschland e.V. (2010): Wie Kinder trauern. Kinder in ihrer Trauer begleiten. Berlin. (https://www.diakonie.de/fileadmin/user_upload/Diakonie/PDFs/Broschuere_PDF/kinder-trauern_2010.pdf)

Literatur

Ditzen, B., Neumann, I. D., Bodenmann, G., von Dawans, B., Turner, R. A., Ehlert, U. & Heinrichs, M. (2007): Effects of different kinds of couple interaction on cortisol and heart rate responses to stress in women. In: Psychoneuroendocrinology 32, 565–574.

Dreher, T. (2018a): Heim-, Nutz- und Zootiere. Tierliebe für den Erkenntnisgewinn nutzen. In: Weltwissen Sachunterricht 3, 6–7.

Dreher, T. (2018b): Wie heiße ich? – Bello, und wie heißt du? Die wichtigsten Hunderassen kennenlernen. In: Weltwissen Sachunterricht 3, 8–15.

Effer, N. (2021): Wie trauern Menschen um Tiere. Erfahrungen aus der Tierarztpraxis. In: Leidfaden. Fachmagazin für Krisen, Leid. Trauer. Themenheft: Auf den Hund gekommen. Tiere in und bei Krisen, Leid und Trauer. 4 (10) 8–12.

Erdélyi, A. & Mischo, S. (2021): Förderdiagnostik in der Unterstützten Kommunikation (UK). In: Schäfer, H. & Rittmeyer, Ch. (Hrsg.): Handbuch Inklusive Diagnostik. Kompetenzen feststellen – Entwicklungsbedarfe identifizieren – Förderplanung umsetzen. Weinheim: Beltz. 451–474.

Erdélyi, A. & Thümmel, I. (2019): Kommunikation II: Zum Stand der Implementation von Unterstützter Kommunikation in Schulen. In: Schäfer, H. (Hrsg.): Handbuch Förderschwerpunkt geistige Entwicklung. Grundlagen – Spezifika – Fachorientierung – Lernfelder. Weinheim: Beltz. 423–432.

Fischer, E. (2008): Bildung im Förderschwerpunkt geistige Entwicklung. Bad Heilbrunn: Klinkhardt

Fischer, E. (2019): Interdisziplinarität und Kooperation als heilpädagogische Aufgaben. In: Schäfer, H. (Hrsg.): Handbuch Förderschwerpunkt geistige Entwicklung. Grundlagen – Spezifika – Fachorientierung – Lernfelder. Weinheim: Beltz. 392–403.

Fischer, E. & Schäfer, H. (2019): Bildung. In: Schäfer, H. (Hrsg.): Handbuch Förderschwerpunkt geistige Entwicklung. Grundlagen – Spezifika – Fachorientierung – Lernfelder. Weinheim: Beltz. 74–84.

Fischer, E. & Schäfer, H. (2021): Unterricht im Förderschwerpunkt geistige Entwicklung: pädagogische Perspektiven und didaktische Erfordernisse. In: Grundschule 6 (53) 28–33.

Fontenay, E. (2020): Mondgeschichten mit Luna Labrador. Hamburg: Löwenstein.

Fröhlich, A. (2015): Basale Stimulation – ein Konzept für die Arbeit mit schwer beeinträchtigten Menschen. Düsseldorf: selbstbestimmtes Leben.

Führing, P. (o.J.): Einsatz von alten Hunden. (https://schulhundweb.de/einsatz-von-alten-hunden/)

Gesellschaft für Didaktik des Sachunterrichts (GDSU) (Hrsg.) (2013): Perspektivrahmen Sachunterricht. Bad Heilbrunn: Klinkhardt.

Gesellschaft für Unterstützte Kommunikation (GUK) (Hrsg.) (2021): Tiergestützte UK. Themenheft der Fachzeitschrift Unterstützte Kommunikation. Von Loeper. (www.verlagvonloeper.ariadne.de)

Gilsdorf, R. & Kistner, G. (2022, 2000, 2013): Kooperative Abenteuerspiele 1, 2 und 3. Eine Praxishilfe für Schule, Jugendarbeit und Erwachsenenbildung. Hannover: Kallmeyer.

Gloger-Tippelt, G., Vetter, J., & Rauh, H. (2000): Untersuchungen mit der »Fremden Situation« in deutschsprachigen Ländern: Ein Überblick. In: Psychologie in Erziehung und Unterricht 47, 87–98. (https://www.researchgate.net/publication/316130414_Untersuchungen_mit_der_Fremden_Situation_in_deutschsprachigen_Landern_ein_Uberblick9)

Götzmann, A. & Weißeno, G. (2015): Politisches Lernen im Sachunterricht zu Demokratie und Bürgerentscheid (TB 1). In: Gläser, E. & Richter, D. (Hrsg.): Die sozialwissenschaftliche Perspektive konkret. Band 1 zum Perspektivrahmen Sachunterricht. Bad Heilbrunn: Klinkhardt. 13–26.

Goll, Th. (2015): Das Thema Rechtsstaat im Sachunterricht (TB 1). In: Gläser, E. & Richter, D. (Hrsg.): Die sozialwissenschaftliche Perspektive konkret. Band 1 zum Perspektivrahmen Sachunterricht. Bad Heilbrunn: Klinkhardt. 27–42.

Goudatzi, Nicol (2015): Basale Aktionsgeschichten. Erlebnisgeschichten für Menschen mit schwerer Behinderung. Karlsruhe: von Loeper-Verlag.

Greiffenhagen, S. & Buck-Werner, O.N. (2007): Tiere als Therapie. Neue Wege in Erziehung und Heilung. Mürlenbach: Kynos.

Griffioen, R. E., van der Steen, S., Verheggen, T., Enders-Slegers, M.-J. & Cox, R. (2020): Changes in behavioural synchrony during dog-assisted therapy for children with autism spectrum disorder and children with Down syndrome. In: Journal of Applied Research in Intellectual Disabilities 3 (33) 398–408.

Hasemann, K. & Mirwald, E. (2012): Daten, Häufigkeit, Wahrscheinlichkeit. In: Walther, G., van den Heuvel-Panhuizen, M., Granzer, D. & Köller, O. (Hrsg.): Bildungsstandards für die Grundschule: Mathematik konkret. Berlin: Cornelsen. 141–161.

Hediger, K. & Beetz, A. (2021): Lernen und Konzentration. In: Beetz, A., Riedel, M. & Wohlfarth, R. (Hrsg.): Tiergestützte Interventionen. Handbuch für die Aus- und Weiterbildung. München: Reinhardt. 259–267.

Hemmer, I. & Hemmer, M. (2016): (Bildung für) nachhaltige Entwicklung – ein grundlegendes Konzept geographischen Lernens. In: Adamina, M., Hemmer, M. & Schubert, J.Ch. (Hrsg.): Die geographische Perspektive konkret. Begleitband 3 zum Perspektivrahmen Sachunterricht. Bad Heilbrunn. Klinkhardt. 232–238.

Hergovich, A., Monshi, B., Semmler, G. & Zieglmayer, V. (2002): The effects oft the presence of a dog in the classroom. In: Anthrozoös 1 (15) 37–50.

Hessen (2013): Der Einsatz von Schulhunden im Unterricht. Rechtliche Grundlagen zur Verwirklichung pädagogischer Ziele. In: Schulverwaltung Hessen, Nr. 12, 340 ff. Köln: Wolters Kluwer.

Hessen – Staatliches Schulamt Main-Kinzig-Kreis (2015): Einsatz eines Schulhundes – was ist zu beachten. Merkblatt. SSA MKK. Ver. 01-4/2015.

Heyer, M. & Beetz, A. (2014): Grundlagen und Effekte einer hundgestützten Leseförderung. In: Empirische Sonderpädagogik 2 (6) 172–187.

Heyer, M. & Beetz, A. (2021): Leseförderung. In: Beetz, A., Riedel, M. & Wohlfarth, R. (Hrsg.): Tiergestützte Interventionen. Handbuch für die Aus- und Weiterbildung. München: Reinhardt. 253–260.

Heyer, M. & Kloke, N. (2011): Der Schulhund. Eine Praxisanleitung zur hundgestützten Pädagogik im Klassenzimmer. Nerdlen/Daun: Kynos Verlag.

Industrieverband Heimtierbedarf e. V. IVH (2016): Faszination Hund. Arbeitsmaterialien für den Sachunterricht an Grundschulen. Düsseldorf: IVH. (https://www.ivh-online.de/?id=1169).

Institut für Schulqualität und Schulentwicklung ISB Bayern (Hrsg.) (2019): LehrplanPLUS Förderschule für den Förderschwerpunkt geistige Entwicklung. ISB. (www.lehrplanplus.bayern.de)

Jennessen, S. (2006): Schule, Tod und Rituale: Systemische Perspektiven im sonderpädagogischen Umgang mit Sterben, Tod und Trauer. Oldenburg. BIS-Verlag.

Jöhnck, J. & Baumann, S. (Hrsg.) (2022): Politische Bildung im Förderschwerpunkt geistige Entwicklung. Frankfurt: Wochenschau Wissenschaft.

Julius, H., Beetz, A., Kotrschal, K., Turner, D.C. & Uvnäs-Moberg, K. (2014): Bindung zu Tieren. Psychologische und neurologische Grundlagen tiergestützter Interventionen. Göttingen: Hogrefe.

Julius, H., Beetz, A., Uvnäs-Moberg K. & Kotrschal, K. (2015): Der Einsatz von Tieren im Kontext bindungsorientierter Interventionen. In: Sonderpädagogische Förderung heute 3 (60) 296–307.

Julius, H., Gasteiger-Klicpera, B. & Kißgen, R. (2009): Bindung im Kindesalter: Diagnostik und Intervention. Göttingen: Hogrefe.

Kahlisch Markgraf, A. & Grünig, Ch. (2018): Hunde in Kita und Vorschule. Grundlagen und Praxisideen zum hundgestützten Einsatz. Nerdlen: Kynos.

Kellert, S. R. & Wilson, E. O. (1995). The Biophilia Hypothesis. Washington DC: Island Press.

Kirnan, J., Shah, S. & Lauletti, K. (2020): A dog-assisted reading programme's unanticipated impact in a special education classroom. In: Educational Review 2 (72) 196–219. (https://doi.org/10.1080/00131911.2018.1495181)

Klamp-Gretschel, K. (2019): Gesundhit und Krankheit im Lebe von Menschen mit geistiger Behinderung. In: Schäfer, H. (Hrsg.): Handbuch Förderschwerpunkt geistige Entwicklung. Grundlagen – Spezifika – Fachorientierung – Lernfelder. Weinheim: Beltz. 262–270.

Klingenberg, K. (2018): Tierhaltung und Tiereinsatz in Kindergarten und Schule: Rechtliche Rahmenbedingungen im Überblick. In: Strunz, I. A./Waschulewski, U. (Hrsg.): Tiergestützte Pädagogik. Hohengehren: Schneider. 54–69.

Koch, A. & Euker, N. (2019): Deutsch I: Grundlagen des Schriftspracherwerbs. In: Schäfer, H. (Hrsg.): Handbuch Förderschwerpunkt geistige Entwicklung. Grundlagen – Spezifika – Fachorientierung – Lernfelder. Weinheim: Beltz. 461–468.

Kotrschal, K. & Ortbauer, B. (2003): Behavioral effects oft he presence of a dog in a classroom. In: Anthrozoös 2 (16) 147–159.

Köster, J. & Rosebrock, C. (2020): Lesen – mit Texten und Medien umgehen. In: Bremerisch-Vos, A., Granzer, D., Behrens, U. & Köller, O. (Hrsg.): Bildungsstandards für die Grundschule. Deutsch konkret. Berlin: Cornelsen. 104–138.

Kultusministerkonferenz (1994): Empfehlungen zur sonderpädagogischen Förderung an Schulen in der Bundesrepublik Deutschland. Beschluss vom 06.05.1994. (https://www.kmk.org/fileadmin/veroeffentlichungen_beschluesse/1994/1994_05_06-Empfehl-Sonderpaedagogische-Foerderung.pdf)

Kultusministerkonferenz (1998): Empfehlungen zum Förderschwerpunkt geistige Entwicklung. Beschluss vom 26.06.1998. (https://www.kmk.org/fileadmin/veroeffentlichungen_beschluesse/1998/1998_06_20_FS_Geistige_Entwickl.pdf)

Kultusministerkonferenz KMK (2004a): Bildungsstandards im Fach Deutsch für den Primarbereich. Beschluss vom 15.10.2004. (https://www.kmk.org/fileadmin/veroeffentlichungen_beschluesse/2004/2004_10_15-Bildungsstandards-Deutsch-Primar.pdf)

Kultusministerkonferenz KMK (2004b): Bildungsstandards im Fach Mathematik für den Primarbereich. Beschluss vom 15.10.2004. (https://www.kmk.org/fileadmin/veroeffentlichungen_beschluesse/2004/2004_10_15-Bildungsstandards-Mathe-Primar.pdf)

Kultusministerkonferenz KMK (2019): Richtlinie zur Sicherheit im Unterricht (RiSU). Empfehlungen der Kultusministerkonferenz. (https://www.kmk.org/fileadmin/veroeffentlichungen_beschluesse/1994/1994_09_09-Sicherheit-im-Unterricht.pdf)

Kultusministerkonferenz KMK (2021): Empfehlungen zur schulischen Bildung, Beratung und Unterstützung von Kindern und Jugendlichen im sonderpädagogischen Schwerpunkt Geistige Entwicklung. Beschluss vom 18.03.2021. (https://www.kmk.org/fileadmin/veroeffentlichungen_beschluesse/2021/2021_03_18-Empfehlungen-Schwerpunkt-Geistige-Entwicklung.pdf)

Kultusministerkonferenz KMK (2022a): Bildungsstandards im Fach Mathematik für den Primarbereich. Beschluss vom 15.10.2004 i.d.F. vom 23.06.2022. (https://www.kmk.org/fileadmin/veroeffentlichungen_beschluesse/2022/2022_06_23-Bista-Primarbereich-Mathe.pdf)

Kultusministerkonferenz KMK (2022b): Bildungsstandards im Fach Deutsch für den Primarbereich. Beschluss vom 15.10.2004 i.d.F. vom 23.06.2022. (https://www.kmk.org/fileadmin/Dateien/veroeffentlichungen_beschluesse/2022/2022_06_23-Bista-Primarbereich-Deutsch.pdf)

Kuntze, S. (2006): Einsatz von Tieren im Schulunterricht zur Gesundheitsförderung. In: Lernen konkret 1 (25) 9–11.

Lamers, W. (2017): Entwicklungsgemäß und altersgerecht?! Eine Herausforderung für Bildung und Interaktion. In: Lernen konkret 3 (36) 8–11.

Lamers, W. & Heinen, N. (2006): Bildung mit ForMat – Impulse für eine veränderte Unterrichtspraxis mit Schülerinnen und Schülern mit (schwerer) Behinderung. In: Laubenstein, D., Lamers, W. & Heinen, N. (Hrsg.): Basale Stimulation. Kritisch – konstruktiv. Düsseldorf: Verlag selbstbestimmtes Leben. 141–206.

Lanzenberger, C. (2008): Die Bedeutung von Trauer im Kontext Schule. Sonderpädagogische Aspekte zum Umgang mit trauernden Schülerinnen und Schülern in der Schule für Geistigbehinderte. Pädagogische Hochschule Ludwigsburg. (https://phbl-opus.phlb.de/frontdoor/deliver/index/docId/258/file/WiHa_Constanze_Lanzenberger.pdf)

Levinson, B. (1962): The dog as a »co-therapist«. In: Mental Hygiene 46, 59–65.

Liese-Evers, M. & Heier, M. (2021): Tiergestützte Interventionen mit Kindern und Jugendlichen. Paderborn: Junfermann Verlag.

Limond, J. A., Bradshaw, J. W. S. & Cormack, M. K. F. (1997): Behavior of children with learning disabilities interaction with a therapy dog. In: Anthrozoös 2-3 (10) 84–89.

Maar, P. (2022): Ein Hund mit Flügeln: Erfundenes und Erlebtes. Frankfurt: Fischer.

Maar, P. (2023): Bellt ein Hund in der Weihnachtsnacht. Hamburg: Oetinger.

Maaß, Ch. & Schäfer, H. (2019): Leichte Sprache. Grundlagen im Förderschwerpunkt geistige Entwicklung. In: Schäfer, H. (Hrsg.): Handbuch Förderschwerpunkt geistige Entwicklung. Grundlagen – Spezifika – Fachorientierung – Lernfelder. Weinheim: Beltz. 433–444.

Meints, J., Brelsford, V. L. Dimolareva, M., Maréchal, L., Pennington, K., Rowan, E. & Gee, N.R. (2022): Can dogs reduce stress leves in schoold children? effects of dog-assisted interventions on salivary cortisol in children with and without special educational needs using randomized controlled trials. In: PlosONE 6 (17) (https://doi.org/10.1371/journal.pone.0269333)

Menke, M., Huck, G. & Hagencord, R. (2018): Mensch und Tier im Team. Therapiebegleitung mit Hunden. Stuttgart: Kohlhammer.

Ministerium für Schule und Wissenschaft Nordrhein-Westfalen NRW (2015): Rechtsfragen zum Einsatz eines Schulhundes. (https://www.schulministerium.nrw/sites/default/files/documents/Allgemeine-Hinweise-Schulhund.pdf)

Ministerium für Allgemeine und Berufliche Bildung, Wissenschaft, Forschung und Kultur Schleswig-Holstein (2019): Handreichung zum Einsatz von Schulhunden an Schulen in Schleswig-Holstein. (https://www.schleswig-holstein.de/DE/landesregierung/ministerien-behoerden/III/Service/Broschueren/Bildung/Schulhunde.pdf)

Ministerium für Bildung, Wissenschaft und Forschung Österreich (2014): Leitfaden Hunde in der Schule. (https://pubshop.bmbwf.gv.at/index.php?article_id=9&sort=title&search%5Btext%5D=hunde&pub=782)

Ministerium für Kultus, Jugend und Sport Baden-Württemberg (2008): Vom Umgang mit Trauer in der Schule. Handreichung für Lehrkräfte und Erzieher/innen. Stuttgart. (https://km-bw.de/site/pbs-bw-new/get/documents/KULTUS.Dachmandant/KULTUS/kultusportal-bw/zzz_pdf/trauer_schule_2009.pdf)

Ministerium für Kultus, Jugend und Sport Baden-Württemberg (2022): Bildungsplan Förderschwerpunkt Geistige Entwicklung. (https://www.bildungsplaene-bw.de/,Lde/10359547)

Möller, K., Tenberge, C. & Bohrmann, M. (Hrsg.) (2021): Die technische Perspektive konkret. Begleitband 5 zum Perspektivrahmen Sachunterricht. Bad Heilbrunn. Klinkhardt.

Mohr, L. (2019): Schwerste Behinderung I: Grundlagen. In: Schäfer, H. (Hrsg.): Handbuch Förderschwerpunkt geistige Entwicklung. Grundlagen – Spezifika – Fachorientierung – Lernfelder. Weinheim: Beltz. 314–320.

Mombeck, M. M. (2022): Tiergestützte Pädagogik – Soziale Teilhabe – Inklusive Prozesse. Der Einsatz von Schulhunden aus wissenschaftlicher Perspektive. Wiesbaden. Springer.

Mühlbauer, S. (2017): Tiere und Lebensbedingungen von Lebewesen. In: Giest, H. (Hrsg.): Die naturwissenschaftliche Perspektive konkret. Begleitband 4 zum Perspektivrahmen Sachunterricht. Bad Heilbrunn. Klinkhardt. 157–165.

Musenberg, O. (2019): Fachdidaktik und Fachunterricht aus der Perspektive des Förderschwerpunkts geistige Entwicklung. In: Schäfer, H. (Hrsg.): Handbuch Förderschwerpunkt geistige Entwicklung. Grundlagen – Spezifika – Fachorientierung – Lernfelder. Weinheim: Beltz. 450–460.

Musenberg, O., Riegert, J., Dworschak, W., Ratz, Ch., Terfloth, K. & Wagner, M. (2008): In Zukunft Standardbildung? Fragen im Hinblick auf den Förderschwerpunkt geistige Entwicklung. In: Sonderpädagogische Förderung heute 3 (53) 306–316.

Neundorfer, G. (2022): Ziemlich beste Hunde. München: Pattloch.

Nickel, K., Agsten, L. & Ford, G. (2008): Freiwillige Selbstverpflichtung für den Einsatz von Schulhunden. Fachkreis Schulhunde Tiere helfen Menschen e. V. (https://schulhundweb.de/images/8/82/Team_SV_2018_neu_Formular.pdf)

Obrecht, B. & Scholz, B. (2018): P.F.O.T.E. München: CBJ-Verlag

Odendaal, J. S. & Meintjes, R. A. (2003): Neurophysiological correlates of affiliative behaviour between humans and dogs. In: Veterinary Journal 3 (165) 296–301.

Oomen-Welke, I. & Kühn, P. (2020): Sprache- und Sprachgebrauch untersuchen. In: Bremerisch-Vos, A., Granzer, D., Behrens, U. & Köller, O. (Hrsg.): Bildungsstandards für die Grundschule. Deutsch konkret. Berlin: Cornelsen. 139–184.

Peter-Koop, A. & Nührenbörger, M. (2012): Größen und Messen. In: Walther, G., van den Heuvel-Panhuizen, M., Granzer, D. & Köller, O. (Hrsg.): Bildungsstandards für die Grundschule: Mathematik konkret. Berlin: Cornelsen. 89–117.

Pitsch, H.-J. & Thümmel, Ingeborg (2023): Konzepte, Verfahren, Methoden. Sonderpädagogischer Schwerpunkt Geistige Entwicklung. Schule und Unterricht bei intellektueller Beeinträchtigung. Band 2. Stuttgart: Kohlhammer.

Rasch, R. & Schütte S. (2012): Zahlen und Operationen. In: Walther, G., van den Heuvel-Panhuizen, M., Granzer, D. & Köller, O. (Hrsg.): Bildungsstandards für die Grundschule: Mathematik konkret. Berlin: Cornelsen. 66–88.

Rauh, H. (2007): Resilienz und Bindung bei Kindern mit Behinderungen. In: Opp, G. & Fingerle, M. (Hrsg.): Was Kinder stärkt – Erziehung zwischen Risiko und Resilienz. München: Reinhardt. 175–191.

Reider, K. & Henning, D. (2020): Kommissar Pfote (Reihe mit vier Büchern). Bindlach: Loewe-Verlag.

Reuter, Ch. (2019): Sport. In: Schäfer, H. (Hrsg.): Handbuch Förderschwerpunkt geistige Entwicklung. Grundlagen – Spezifika – Fachorientierung – Lernfelder. Weinheim: Beltz. 556–563.

Richter, D. (2015): Öffentlichkeit und Privatsphäre – ein strittiges, aber unzertrennliches Paar (TB 2). In: Gläser, E. & Richter, D. (Hrsg.): Die sozialwissenschaftliche Perspektive konkret. Band 1 zum Perspektivrahmen Sachunterricht. Bad Heilbrunn: Klinkhardt. 51–62.

Richter, J. (2020): Der Hund mit dem gelben Herzen. München: DTV-Verlagsgesellschaft

Riegert, J. & Musenberg, O. (Hrsg.) (2015): Inklusiver Fachunterricht in der Sekundarstufe. Stuttgart: Kohlhammer.

Robert-Koch-Institut (RKI) (Hrsg.) (2003): Heimtierhaltung – Chancen und Risiken für die Gesundheit. Gesundheitsberichterstattung des Bundes, Heft 19. Berlin: RKI. (https://www.gbe-bund.de/pdf/heft19.pdf)

Sansour, Th. (2019): Genetische Syndrome und pädagogische Interaktionen. In: Schäfer, H. (Hrsg.): Handbuch Förderschwerpunkt geistige Entwicklung. Grundlagen – Spezifika – Fachorientierung – Lernfelder. Weinheim: Beltz. 271–280.

Sarimski, K. (2013): Psychologische Theorien geistiger Behinderung. In: Neuhäuser, G., Steinhausen, H.-Ch., Häßler, F. & Sarimski, K. (Hrsg.): Geistige Behinderung. Stuttgart: Kohlhammer. 44–58.

Sarimski, K. (2014): Entwicklungspsychologie genetischer Syndrome. Göttingen: Hogrefe.

Schäfer, H. (2012): Die Schülerzeitung an der Schule mit dem Förderschwerpunkt geistige Entwicklung. In: Lernen konkret 2 (31) 2–9.

Schäfer, H. (2013): Medienbildung konkret – die Schülerzeitung im Förderschwerpunkt geistige Entwicklung. In: Behindertenpädagogik 3 (52) 306–328.

Schäfer, H. (2017): Unterrichtsplanung im Förderschwerpunkt geistige Entwicklung. Das MehrPerspektivenSchema als didaktischer Orientierungsrahmen. Weinheim: Beltz.

Schäfer, H. (Hrsg.) (2019a): Handbuch Förderschwerpunkt geistige Entwicklung. Grundlagen – Spezifika – Fachorientierung – Lernfelder. Weinheim: Beltz.

Schäfer, H. (2019b): Zur Gestaltung von Unterricht im Förderschwerpunkt geistige Entwicklung. In: Schäfer, H. (Hrsg.): Handbuch Förderschwerpunkt geistige Entwicklung. Grundlagen – Spezifika – Fachorientierung – Lernfelder. Weinheim: Beltz. 92–98.

Schäfer, H. (2019c): Fachorientierung. Einführung. In: Schäfer, H. (Hrsg.): Handbuch Förderschwerpunkt geistige Entwicklung. Grundlagen – Spezifika – Fachorientierung – Lernfelder. Weinheim: Beltz. 446–449.

Schäfer, H. (2019d): Lernfelder. Einführung. In: Schäfer, H. (Hrsg.): Handbuch Förderschwerpunkt geistige Entwicklung. Grundlagen – Spezifika – Fachorientierung – Lernfelder. Weinheim: Beltz. 598–599.

Schäfer, H. (2020): Mathematik und geistige Behinderung. Grundlagen für Schule und Unterricht. Stuttgart: Kohlhammer.

Schäfer, H. & Beetz, A. (Hrsg.) (2022): Der Schulhund. Grundlagen und Praxistipps. Themenheft Lernen konkret Nr. 1 2022. Braunschweig: Westermann.

Schäfer, H. & Leis, N. (2007): Der Anlautbaum. Konzept eines lehrgangunabhängigen Anlautsystems (Teil 1). Dortmund: verlag modernes lernen.

Schäfer, H. & Leis. N. (2008): Lesen und Schreiben im Handumdrehen: Lautgebärden erleichtern den Schriftspracherwerb in Förderschule und Grundschule. München: Reinhardt.

Schäfer, H. & Mohr, L. (Hrsg.) (2018): Psychische Störungen im Förderschwerpunkt geistige Entwicklung. Grundlagen und Handlungsoptionen in Schule und Unterricht. Weinheim: Beltz.

Schäfer, H., Peter-Koop, A. & Wollring, B. (2019): Grundlagen der Mathematik. In: Schäfer, H. (Hrsg.): Handbuch Förderschwerpunkt geistige Entwicklung. Grundlagen – Spezifika – Fachorientierung – Lernfelder. Weinheim: Beltz. 478–497.

Schäfer, H. & Rittmeyer, Ch. (2019): Schulentwicklung – Grundlagen und Perspektiven. In: Schäfer, H. (Hrsg.): Handbuch Förderschwerpunkt geistige Entwicklung. Grundlagen – Spezifika – Fachorientierung – Lernfelder. Weinheim: Beltz. 195–208.

Schäfer, H. & Schönhofen, K. (2015): Der Schulhund im Förderschwerpunkt geistige Entwicklung. Didaktische und organisatorische Hinweise. In: Lernen konkret 3 (34) 38–39.

Schäfer, H., Schönhofen, K. & Beetz, A. (2022): Der Schulhund im SGE. Grundlagen, Konzeptentwicklung, Aus- und Weiterbildung. In: Lernen konkret 1 (41) 6–11

Schneider, D. (2004): DOGtionary. Wortschatz für den Hundefreund. Bernau: animal lern verlag. (https://www.animal-learn-verlag.de/buecher/hunde/400/dogtionary?c=94)

Schönhofen, K. (2015): Der Schulhund im Unterricht. Praxisbeispiele aus der Unterstufe im FgE. In: Lernen konkret 4 (34) 46.

Schönhofen, K., Pook-Sesterhenn, S., Feuerer, S., Neuberger, T. & Schäfer, H. (2022): Sie ist ganz friedlich eingeschlafen. Reflexion und Abschiednehmen in der Schulhundarbeit. In: Lernen konkret 1 (41) 20–23

Schönhofen, K. & Schäfer, H. (2020): Der Schulhund an der Förderschule. Grundlagen und Praxistipps für den Einsatz von Schulhunden im Förderschwerpunkt geistige Entwicklung. Hamburg: Persen.

Schönhofen, K. & Schäfer, H. (2022): Mehr als nur dabei sein! Fachliche Möglichkeiten der Schulhundarbeit im SGE. In: Lernen konkret 1 (41) 12–14

Schwarz, J. (2022): Schulhundarbeit mit Wilma. Praxisbeispiel aus der Schule zur individuellen Lebensbewältigung Röpsen (Gera). In: Lernen konkret 1 (41) 24–27

Sergienko, K. (2018): Die Schlucht der freien Hunde. Köln: Artem-Verlag.

Speck, O. (2018): Menschen mit geistiger Behinderung. München: Reinhardt.

Steinhauser, P. (2021): Beziehungen fürs Leben? Von der Trauer um ein geliebtes Tier. In: Leidfaden. Fachmagazin für Krisen, Leid. Trauer. Themenheft: Auf den Hund gekommen. Tiere in und bei Krisen, Leid und Trauer. 4 (10) 13-15.

Struntz, I. A. (2015): Tiergestützte Pädagogik – ein (neuer) Teilbereich der Pädagogik. Didaktische Überlegungen für die Arbeit in Kindergarten und Schule. In: Sonderpädagogische Förderung heute 3 (60) 250-268.

Strunz, I. A. & Waschulewski, U. (Hrsg.) (2018): Tiergestützte Pädagogik. Hohengehren: Schneider.

Terfloth, K. & Bauersfeld, S. (2019): Schüler mit geistiger Behinderung unterrichten. München: Reinhardt.

Tierärztliche Vereinigung für Tierschutz e. V. TVT (2018): Nutzung von Tieren im sozialen Einsatz. Merkblatt Nr. 131.4 Hunde (Juni 2018). (https://www.tierschutz-tvt.de/index.php?id=50&no_cache=1&L=0&download=TVT-MB_131.4_Hunde_im_soz._Einsatz_Juni_2018.pdf&did=181)

Thümmel, I. (2008): Didaktik und Methodik des Schriftspracherwerbs. In: Nußbeck, S., Biermann, A. & Adam, H. (Hrsg.): Sonderpädagogik der geistigen Entwicklung. Handbuch Sonderpädagogik Band 4. Göttingen: Hogrefe. 527-546.

Turner, D., Wohlfarth, R. & Beetz, A. (2021): Geschichte tiergestützter Interventionen. In: Beetz, A., Riedel, M. & Wohlfarth, R. (Hrsg.): Tiergestützte Interventionen. Handbuch für die Aus- und Weiterbildung. München: Reinhardt. 14-17.

Unterstützte Kommunikation. Die Fachzeitschrift der Gesellschaft für Unterstützte Kommunikation e.V. (Hrsg.) (2021): Tiergestützte UK. Heft 4. Von Loeper. (https://verlagvonloeper.ariadne.de/zeitschriften/unterstuetzte-kommunikation/10742/unterstuetzte-kommunikation-4/2021-n/uk-0421/)

Van Ijzendoorn, M. & Bakermans-Krankenburg, M. (1996): Attachment representations in mothers, fathers, adolescents, and clinical groups: A Meta-analytic search for normative data. In: Journal of Consulting and Clinical Psychology 64, 8-21.

Verein Schulhunde Schweiz (VSHS) (2020): Leitfaden Hundegestützte Pädagogik in der Schule (für Schulleitungen, Lehrpersonen und andere Interessierte). (www.schulhunde-schweiz.ch und https://schulhunde-schweiz.ch/wp-content/uploads/Leitfaden-hundegestu%CC%88tzte-Pa%CC%88dagogik-in-der-Schule.pdf)

Vernooji, M. A. (2015): Theoretische Grundlagen der Tiergestützten Interventionen unter besonderer Beachtung der Tiergestützten Pädagogik. In: Sonderpädagogische Förderung heute 3 (60) 232-249.

Vernooji, M. A. & Schneider, S. (2018): Handbuch der Tiergestützten Intervention. Wiebelsheim: Quelle & Meyer.

Walden, S. (2020): Sechs Pfoten auf Verbrecherjagd. Amazon Digital Services LLC.

Walther, G., van den Heuvel-Panhuizen, M., Granzer, D. & Köller, O. (Hrsg.) (2012): Bildungsstandards für die Grundschule: Mathematik konkret. Berlin: Cornelsen.

Walter, G., Selter, Ch. & Neubrand, J. (2012): Die Bildungsstandards Mathematik. In: Walther, G., van den Heuvel-Panhuizen, M., Granzer, D. & Köller, O. (Hrsg.): Bildungsstandards für die Grundschule: Mathematik konkret. Berlin: Cornelsen. 16-41.

Waschulewski, U. (2015): Wie kommt das Tier ins Inventar? Oder: Von den Schwierigkeiten der Dokumentation und Evaluation tiergestützter Interventionen im Bereich Schule. In: Sonderpädagogische Förderung heute 3 (60) 269-295.

Literatur

Wittmann, E. Ch. & Müller, G.N. (2012): Muster und Strukturen als fachliches Konzept. In: Walther, G., van den Heuvel-Panhuizen, M., Granzer, D. & Köller, O. (Hrsg.): Bildungsstandards für die Grundschule: Mathematik konkret. Berlin: Cornelsen. 42–65.

Wohlfarth, R. (2021): Qualitätsstandards als Rahmenbedingungen. In: Beetz, A., Riedel, M. & Wohlfarth, R. (Hrsg.): Tiergestützte Interventionen. Handbuch für die Aus- und Weiterbildung. München: Reinhardt. 53–66.

Wohlfarth, R. & Beetz, A. (2021): Ethik und Tiergestützte Interventionen. In: Beetz, A., Riedel, M. & Wohlfarth, R. (Hrsg.): Tiergestützte Interventionen. Handbuch für die Aus- und Weiterbildung. München: Reinhardt. 74–84.

Wohlfarth, R., Mutschler, B., Beetz, A., Kreuser, F. & Korsten-Reck, U. (2013): Dogs motivate obese children for physical activity: Key elements of a motivational theory of animal-assisted interventions. In: Frontiers in Psychology (Frontiers in Movement Science and Sport Psychology) Band 4, 796. (doi:10.3389/fpsyg.2013.00796)

Wohlfarth, R., Mutschler, B. & Bitzer, E. (2012): Qualitätsmanagement bei tiergestützten Interventionen. In: Strunz, I. (Hrsg.): Pädagogik mit Tieren. Praxisfelder der tiergestützten Pädagogik. Hohengehren: Schneider. 292–309.

Wohlfarth, R. & Olbrich, E. (2014): Qualitätsentwicklung und Qualitätssicherung in der Praxis tiergestützter Interventionen. Wien und Zürich: ESAAT und ISAAT. (https://www.tiergestuetzte.org/fileadmin/Redaktion/Dokumente/Broschuere_zur_Qualitaetsicherung.pdf)

Wohlfarth, R., Olbrich, E. & Baumeister, S. (2014): Qualitätsstandards tiergestützter Interventionen. In: mensch & pferd interantional 4 (6) 156–165.

Wollring, B. & Rinkens, H.-D. (2012): Raum und Form. In: Walther, G., van den Heuvel-Panhuizen, M., Granzer, D. & Köller, O. (Hrsg.): Bildungsstandards für die Grundschule: Mathematik konkret. Berlin: Cornelsen. 118–140.

Ziemen, K. (2019): Elternberatung. In: Schäfer, H. (Hrsg.): Handbuch Förderschwerpunkt geistige Entwicklung. Grundlagen – Spezifika – Fachorientierung – Lernfelder. Weinheim: Beltz. 360–367.

Zimmer, R. (2019): Grundlagen der Psychomotorik im Förderschwerpunkt geistige Entwicklung. In: Schäfer, H. (Hrsg.): Handbuch Förderschwerpunkt geistige Entwicklung. Grundlagen – Spezifika – Fachorientierung – Lernfelder Weinheim: Beltz. 404–412.

Internet

Tierärztliche Vereinigung für Tierschutz e. V. TVT (2018): Nutzung von Tieren im sozialen Einsatz. Merkblatt Nr. 131.4 Hunde (Juni 2018) (online https://www.tierschutz-tvt.de/index.php?id=50&no_cache=1&L=0&download=TVT-MB_131.4_Hunde_im_soz._Einsatz_Juni_2018.pdf&did=181)
International Association of Human-Animal Interaction Organizations IAHAIO (http://iahaio.org/)
International Society for Animal Assisted Therapy ISAAT (www.aat-isaat.org)
European Society for Animal Assisted Therapy ESAAT (https://www.esaat.org/)
Arbeitskreis Schulhund Rheinland-Pfalz (https://schulhund.bildung-rp.de/)
Schulhundweb (Verein Deutschland) (https://www.schulhundweb.de/index.php?title=Hauptseite)
Bundesministerium für Bildung, Forschung und Wissenschaft Österreich – Leitfaden Hund in der Schule https://bildung.bmbwf.gv.at/schulen/unterricht/ba/hundeinderschule/hundeinderschule.html
Rund um den Hund (Verein Österreich (http://www.schulhund.at/cms/)
Schulhunde Schweiz – Hunde machen Schule (Verein Schweiz) (https://schulhunde-schweiz.ch/)
Tierärztliche Vereinigung für Tierschutz e.V. (TVT) (https://www.tierschutz-tvt.de/)
Tierschutzgesetz (TierSchG) (Deutschland) (https://www.gesetze-im-internet.de/tierschg/TierSchG.pdf)
Tierschutzgesetz (TSchG) (Schweiz) (https://www.admin.ch/opc/de/classified-compilation/20022103/index.html)
Glossar Hundesteuer (https://www.bundesfinanzministerium.de/Content/DE/Glossareintraege/H/Hundesteuer.html?view=renderHelp)
Tierschutzhundeverordnung (TierSchHuV) (2021): (https://www.gesetze-im-internet.de/tierschhuv/BJNR083800001.html)
Tierschutzverordnung (TSchV) (Schweiz) (https://www.admin.ch/opc/de/classified-compilation/20080796/index.html)
Stiftung Tier im Recht (TiR) (Schweiz) (https://www.tierimrecht.org/de/)
Kantonale Hundegesetzgebung (Schweiz) (https://www.tierimrecht.org/de/recht/hunderecht/)

Abkürzungsverzeichnis

AAA	Animal-Assisted Activities
AAHA	American Animal Hospital Association (https://www.aaha.org/)
AAH-ABV	Association of Human-Animal Bond Veterinarians
AAT	Animal-Assisted Therapy
AD(H)S	Aufmerksamkeits-(Hyperaktivitäts-)Störung
AK	Arbeitskreis
ASS	Autismus-Spektrum-Störungen
AVMA	American Veterinary Medical Association (https://www.avma.org/)
BGB	Bürgerliches Gesetzbuch
BNatSchG	Bundesnaturschutzgesetz
BTI	Bundesverband Tiergestützte Interventionen (https://www.tiergestuetzte.org/)
D.a.a.O.	Dienst am anderen Ort
DGV	Deutsche Veterinärmedizinische Gesellschaft (https://www.dvg.net/)
DOSEOX	Dopamin Serotonin Oxytocin
ESAAT	European Society for Animal Assisted Therapy (https://www.esaat.org/en/)
EU	Einzelunterricht
FAS	Fetales Alkohol Syndrom
GDSU	Gesellschaft für Didaktik des Sachunterrichts (https://gdsu.de/)
GPK	Graphem-Phonem-Korrespondenz
GTTA	Gesellschaft für tiergestützte Therapie und Aktivitäten (https://gtta.ch/)
HABRI	Human Animal Bond Research Institute (auch HABRI-Foundation (www.habri.org)
IAHAIO	International Association of Human-Animal Interaction Organizations (https://iahaio.org/)
IEMT	Institut für Interdisziplinäre Erforschung der Mensch-Tier-Beziehung (https://iemt.ch/)
IfSG	Infektionsschutzgesetz

ISAAT	International society for animal assisted therapy (https://isaat.org/de/)
ISAZ	The International Society for Anthrozoology (https://isaz.net/)
IVH	Industrieverband Heimtierbedarf (https://www.ivh-online.de/)
JAHA	Journal of the American Heart Association (https://www.ahajournals.org/journal/jaha)
KMK	Kultusministerkonferenz (https://www.kmk.org/)
METACOM	– Symbolsammlung der UK (https://www.metacom-symbole.de/)
MIT	Mensch-Tier-Interaktion
OWIG	Gesetz über Ordnungswidrigkeiten
RiSu	Richtlinie zur Sicherheit im Unterricht
RKI	Robert-Koch-Institut
SEK	Sekundarstufe
SGE	sonderpädagogischer Schwerpunkt Geistige Entwicklung
SMART	spezifisch – messbar – attraktiv – realistisch – terminiert
StIKom	Ständige Impfkommission Veterinärmedizin
TAG-H	Tierärztliche Arbeitsgemeinschaft Hundehaltung
TAPS-Schema	Temperatur, Atmung, Puls/Herzschlag, Schleimhäute
TEACCH	Treatment and Education of Autistic and Related Communication Handicapped Children
TGA	Tiergestützte Aktivitäten
TGC	Tiergestütztes Coaching
TGF	Tiergestützte Förderung
TGI	Tiergestützte Interventionen
TGP	Tiergestützte Pädagogik
TGT	Tiergestützte Therapie
TierSchG	Tierschutzgesetz
TierSchHuV	Tierschutzhundeverordnung
TVT	Tierärztliche Vereinigung für Tierschutz
UK	Unterstützte Kommunikation
VSHS	Verein Schulhunde Schweiz
WPA	World Animal Protection (früher WSPA)
WSPA	Society for the Protection of Animals (heute WPA)

Register

A

ADHS 39
Advokatorische Haltung 77
AK Schulhund
- Berlin 70
- Rheinland-Pfalz 71
Aktivierung des Oxytocinsystems 26
Allergien 106
Anstrengungsbereitschaft 23
Arbeitsgedächtnis 30
Aufmerksamkeit 22, 28, 43, 136
Ausbildung 47
Autismus-Spektrum 23, 35
Autismus-Spektrum-Störung 114, 125

B

Basale Zugänge 128
Beobachtung 177
Besuchshunde 19
Beta-Endorphin 21
Bildung für nachhaltige Entwicklung 160
Bildungsstandards
- Deutsch 136
- Mathematik 147
Bindung 26
- emotionale 31
- sichere 32
- unsicher-ambivalente 32
- unsicher-vermeidende 32
- unsichere 32
Bindungsbeziehungen 31
Bindungsdesorganisation 33
Bindungsfiguren 31
Bindungspartnerin 48
Bindungssignale 32
Bindungsstrategien 34
Bindungstheorie 30
Bindungsverhalten 31
Biophilie 27, 39
Biophilie-Effekt 26
Biophilie-Hypothese 26
Bundesnaturschutzgesetz 66
Bundesverband Tiergestützte Intervention (BTI) 67
Bürgerliches Gesetzbuch 66

C

Calm-and-Connectedness-System 21
Curricularer Rahmen 132

D

Daten und Zufall 155
Deutsch 135
distanced protection 33
Dopamin 21, 45
DOSEOX-Dusche 45
Down-Syndrom 23, 36

E

Effekte 20, 22, 24, 56
Einzelunterricht 120
Emotionale Akklimatisierung 129

emotionale Bindung 31
Emotionen 42
Emotionsregulation 23
Entspannungseffekt 27
Erfahrungssystem 26, 37
Ergebnisqualität 98
Erste Hilfe beim Hund 115
Erste-Hilfe Material 117
ESAAT 92
EU-Heimtierausweis 54
Evolution 27, 31
EXIT-Target 58
Exploration 32

F

Fachorientierung 134
Fürsorge 36

G

Ganztagsschule 112
Gefährdungspotential 114
Gehirnforschung 41
Gesetz über Ordnungswidrigkeiten 66
Graphem-Phonem-Korrespondenzen 25, 136
Größen und Messen 153

H

Haftungsfragen 110
haven of safety 32
Heterogenität 77
Humanmedizinerin 51
Hundeführerschein 53
Hundehalter-Haftpflichtversicherung 54
Hundetrainerin 50
Hygiene 81, 106
Hygieneplan 51, 106

I

Immunglobulin 21
Impulskontrolle 30
Individualpädagogischer Zugang 133
Infektionsschutzgesetz 66
Informationsverarbeitung 37
International Association of Human-Animal Interaction Orgazinations (IA-HAIO) 18
International Society for Animal Assisted Therapy (ISAAT) 68
iPad 163, 164
ISAAT 72, 92

K

Klassenbildung 102
Klassenelternabend 101
Klassenklima 23, 25
Klassenunterricht 120
Kommunikation 122, 136, 162
Kommunikations- und Sprachförderung 129
Kommunikationsförderung
– multimodal 130
Kommunikationsformen
– körpereigene 130
– körperfremde 130
Kompetenzbereiche 137
– inhaltsbezogene 147
– prozessbezogene 147
Konzentration 28
Konzeptarbeit 76
Konzeptentwicklung 51, 56
Kooperation 162
Körperkontakt 28
Kortisol 24, 25, 33

L

Lauterkennung 25
Lautgebärden 136
Leichte Sprache 122, 129

Lernfreude 23
Lerngruppe 120
Leseförderung 19, 25, 39, 135
Lesehund 19
Lesekompetenz 25
Leselernprozess 136
Lesenlernen 39
Lesestrategien 25
Literatur 138

M

Materialentwicklung 122, 126
Materialien 125
Mathematik 147
Mechanismen 20
Medien 125
Mensch-Tier-Beziehung 56
Mensch-Tier-Interaktion (MTI) 20
METACOM 163
metakognitive Fähigkeiten 30
Mitteilungsbuch 102
Motivation 38
- extrinsisch 38
- implizite 38
Muster und Strukturen 147

N

Nahrungsgabe 113
Neurobiologie 41
neurobiologische Effekte 21
Neurodidaktik 41, 46

O

optimale Aktivierung 26, 39
Osnabrücker Modell 49
Oxytocin 21, 28, 40, 45
Oxytocinausschüttung 36
Oxytocinspiegel 28
Oxytocinsystem 28

P

Parasitenprophylaxe 54
Perspektive
- geographische 160
- historische 161
- naturwissenschaftliche 158
- sozialwissenschaftliche 157
- technische 161
physiologische Stressreaktionen 28
Planungsqualität 93
Positive Verstärkung 57
Prager Richtlinien 68
Praktische Ausbildung 57
Präsenzhund 19
Priming 37
Projektbücher 103
Prozessqualität 96
Prüfung 53
Prüfungsinhalte 48
Psychomotorik 169

Q

Qualitätsentwicklung 92
Qualitätssicherung 56, 92

R

Raum und Form 152
Raumstruktur 118
Regeln 122
Richtlinie zur Sicherheit im Unterricht 64, 110
Risiken 60

S

Sachkundeprüfung 53
Sachunterricht 155
Schulelternbeirat 101
Schülerzeitung 103
Schulhund 19

Schulhund-Ausbildung 115
Schulhund-Lehrkraft-Team 47
Schulhund-Team 50
Schulhundkonzept 47, 63
Schulhundpädagogik 50, 56
Schulhundweb 71
Schulleitung 51
Selbstinstruktionsfähigkeit 30
Selbstkonzept 23
Selbstverpflichtung 71, 81, 86, 106
Selbstversorgung 126, 166
Serotonin 45
Setting
– Eins-zu-Eins 114
– Intensivpädagogisches 115
soziale Unterstützung 30
sozialer Katalysator 29
Spiel 169
Sport 169
Sprache 145
Stimuli 39
Stressreduktion 136
Stressregulation 34
Strukturqualität 95

T

TAPS-Schema 116
TEACCH 56
Team-Teaching 47
Teamfähigkeit 55
Tierärztliche Vereinigung für Tierschutz e.V. (TVT) 69
Tierethik 48
Tiergestützte Aktivität 92
Tiergestützte Aktivitäten 18
Tiergestützte Erziehung 18
Tiergestützte Förderung 92
Tiergestützte Intervention 18
Tiergestützte Pädagogik 18, 92
Tiergestützte Therapie 18, 92
Tiergestütztes Coaching 18
Tierschutz 48, 110
Tierschutzgesetz 53, 66

Tierschutzhunde 53
Transmission 34
Trauer 174
Trauerarbeit 180
Traumata 34
Türöffner-Effekt 29

U

UK 44
UK-Diagnostik 130
Unfallkasse 85
Unfallversicherung 90
Unterricht
– anschlussfähig 135
Unterrichtsgestaltung 119
Unterstützte Kommunikation 105, 122, 129, 162

V

Verbal-symbolisches System 37
Verein Schulhund AT 73
Verein Schulhund Österreich 68
Verein Schulhunde Bayern e.V. 70
Verein Schulhunde Schweiz 49, 72
Verhaltensbeobachtungen 23
Verhaltenssynchronizität 24
Veterinäramt 85
Veterinärmedizinerin 51

W

Wahrnehmung 166
Wandertage 173
Weißbuch 59
Wirkspektrum 28

Z

Zahlen und Operationen 149
Zoonosen 54, 108